融媒时代普通高等院校新闻传播学类核心课程"十三五"规划精品教材

编辑委员会

主 编 张 昆 （华中科技大学）

编 委 （以姓氏拼音为序）

蔡 琪 （湖南师范大学）	舒咏平 （华中科技大学）
曹 丹 （黄淮学院）	唐海江 （华中科技大学）
陈先红 （华中科技大学）	陶喜红 （中南民族大学）
陈信凌 （南昌大学）	魏 奇 （南昌理工学院）
董广安 （郑州大学）	吴廷俊 （华中科技大学）
段 博 （河南师范大学）	吴卫华 （三峡大学）
方雪琴 （河南财经政法大学）	吴玉兰 （中南财经政法大学）
何志武 （华中科技大学）	肖华锋 （南昌航空大学）
季水河 （湘潭大学）	萧燕雄 （湖南师范大学）
姜小凌 （湖北文理学院）	徐 红 （中南民族大学）
靳义增 （南阳师范学院）	喻发胜 （华中师范大学）
廖声武 （湖北大学）	喻继军 （中国地质大学）
刘 洁 （华中科技大学）	张德胜 （武汉体育学院）
彭祝斌 （湖南大学）	张举玺 （河南大学）
强月新 （武汉大学）	郑 坚 （湖南工业大学）
邱新有 （江西师范大学）	钟 瑛 （华中科技大学）
尚恒志 （河南工业大学）	邹火明 （长江大学）
石长顺 （华中科技大学）	

新媒体技术

融媒时代普通高等院校新闻传播学类核心课程『十三五』规划精品教材

丛书主编◎张昆

主 编◎尚恒志
副主编◎张合斌 梁 杰

华中科技大学出版社
http://www.hustp.com
中国·武汉

内容提要

传播技术在人类社会发展中占有非常重要的地位,作为新媒体发展过程中一个不可或缺的因素,技术的变革始终与新媒体息息相关。由于新媒体本身概念的争议性,所以与之相关的新媒体技术的概念其实也是笼统而不确定的。自网络出现之后,林林总总的技术在不断地影响并改造着传媒行业,这些技术从历史范畴的角度讲其实可称之为新媒体技术。本书基于此视角对20世纪50年代以来的媒体技术发展史上具有里程碑意义、具有代表性的媒体技术进行总体梳理,以期从发展的视域去理解把握新媒体。通过对已有媒体技术的整理,本书沿着网络化新媒体技术、数字型新媒体技术、移动型新媒体技术、户外型新媒体技术、新理念新媒体技术的脉络来阐述新媒体技术的各个领域。

本书系统梳理了新媒体自开始应用以来的主要技术形态,反映了新媒体最新应用形式,更力求描绘出新媒体的未来图景。

本书可作为新闻传播类专业的高职高专、本科新媒体技术相关课程教材用书,亦可作为各级各类网站的新媒体从业人员业务参考手册。

图书在版编目(CIP)数据

新媒体技术/尚恒志主编.—武汉:华中科技大学出版社,2017.9(2021.8 重印)
融媒时代普通高等院校新闻传播学类核心课程"十三五"规划精品教材
ISBN 978-7-5680-3301-5

Ⅰ.①新… Ⅱ.①尚… Ⅲ.①传播媒介-高等学校-教材 Ⅳ.①G206.2

中国版本图书馆 CIP 数据核字(2017)第 196900 号

新媒体技术
Xinmeiti Jishu

尚恒志 主编

策划编辑:肖海鸥 杨 玲	
责任编辑:李文星	
封面设计:原色设计	
责任校对:曾 婷	
责任监印:周治超	
出版发行:华中科技大学出版社(中国·武汉)	电话:(027)81321913
武汉市东湖新技术开发区华工科技园	邮编:430223
录 排:武汉正风天下文化发展有限公司	
印 刷:武汉科源印刷设计有限公司	
开 本:787mm×1092mm 1/16	
印 张:15 插页:2	
字 数:350 千字	
版 次:2021 年 8 月第 1 版第 4 次印刷	
定 价:36.00 元	

本书若有印装质量问题,请向出版社营销中心调换
全国免费服务热线:400-6679-118 竭诚为您服务
版权所有 侵权必究

总序

当前,世界新闻传播学的发展正处在一个关键的历史节点,新闻传播学科国际化、实践化趋势日益凸显。尤其是现代传播技术的发展,新兴媒体层出不穷、迅猛崛起,媒介生态格局突变,使得新媒体与传统媒体共生的格局面临着各种新的问题。传播手段、形式的变化带来的传播模式的变化,媒体融合背景下专业人才需求的演变,媒体融合时代传统媒体的生存与发展战略,网络化时代的传播自由与社会责任,新的媒介格局决定的社会变迁,全球化语境下国家软实力建构与传播体系发展,等等,这些问题都不是传统意义上的新闻传播学所能完全解释的。

传统意义上的新闻传播学本身需要突破,需要新视野、新方法、新理论,需要拓展新的思维空间。新闻传播学科"复合型、专业化"人才培养模式改革势在必行,尤其是媒介融合时代专业人才需求的演变,使得已出版的教材与新形势下的教学要求不相适应的矛盾日益突出,加强中国新闻传播教育对交叉应用型人才培养急需的相关教材建设迫在眉睫。毋庸置疑,这对新闻传播学而言,是一种巨大的推力,在它的推动下,新闻传播学才有可能在现有基础上实现新的超越。"融媒时代普通高等院校新闻传播学类核心课程'十三五'规划精品教材"正是在这种巨大推力下应运而生。

为编写这套教材,我们专门成立了编委会,编委会成员有国务院学位委员会学科评议组新闻传播学科组成员、新闻与传播专业学位教育指导委员会委员,教育部高等学校新闻传播学类教学指导委员会委员,以及中国新闻传播教育理事会、中国新闻史学会、中国传播学会、中国网络传播研究会、中国广播电视学专业委员会、中国广告教育学会的专家学者,各高校新闻传播学院(系)院长(主任)和主管教学的副院长(主任)与学术带头人。

在考虑本套教材整体结构时,编委会以教育部2012年最新颁布推出的普通高等学校本科专业目录新闻传播大类五大专业核心课程设置为指导蓝本,结合新闻传播学科人才培养特色和专业课程设置,同时以最新优势特设专业作为特色和补充,新老结合,优势互补,确定了以新闻传播学科平台课及新闻学、广播电视学、广告学、传播学(网络与新媒体)等四大专业核心课程教材共计36种为主体的系列教材体系。其中,新闻传播学科平台课程教材8种,即《新闻学概论》、《传播学原理》、《传播学研究方法》、《媒介经营管理》、《媒介伦理》、《传播法》、《新闻传播史》、《新媒体导论》;新闻学专业核心课程教材6种,即《马克思主义新闻学经典导读》、《新闻采访与写作》、《新闻编辑学》、《新闻评论》、《新闻摄影》、《新闻作品赏析》;广播电视学专业核心课程教材9种,即《广播电视导论》、《电视摄像》、《广播电视编辑》、《广播电视新闻采访与报道》、《广播电视写作》、

《电视专题与专栏》、《广播电视新闻评论》、《电视纪录片》、《广播电视节目策划》;广告学专业核心课程教材 8 种,即《品牌营销传播》、《广告学概论》、《广告调查与统计》、《新媒体广告》、《广告创意与策划》、《广告文案》、《广告摄影与设计》、《广告投放》;传播学(网络与新媒体)专业核心课程教材 5 种,即《人际传播》、《公共关系学》、《活动传播》、《网络新闻业务》、《新媒体技术》等。

  为提高教材质量,编委会在组织编写时强调以"立足前沿,重在实用;兼容并蓄,突显个性"为特色,内容上注重案例教学,加强案例分析;形式上倡导图文并茂,强调多通过数据、图表形式加强理论实证分析,增强"悦读性"。本套教材的作者都具有比较丰富的教学经验,他们将自己在教学中的心得和成果毫无保留地奉献给读者,这种奉献精神正是推动新闻传播学科教育发展的动力。

  我们期待"融媒时代普通高等院校新闻传播学类核心课程'十三五'规划精品教材"的出版能够给中国新闻传播学科各专业的教材建设、人才培养乃至学术研究注入新的活力,期待这套教材能够激活中部地区的新闻传播学科资源,推动中青年学术英才在科学思维和教学探索方面攀上新的台阶、进入新的境界,从而实现中国新闻传播教育与新闻传播学术的中部崛起。

国务院学位委员会学科评议组新闻传播学科组成员
2006—2010 教育部高等学校新闻传播学类教学指导委员会副主任委员
华中科技大学新闻与信息传播学院教授、博导

张昆

2016 年 8 月 1 日

前言 PREFACE

什么是新媒体？怎样定义新媒体？学界业界到目前为止并没有一个共同认可的界定。一般而言，新媒体是一个与传统媒体相对的概念，是继报纸、广播、电视等传统媒体之后发展起来的新型媒体形态。"新媒体"一词最早从何而来？可追溯到50年前，新媒体（new media）一词最先由美国哥伦比亚广播电视网（CBS）技术研究所所长P.戈尔德马克（P.Goldmark）于1967年在一份商品开发计划中提出。在这份开发电子录像（electronic video recording, EVR）的商品计划书中，P.戈尔德马克将电子录像称为新媒体（new media），"新媒体"一词便由此诞生。那么，"新媒体"一词是如何发扬光大的呢？这就要归功于美国传播政策总统特别委员会主席E.罗斯托（E.Rostow）。1969年，在E.罗斯托向尼克松总统提交的报告书中，由于多处使用"new media"一词，使得"新媒体"一词开始在美国社会上流行，并在不久之后扩展到全世界。

回到本书"新媒体技术"，在"新媒体"尚且没有确定定义情况下，如何去描述与之相关的技术，而且可称之为"新媒体技术"呢？这确实是一件比较棘手的事情。尽管这些概念没有取得统一，却毫不影响全世界对新媒体的"狂热推崇"。自21世纪初起，无论欧美国家还是亚洲国家的诸多学者对新媒体的相关论述如汗牛充栋，对新媒体的应用及其正向负向的社会影响有比较丰富的论证，透过论述可以以"管中窥豹"的姿态去探究与新媒体有关的技术，此为新媒体技术的界定方法之一。自1946年世界上第一台电脑ENIAC问世到1969年ARPANET诞生，再到20世纪80年代末Internet推出，人类的信息传播乃至文明进程为之一新。迄今为止全球约30亿人口为互联网用户，近60亿人为移动终端用户，不可否认，以互联网为代表的媒介传播是众所周知的新媒体的主要形式，环视人类生活的角角落落，新技术带来的变化岂止如此，时过境迁和昙花一现是使用者对新媒体技术不断涌现的感叹，更是媒体内在求新的动力使然，此为新媒体技术的界定方法之二。

传播技术在人类社会发展中占有非常重要的地位，作为新媒体发展过程中一个不可或缺的因素，技术的变革始终与新媒体息息相关。由于新媒体本身概念存在争议，所以与之相关的新媒体技术的概念其实也是笼统而不确定的。自网络出现之后，林林总总的技术在不断地影响并改造着传媒行业，这些技术从历史范畴的角度讲其实可称之为新媒体技术。本书基于此视角对20世纪50年代以来的媒体技术发展史上具有里程碑意义、具有代表性的媒体技术进行总体梳理，以期从发展的视域去理解把握新媒体。通过对已有媒体技术的整理，本书沿着网络化新媒体技术、数字型新媒体技术、移动型新媒体技术、户外型新媒体技术、新理念新媒体技术的脉络来阐述新媒体技术的各个领域。

本书策划组织、编写提纲审定、前言由尚恒志教授、张合斌副教授(河南工业大学)以及郑州电视台梁杰共同完成,第一章和第二章由张合斌副教授(河南工业大学)撰写,第三章由梁杰(郑州电视台)撰写,第四章由张彦波博士(河南大学)撰写,第五章由郭颖副教授(河南工业大学)撰写,第六章由杨婧楠助教(河南工业大学)撰写,第七章由郭颖副教授(河南工业大学)撰写。尚恒志和张合斌共同确定了本书的编写提纲并完成本书的统稿工作。参与编写本书的人员大都是在高校专门从事新媒体方面的教学研究的一线教师,有着多年的新媒体实践经验。

本书是探路之作,在编写过程中,编者借鉴了国内外新媒体学者或机构近几年出版或刊登的相关成果,在此一并表示感谢。

由于时间仓促、水平有限,书中不足和错误之处在所难免,敬请读者批评指正。

尚恒志

2017 年 4 月

目录

第一章 新媒体技术概述/1

第一节 媒介发展与技术推动/2
一、媒介发展的历史沿革/2
二、媒介变革中的技术推动/3

第二节 什么是新媒体/4
一、什么是网络/4
二、什么是新媒体/5
三、新媒体的构成要素/8
四、对新媒体的理解/8

第三节 新媒体的特征/9
一、传播与更新速度快、成本低/10
二、信息量大内容丰富/10
三、低成本全球传播/10
四、检索便捷/10
五、多媒体化/11
六、超文本超链接/11
七、互动性强/11

第四节 全球新媒体发展历程/12
一、第一阶段——技术准备阶段:1969年以前/12
二、第二阶段——初步形成阶段:1969—1985年/12
三、第三阶段——渐进发展阶段:1986—1995年/13
四、第四阶段——规模高速扩张阶段:1995—2003年/14
五、第五阶段——Web2.0及媒体融合阶段:2003—2009年/16
六、第六阶段——移动互联网阶段:2009年至今/17

第五节 中国新媒体发展历程/18
一、第一阶段——史前阶段:1994年前/19
二、第二阶段——互联网1.0阶段:1994—2001年/20
三、第三阶段——互联网2.0阶段:2001—2009年/22
四、第四阶段——互联网3.0阶段:2009年至今/24

第六节　新媒体技术的主要类型/27
　　一、网络化新媒体技术/27
　　二、数字型新媒体技术/27
　　三、移动型新媒体技术/28
　　四、户外型新媒体技术/28
　　五、新理念新媒体技术/28

第二章　网络化新媒体技术/30

第一节　web 技术及其沿革/31
　　一、web 的概念/31
　　二、Web1.0/32
　　三、Web2.0/33
　　四、Web3.0/38
　　五、Web4.0/41
　　六、Web5.0/42
　　七、Web6.0/43
　　八、web 演变的理解/43

第二节　HTML5 技术/43
　　一、HTML5 含义及其特点/43
　　二、HTML5 主要技术特性/46
　　三、HTML5 应用开发/46

第三节　IPv6 技术/48
　　一、IPv6 含义及其产生缘由/48
　　二、IPv6 基本特征/49
　　三、IPv6 编址地址及域名系统/50
　　四、IPv6 基本应用/51

第四节　语义网技术/54
　　一、语义网基本含义/54
　　二、语义网基本特征/55
　　三、语义网与万维网的区别/55
　　四、语义网的实现支持/57
　　五、语义网层次体系结构/58
　　六、语义网应用前景/59

第五节　位置服务技术(LBS)/62
　　一、位置服务技术(LBS)的基本含义/63
　　二、位置服务技术(LBS)的历史沿革/63
　　三、位置服务技术(LBS)的基本特点/65
　　四、位置服务技术(LBS)的基本类型/66

五、位置服务技术(LBS)的主要应用/67

　　六、位置服务技术(LBS)应用的典型案例/69

　　七、位置服务技术(LBS)应用中的问题/71

　　八、位置服务技术 LBS 发展之道/72

第六节　流媒体技术/73

　　一、流媒体技术基本含义/73

　　二、流媒体技术实现原理/74

　　三、流媒体文件的主要类型/74

　　四、流媒体技术的主要种类/75

　　五、流媒体技术的播放方式/76

　　六、流媒体技术的实现/77

　　七、流媒体技术的应用/77

第七节　三网融合/77

　　一、三网融合的基本含义/77

　　二、三网融合的历史沿革/78

　　三、三网融合的技术基础/79

　　四、三网融合的价值/80

　　五、三网融合的具体应用与前景/81

第三章　数字型新媒体技术/84

第一节　数字报纸/85

　　一、数字报纸基本含义与基本原理/85

　　二、数字报纸基本特征与基本应用/86

　　三、数字报纸应用前景/87

第二节　数字信号广播/88

　　一、数字信号广播基本含义与基本原理/88

　　二、数字信号广播基本特征与基本应用/89

第三节　数字电视/91

　　一、数字电视基本含义与基本原理/91

　　二、数字电视基本应用/92

第四节　数字杂志/93

　　一、数字杂志基本含义与基本原理/93

　　二、数字杂志基本特征/94

第五节　数字电影/96

　　一、数字电影基本含义与基本原理/96

　　二、数字电影的基本特征/97

第六节　互联网云电视/98
　　一、互联网云电视的基本含义/98
　　二、互联网云电视的基本特征与行业现状/99

第四章　移动型新媒体技术/101

第一节　移动电视/102
　　一、移动电视的基本含义与基本原理/102
　　二、移动电视的基本特征与基本应用/102
　　三、移动电视的应用形式与应用前景/103

第二节　移动通信技术/106
　　一、3G 技术/106
　　二、4G 技术/109
　　三、5G 技术/111

第三节　微信/113
　　一、微信的基本含义与基本原理/113
　　二、微信的基本特征与基本应用/114
　　三、微信未来的应用趋势/116

第四节　二维码/117
　　一、二维码的基本含义与基本原理/117
　　二、二维码的基本特征与基本应用/118
　　三、二维码的应用形式与应用前景/119

第五节　蓝牙/120
　　一、蓝牙技术的基本含义/120
　　二、蓝牙技术的基本原理/120
　　三、蓝牙技术的基本特征/121
　　四、蓝牙技术的基本应用/122
　　五、蓝牙技术的应用形式/122
　　六、蓝牙技术的应用前景/123

第六节　App/124
　　一、App 的基本含义/124
　　二、App 的基本原理/124
　　三、App 的基本应用与前景/125

第七节　Wi-Fi/125
　　一、Wi-Fi 的基本含义/125
　　二、Wi-Fi 的基本原理/125
　　三、Wi-Fi 的基本特征/126
　　四、Wi-Fi 的基本应用与前景/127

第五章 户外新媒体技术/130

第一节 户外新媒体技术/131
一、户外新媒体技术的基本含义与基本原理/131
二、户外新媒体技术的基本特征与传播特点/134
三、户外新媒体技术的应用形式与应用前景/139

第二节 楼宇媒体技术/143
一、楼宇媒体的基本含义与基本原理/143
二、楼宇媒体的基本特征与基本应用/144
三、楼宇媒体面临的挑战/145
四、楼宇媒体的应用形式与应用前景/146

第三节 车载电视技术/149
一、车载电视的基本含义与基本原理/149
二、车载电视的基本技术特征/149
三、车载电视的传播特点/151
四、车载移动电视的优势/152
五、车载移动电视的劣势/152
六、车载电视的应用形式与应用前景/153

第四节 新媒体艺术技术/155
一、遥在与远程通信艺术/155
二、社交型互动装置艺术/156
三、以装置艺术为代表的新媒体艺术的技术特征/157
四、新媒体艺术的影响/158

第五节 触摸媒体技术/161
一、触摸媒体的基本含义/161
二、触摸媒体的基本技术特征/161
三、触摸媒体的应用形式与应用前景/162

第六章 新理念新媒体技术/167

第一节 物联网技术/168
一、物联网技术的含义与基本原理/168
二、物联网技术的基本特征/169
三、物联网技术的应用形式与应用前景/170

第二节 大数据技术/171
一、大数据技术的基本含义与基本原理/171
二、大数据技术的基本特征与基本应用/172
三、大数据技术的应用形式与应用前景/174

第三节　云计算技术/176
　　一、云计算技术的基本含义与基本原理/176
　　二、云计算技术的基本特征与基本应用/176
　　三、云计算技术的应用形式与应用前景/180
第四节　虚拟现实技术/181
　　一、虚拟现实的基本含义与基本原理/181
　　二、虚拟现实的基本特征与基本应用/181
　　三、虚拟现实的应用形式与应用前景/183
第五节　3D打印技术/188
　　一、3D打印的基本含义与基本原理/188
　　二、3D打印的基本特征与基本应用/188
　　三、3D打印的应用形式与应用前景/189
第六节　新闻客户端技术/192
　　一、新闻客户端的基本特征与基本应用/192
　　二、新闻客户端的应用形式与应用前景/193

第七章　新媒体技术的新趋势/196

第一节　新媒体技术对社会的影响/199
　　一、新媒体技术对日常生活的影响/199
　　二、新媒体技术对媒介传播的影响/203
　　三、新媒体技术对广告传播的影响/211
　　四、新媒体技术对文化传播的影响/213
　　五、新媒体技术对社会发展的影响/214
第二节　新媒体技术的新走向/216
　　一、技术更多样/216
　　二、应用更普遍/219
　　三、数字数据化/223
　　四、网络技术智能化/225

第一章 新媒体技术概述

本章导言

1. 媒介发展的历史沿革
2. 新媒体及其基本内涵
3. 新媒体的特征
4. 全球及中国新媒体的发展历程
5. 新媒体技术的类型

本章引例

◆ 1997年,美国麻省理工学院教授尼古拉斯·尼葛洛庞帝(Nicholas Negroponte)与斯沃琪(Swatch)公司,共同创造了一种新计时方式——互联网时间(Internet time)。互联网时间将一天分成1000 beat,1 beat相当于1分26秒,以@符号表示,一天开始于@000,结束于@999。尼古拉斯·尼葛洛庞帝教授被誉为"互联网的先知",他很早就非常清楚这一新的时间标准提出的意义:互联网正在彻底地改变世界,改变人类的生活,当然也改变了人们的时间感。

◆ "人类一开始所发明的各种沟通模式正在逐渐地整合为一种单一的、被计算机所驱动的电子系统。"——约翰·威克莱恩,《电子噩梦》,1981

◆ 在坦桑尼亚东北部一个遥远的野营地中,一队年轻的新媒体记者正通过卫星电话将一系列数字报道传播出去。随着这些信息被发布在一个叫作"探地者计划"的网站上,全球的观众都可以看到这个消息。接触该网站的访问者可以经历一次互动的多媒体东非之旅。访问者可以阅读到关于阿曼苏丹赛义德·萨义德(Seyyid Said)在1886年所建农场的文章,可以看到从300米深的地下人工采掘的紫红色坦桑黝帘石的数码照片,还可以通过流媒体听到4个马萨伊(MaSai)战士正在歌唱传统的马萨伊歌谣。访问者甚至可以给这些正在从阿鲁沙(Arusha)艰难旅行到桑给巴尔(Zanzibar)的新闻记者发送电子邮件。在不到10年的时间里,此类数字通讯文稿已经从虚拟现实王国转化到今天的主流国际新媒体业务之中了。从华尔街到白宫,新媒体技术被看作21世纪商业和文化的中心。时代华纳主席兼首席执行官杰拉尔德·莱文(Gerald M.Levin)断言,成功的企业必须使用新媒体技术去"本土化思考,全球化行动"。也就是说,使用互联网来把地域性的新闻告诉全世界。克林顿(Clinton)总统甚至为美国制订了一个富有远见的新媒体计划。

请综合以上叙述,结合自身的新媒体使用经历,思考互联网作为新媒体在如何改变着世界?

第一节 媒介发展与技术推动

媒介作为信息传递、交流的工具和手段,在人类社会中起着极为重要的作用。没有语言和文字的出现,人类就不能摆脱原始的动物传播状态;没有机械印刷和电子传输等大量复制的科技手段的出现,就不可能有近现代的大众传播,也不可能有今天的信息社会。媒介的发展与社会的演化变革紧密结合在一起,媒介的每一次重大变革,都是建立在社会生产力大发展、社会信息系统复杂性提升的基础上;而媒介的演进,又对社会产生了巨大的反作用,极大地促进了社会和人类文明的进步。语言使人类彻底摆脱了动物状态,标志着真正意义上的人类的产生;文字则使人类文明有了跨越式的发展;印刷和电子技术在工业社会中地位突出,在政治、经济、文化、宗教、军事等诸多方面影响深远;新媒介的产生,则使地球变为一个小小的"村落",大大促进了全球化的进程。

一、媒介发展的历史沿革

纵观人类媒介发展历史,人类的媒介从原始媒介、语言(口语)媒介、文字媒介、印刷媒介到电子媒介,再发展到当今的网络媒介。

人类大约在4万至5万年前发明了口头语言,人类进入口头传播时期。口语传播的特征在于共时性,是一种典型的在场的面对面的交流与传播。大约5000年前,文字产生了,文字的发明使传播从时间的久远和空间的广阔上实现了对口语传播的超越。以文字为核心的人类第一套体外化信息系统的形成和扩展,大大促进了经济、政治和文化的交流与融合,使社会结构发生了重大变革,大规模的社会管理和控制成为可能。文字总是与记录文字的工具和材料紧密相连的,如石头、木块、竹简、埃及莎草纸、汉代蔡伦造纸术。

印刷媒介的出现是人类传播史上的又一次重大事件。宋代毕昇发明胶泥活字印刷;谷登堡发明金属活字印刷术、手摇金属活字印刷机,1456年,他使用手摇印刷机,一下子印刷了 200 本《圣经》,标志着现代机械印刷的开始。印刷术的发明,使传媒开始由仅面向"贵族"扩大到面向大众,人类传播步入了一个崭新的大众传播时代。书籍和报刊与 18 世纪欧洲启蒙运动是联系在一起的。

近代大众传播的起点,应该是以 19 世纪 30 年代大众报刊的出现为标志。最早的大众报刊是在美国首先出现的"便士报"——《纽约太阳报》《纽约先驱报》和《纽约论坛报》。

电子技术的出现和发展,人类进入了电子媒介时代。电子媒介将我们带入了一个奇妙的世界,人类进入了一个崭新的传播时代。电子媒介形成了人类体外化的声音和影像信息系统。

媒介系统的发展经历了功能分化和多样化的过程。20 世纪 50 年代以后,分散的媒介系统在各自的领域得到了充分的发展,功能也越来越强。我们现在所处的时代不是一个单一的传媒时代,而是混合媒介时代。在这个时代,媒介的容量空前扩大。并且,20 世纪 90 年代以来,一个最明显的变化就是,各种不同的媒介功能出现了融合的趋势。过去由分散的媒介系统所执行的不同功能,今后将会整合到互联网信息高速公路这一综合的信息传播系统中。

二、媒介变革中的技术推动

科技是一种创世的力量,它是人类为自己找到的上帝。曼纽尔·卡斯特尔(Manuel Castells),被英国《经济学人》杂志称为"虚拟世界第一位重要的哲学家",他著成了《信息时代:经济、社会与文化》一书。《华尔街日报》对他的评价是:"亚当·斯密解释了资本主义怎样运行;卡尔·马克思解释了资本主义为何不能运行。现在,信息时代的社会与经济脉络由曼纽尔·卡斯特尔握于掌中。"

技术一路高歌猛进,引导人类建构一个完全独立的、与客观世界相脱离的世界。技术的渗透是全方位的,媒介的发展同样不能置身于技术化的浪潮之外。有了印刷术,才有报纸;有了无线电,才有广播;有了比特技术,才有互联网。

新的媒介技术的出现,导致了媒介形态的扩展。以音乐为例,电视的出现有了 MTV。多轨录音技术的出现,使得乐队的录音大大简化,降低了制作成本的音乐可以流传更广。电子琴、电子合成技术、激光唱机、数字音乐为我们带来了全新的听觉享受。随身听、MP3 更使音乐的欣赏变成一种随身行为。以电影为例,先进的科学技术一如既往地与电影频频"亲近",总是以种种不断出新的科技手段营造奇观来为人类造梦。《星球大战》《侏罗纪公园》《黑客帝国》《金刚》《指环王》《哈利波特》等为我们构造了一个个视觉奇观。

与技术相适应的媒介形态和文化形式得以昌盛,不相适应的逐渐走向衰亡。京剧、川剧、黄梅戏等传统的剧种在声色犬马的大众文化面前日益衰落,其原因是多方面的,但是它们不适合现代传播技术也是一个不争的事实。美国的大片、日本的动画片、美女加帅哥的韩剧,尽管它们在精英看来可能是文化垃圾,但是它们带给人的视觉刺激恰恰发挥了技术的魔力。

网络小说、网络歌曲无不是技术的产物。很多小说是先在网上流行然后再出版的,即使在网上流行也是过程性的,即作者不是将小说写完以后才在网上发布,而是一边写一边发布,读者在阅读故事的过程中就可以参与讨论。这样改变的不只是写作模式,阅读模式也同时被改变。很多小说即使是名著,在没有搬上屏幕之前问津者寥寥,而一旦被改编成电影或电视剧,情况就大不相同。

文化的视觉转向明显。目前,居"统治"地位的是视觉观念。声音和影像,尤其是后者组织了美学,引领了观众。在一个大众社会里,这几乎是不可避免的。……当代文化正在变成一种视觉文化,而不是一种印刷文化,这是千真万确的事实。视觉文化与生俱来的"看"的能力实现了对这类文化产品接收的平等权,有利于文化的普及,克服了文字文化要靠后天学习的缺点。

网络为我们构建了一个前所未有的虚拟世界。网络不再仅仅是一种基于信息技术的文化形态,而成为人类生存的新的空间,即虚拟社会。在这个社会中,生产力的核心要素的演化由实到虚,由硬到软,由有形到无形,由实物形态到虚拟形态。以物质、资本等有形稀缺资源获取财富的方式,被以信息知识为主的无形再生资源获取财富的方式所取代。

第二节 什么是新媒体

20世纪60年代后期互联网出现,在随后的20余年内计算机技术与网络技术日渐成熟,使全球步入了网络化时代。互联网改变了人类的生活,催生了新的媒体形态,颠覆了原有传统媒体的信息传播规律,形成了迥然于既往的传播格局,有力地推动着传媒行业的深刻变革。

2014年是互联网进入中国的第二十个年头。在这20年中,"网络媒体"、"新媒体"、"新兴媒体"、"网络与新媒体"等词汇常被拿出来描述媒介新变化,国内外学界业界尚对"新媒体"缺乏比较统一的认识,更没有较为权威的概念解读。但达成共识的是网络是新媒体的重要领地,新媒体所包含的形式远远超越目前传统及移动互联网所呈现的形态,新媒体是相对的概念,其内涵与外延是不断变化的,也不断被革新,昨日所谓的新媒体可能今天就已经不再位列其中,新媒体也将不断被创新。

因此,在比较系统了解新媒体技术专业知识之前,需要对新媒体的相关基本概念进行初步了解,唯有如此,才能更好回味新媒体的既往,才能更好地面向更新的新媒体技术。

一、什么是网络

网络由节点和连线构成,表示诸多对象及其相互联系。在数学上,网络是一种图,一般认为专指加权图。网络除了数学定义外,还有具体的物理含义,即网络是从某种相同类型的实际问题中抽象出来的模型。在计算机领域中,网络是信息传输、接收、共享的虚拟平台,通过它把各个点、面、体的信息联系到一起,从而实现这些资源的共享。在计算机领域的网络认识基本就是人类普遍的网络认识,所以一般我们说的网络就是对计算机网络的简称。

(一)什么是计算机网络

关于计算机网络的最简单定义是:相互连接的、以共享资源为目的的、自治的计算机的集合。最简单的计算机网络就是只有两台计算机和连接它们的一条链路,即两个节点和一条链路。因为没有第三台计算机,因此不存在交换的问题。最庞大的计算机网络就是因特网。它是由非常多的计算机网络通过许多路由器互联而成的。因此,因特网也称为"网络的网络"。另外,从网络媒介的角度来看,计算机网络可以看作是由多台计算机通过特定的设备与软件连接起来的一种新的传播媒介。计算机网络由承担通信的通信子网和承担数据处理、存储资源的子网组成。通信子网的主要任务是完成数据的传输、转发和通信的控制。而资源子网负责全网的数据处理和计算,向网络用户提供数据的处理、存储、管理、输入、输出等功能,提供各种网络资源和网络服务,以最大限度共享全网络资源。

(二)计算机网络的功能

计算机网络的功能主要有4个方面,最基本的功能是资源共享和实现数据通信,另外还有均衡负荷与分布处理,以及综合信息服务的功能。

资源共享是人们建立计算机网络的主要目的。计算机资源包括硬件资源、软件资源和数据资源。硬件资源的共享可以提高设备的利用率,避免设备的重复投资,如利用计算机网络建立网络打印机。软件资源和数据资源的共享可以充分利用已有的信息资源,减少软件开发过程中的劳动,避免大型数据库的重复设置。

数据通信,是指利用计算机网络实现不同地理位置的计算机之间的数据传送,如人们通过电子邮件、传真、远程数据交流等。

均衡负荷与分布处理,是指当计算机网络中的某个计算机系统负荷过重时,可以将其处理的任务传送到网络中的其他计算机系统中,以提高整个系统的利用率。对于大型的综合性的科学计算和信息处理,可通过适当的算法,将任务分散到网络中不同的计算机系统上进行分布式的处理。

综合信息服务,是指在当今的信息化社会中,各行各业每时每刻都会产生大量的信息,需要及时处理,而计算机网络在其中起着十分重要的作用。

二、什么是新媒体

什么是新媒体?怎样定义新媒体?学界到目前为止并没有一个统一的界定。一般而言,新媒体是一个与传统媒体相对的概念,是继报纸、广播、电视等传统媒体之后发展起来的新型媒体形态。曾有学者指出,为新媒体这个概念下定义是没有意义的,理解新媒体比定义新媒体更重要。这位学者的话不无道理,面对众说纷纭的新媒体,也许人们短时间内无法对新媒体的概念达成共识,但至少可以通过这些定义来全面认识并理解什么是新媒体。

新媒体的概念从何而来？这就要追溯到40多年前，新媒体（new media）一词最先由美国哥伦比亚广播电视网（CBS）技术研究所所长P.戈尔德马克（P.Goldmark）于1967年在一份商品开发计划中提出。在这份开发电子录像（electronic video recording,EVR）的商品计划书中，戈尔德马克将电子录像称为新媒体（new media），"新媒体"一词便由此诞生。

那么，"新媒体"一词是如何发扬光大的呢？这就要归功于美国传播政策总统特别委员会主席E.罗斯托（E.Rostow）。1969年，在E.罗斯托向尼克松总统提交的报告书中，由于多处使用"new media"一词，使得"新媒体"一词开始在美国社会上流行，并在不久之后扩展到全世界。

然而，"新媒体"一词真正为世人熟知并广泛应用则是从近些年开始的。随着数字信息技术的飞速发展和新兴媒介形态的不断涌现，新媒体逐渐成为统称这些新兴媒体的代名词。在人们使用"新媒体"称呼那些继传统媒体之后出现的新兴媒体，或是描述由其带来的传播生态环境变化的同时，国内外对于"新媒体"的定义却始终无法统一。

与传播学、新闻学相关的各类研究机构、组织及专家、学者、媒介实践者都纷纷从各自不同的领域及角度出发对"新媒体"的概念加以界定。一开始，对"新媒体"的概念界定都十分简短：联合国教科文组织给出了"新媒体就是网络媒体"的定义；美国《连线》杂志将新媒体定义为"所有人对所有人的传播"（communications for all, by all）；华纳兄弟总裁施瓦茨威格认为，"新媒体就是非线性播出的媒体"。

此后，《圣何塞水星报》的专栏作家丹·吉尔摩（Dan Gillmor）为"新媒体"的概念界定加入了新的元素——数字技术，他认为"new media"应该是数字技术在传播中广泛应用后产生的新概念。尽管"新媒体"之"新"是相对于传统媒体"old media"中的"旧"而言，但并不是只要有新的媒介形态出现就会被称为"新媒体"。直到Web2.0的诞生，信息的传播方式发生了革命性的改变，这种传播生态的改变使得人类信息社会进入"自媒体"时代，这才产生了真正意义上的"新媒体"（new media）。

继丹·吉尔摩之后，"技术"逐渐成为"新媒体"概念中一个必不可少的要素。

互联网实验室（www.chinalabs.com）对"新媒体"的定义如下：新媒体是基于计算机技术、通信技术、数字广播等技术，通过互联网、无线通信网、数字广播电视网和卫星等渠道，以电脑、电视、手机、个人数字助理（PDA）、视频音乐播放器（MP4）等设备为终端的媒体，能够实现个性化、互动化、细分化的传播方式，部分新媒体在传播属性上能够实现精准投放、点对点的传播，如新媒体博客、电子杂志等。

中国传媒大学黄升民教授认为，构成新媒体的基本要素是基于网络和数字技术所构筑的三个无限——需求无限、传输无限和生产无限，由此形成的利润链促使传媒产业进入完全竞争的状态。因此，新媒体是建立在数字技术和网络技术基础之上，延伸出来的各种媒体形态。技术是"新"的最根本体现，并体现在形式上。例如：互联网就是一个全新的媒体形态，但是电子报纸、手机电视等就是在旧媒体（传统媒体）的基础上通过技术革新所达到的媒体形态的融合。

清华大学新闻与传播学院熊澄宇教授提出，今天的新媒体是在计算机信息处理技术基础之上产生和影响的媒体形态，包括网络媒体和其他数字媒体形式。所谓新传媒，

第一章 新媒体技术概述

或称数字媒体、网络媒体,是建立在计算机信息处理技术和互联网基础之上,发挥传播功能的媒介总和;它除具有报纸、电台、电视等传统媒体的功能外,还有交互、即时、延展和融合的新特征。① 互联网用户既是信息的接收者,同时也是信息的提供者和发布者。因而,网络媒体不再局限于大众媒体的范畴,而是逐渐转化为融合了大众传播、组织传播和人际传播方式的全方位立体化的新型媒介形式。

除了技术要素之外,上海交通大学的蒋宏教授和徐剑于2006年从内涵和外延两方面对新媒体做出了界定。他们认为,就内涵而言,新媒体是指20世纪后期在世界科学技术有巨大进步的背景下,在社会信息传播领域出现的建立在数字技术基础上的能使传播信息大大扩展、传播速度大大加快、传播方式大大丰富的,与传统媒体迥然相异的新型媒体;就外延而言,新媒体包括了光纤电缆通信网、有线电视网、图文电视、电子计算机通信网、大型电脑数据库通信系统、卫星直播电视系统、互联网、手机短信、多媒体信息的互动平台、多媒体技术广播网等。②

不仅是专业机构和学者对"新媒体"各执己见,一些媒体行业的从业者也结合其自身实践,表达了他们对于"新媒体"的不同看法。

阳光媒体、红岩资本投资集团的创始人吴征认为,消解力量是新媒体相对于旧媒体而言所显现出来的第一个特点。这种消解力量可表现为:消解传统媒体(报纸、广播、电视、通信)之间的边界,消解国家之间、社群之间、产业之间的边界,以及消解信息传受者之间的边界等等。因此,吴征所认为的新媒体是一种既超越了电视媒体的广度、又超越了印刷媒体的深度的媒体,而且由于其高度的互动性、个人性及感知方式的多样性,使其具备了从前任何媒体都不曾具备的力度;从狭义角度而言,新媒体就是互动式数字化复合媒体。

辽宁电视台数字电视技术总监赵季伟在其"新媒体传播学"初步研究提纲中对新媒体做了如下界定:借助于数字化的语言能力,将不确定的自信息按信宿的需求迅速转化为主观内容,并寓于各种形式的传播方式和业务服务之中,它们被称为新媒体。

曾任博客大巴副总裁兼首席运营官魏武挥从受众的角度出发,将新媒体定义为受众可以广泛且深入参与(主要是通过数字化模式)的媒体形态。

而任职中央电视台的资深媒体人杨继红则从新媒体的特征出发,通过对新媒体特征的描述及归类,遴选出最具代表性和概括性的特征对新媒体进行定义:新媒体是基于数字基础的非线性传播的、能够实现交互,具有互联传播特性的传播方式和交互传播的组织机构。③

此外,四川大学出版社的《传播学关键术语释读》,也将"new media"一词收录其中,译为"新媒介"。该书将新媒介定义为以电脑技术为核心的传播载体,主要指光纤电缆、大型电脑数据通信系统、通信卫星和卫星直播电视系统、高清电视以及20世纪90年代迅猛成长兴起的互联网、多媒体等,其中互联网是主体。④ 新媒介和传统媒介(印刷媒

---

① 匡文波.新媒体"概念辨析"[J].国际新闻界,2008(6):66-69.
② 赵凯.解码新媒体[M].上海:文汇出版社,2007.
③ 杨继红.谁是新媒体[M].北京:清华大学出版社,2008.
④ 黄晓钟,杨效宏,冯钢.传播学关键术语释读[M].成都:四川大学出版社,2005.

介、声音媒介、图像媒介)不同,它把文字、图形、声音、图像结合在一起,实现了20世纪中叶以来人类传播中媒介层面的新突破,也推进了人类社会信息化的趋势。

从以上这些对"新媒体"的定义中,可以看到新媒体是一个相对的且不断变化的概念。它在时间上具有相对性,并随着技术的革新而不断更新。综合这些百家之言,大致可概括为两类:一类是从技术层面(如数字技术、网络技术等)对新媒体进行界定;另一类则是从与传统媒体的比较优势出发来定义新媒体,如传播的高速度、高共享性、高互动性以及信息的多媒体化等。

三、新媒体的构成要素

不管人们怎样定义新媒体,通过了解各种有关"新媒体"的界定及"新"、"旧"媒体的区别,可以肯定的一点是:新媒体是相对于已经存在的媒介形态而言的,并且其媒介形态会随着技术革新、媒介融合等原因不断变化及延展。尽管目前尚不能对"新媒体"的概念进行统一的界定,但其构成要素还是相对清晰的。

一是数字技术和网络技术。新媒体是建立在数字技术和网络技术之上的媒介形态。计算机信息处理技术是新媒体的基础平台,互联网、卫星网络、移动通信等则作为新媒体的运作平台,通过有线或无线通道的方式进行信息的传播。

二是多媒体呈现。新媒体在信息传播的方式上往往融合了声音、文字、图形、影音等多种媒体的呈现形式,通过高科技的传播平台,实现跨媒体、跨时空的信息传播,彻底打破了时空界限,满足用户多方位的需求。

三是互动性。作为区分"新""旧"媒体的重要参考因素,新媒体因其良好的交互性而备受人们的推崇。在新媒体时代,人们不再只是被动接收信息的受众,而是成了能自由传播、选择及接收信息的媒体用户,充分显现其人性化的一面。

四是商业模式创新。新媒体兼具技术平台和媒体机构双重身份,与传统媒体相比,新媒体在技术、运营、产品、服务等领域可以充分利用高科技平台,不断丰富和创新商业模式,从而有助于新媒体的运营。

五是媒介融合趋势增强。新媒体的种类有很多,包括次第出现的网络媒体、有线数字媒体、无线数字媒体、卫星数字媒体、无线移动媒体等;其典型特征是在数字化基础上各种媒介形态的融合和创新,如手机电视、网络电视等,通常具有互动性。[①] 同时,媒介融合也使得传统媒体可以借助数字技术转变为具有互动性的新媒体。例如,电视可以升级为数字互动电视。

四、对新媒体的理解

各类专家学者及媒体从业者对新媒体的诸多定义尽管从某种程度上体现出"新媒体"强盛的研究浪潮,在新闻传播教育教学领域2011年开设的"新媒体与信息网络"本科专业和2013年开设的"新媒体"本科专业更是催生了新的概念,带来了新的争议,不

---

① 石磊.新媒体概论[M].北京:中国传媒大学出版社,2009.

免会给受众及学习者带来些许困扰。中国人民大学的匡文波教授对当前存在的各种新媒体定义颇有微词,他认为现在对新媒体的界定中存在的最大问题就是界定过宽且逻辑混乱。

曾有人把近十年内基于技术变革出现的一些新的传播形态,或一直存在但长期未被社会发现传播价值的渠道、载体称作新媒体。这样就会将目前存在的一些新型媒介混为一谈,手机电视、网络电视(IPTV)博客、播客、楼宇电视、车载移动电视、光纤电缆通信网、都市型双向传播有线电视网、高清电视、互联网、手机短信、数字杂志、数字报纸、数字广播、数字电视、数字电影、触摸媒体等均被列入新媒体。

而事实上,并非所有新出现的媒体都能称为"新媒体"。尽管广播、电视相对于报纸而言在传播技术和信息表现形式上有了很大的创新,但由于其并没有改变媒介的传播生态,因此人们仍旧习惯地将广播、电视媒介与报纸媒介归为一类,即"传统媒体"。尽管究竟如何划分"新媒体"和"旧媒体"的范畴,到目前仍没有一个统一的标准,但对其做一定的了解将有助于我们理解什么是新媒体。

网络新媒体的兴起,改变着人类社会的传播生态。受众不再只是传统媒体时代定位明确的接收者,而是由被动的信息消费者逐渐转化为自由的信息用户,既能根据自身喜好接收信息、发表观点,更重要的是能够称为信息的发布者。由此可见,交互性(interactive)是新媒体所有特性中最显著的一点。因此,通过用交互性的标准来衡量目前存在的各种新媒体形态,不难发现许多所谓的"新媒体"其实只是"以新形式出现的旧媒体",如车载移动电视、户外媒体、楼宇电视等,它们的本质同传统媒体一样,只是通过高新科技表现出来罢了。

浙江大学的邵培仁教授认为,新媒体和过去的媒体既可以有明显地区别开来,又有某种模糊性。明显的区别表现在:以网络媒体为代表的新媒体,由于其具有交互性、即时性、开放性、分众性、快捷性、个性化、多媒体等特点,因此与传统媒体相比具有良好的整合性、展示性及容纳性。这样就为受众提供了一个全新的、功能齐全的媒介综合平台,既融合了以往的媒介形式,又显现出信息覆盖面广、规模大、信息资源丰富等优势。而新旧媒体之间的模糊性则表现在:网络媒体蓬勃发展所带来的传播革命虽是上一轮传播革命的终点,却也是下一轮传播革命的起点。在网络技术的基础上,人类传播历史上的全部媒介既进行了一次整合和展示,同时也是对未来的传播媒介和形态的一次试验。邵培仁教授的解释可能更好诠释"新媒体"这个概念的内涵与外延。

第三节 新媒体的特征

新媒体传播的基本技术特征是数字化,基本传播特征是互动性。新媒体传播具有信息量大、使用方便、检索快速便捷、图文声像并茂、互动性强,信息通过计算机网络高速传播,具有信息获取快、传播快、更新快等特性;并且具有计算机检索功能、超文本功能,是一种具有强大生命力的传播媒体,给人类社会带来了深刻的影响。新媒体传播允许读者与作者之间进行网络交流,能及时反馈,改变了传统的学术交流方式。新媒体的基本技术特征是数字化,基本传播特征是互动性。具体来说,新媒体具有以下特征。

一、传播与更新速度快、成本低

新媒体传播是一种数字化传播。它将一定的信息转成数字,经过转播,数字在操作平台上还原为一定的信息。新媒体传播的更新周期可按分秒计算,而电视、广播的周期按天或小时计算,纸质报纸的出版周期按天甚至按周计算,纸质期刊与图书的更新周期更长。新媒体传播可以做到同步传播与异步传播的统一。新媒体传播的即时性刷新了新闻的时效性,其本身"接收的异步性"又方便受众随时随地的接收。接收的异步性可以使受众不需受媒体传播时间的限制,可按自己需要随时进行信息的接收。

二、信息量大内容丰富

互联网能够使用户共享全球信息资源,可以说没有任何一种媒体在信息量上可以与海量信息的网络媒体相提并论。报纸若多印一万字内容,就需增加一个版,给印刷、排版、发行、成本带来很多问题。广播、电视更是这样,内容要准确到几十秒、几秒时间,字数有时要精确到几十个。新媒体传播不同,存储数字信息的是硬盘,存储容量大。在新媒体传播的专题报道和数据库中,新媒体传播可以不限时不限量地贮存和传播信息,运行各种信息数据库,使得读者可以对历史文件随时进行检索。对新闻传播来说,新媒体传播的这一重要功能开拓了实施"深度报道"的新的纵深途径,它能够保证读者对新闻发生的广阔背景及所波及的影响进行全程观察,从而更准确地判断生存环境发生的真实变化。

三、低成本全球传播

新媒体传播突破地域、没有疆界,而且跨国传播成本低廉。无论从传播者的角度还是从受众的角度来看,信息在网络上跨国传播与本地传播的成本与速度是相同的。这一点与传统媒体截然不同。纸质媒体、广播电视,虽然在理论上也能进行全球传播,但是其传播的成本与传播的距离成正比。新媒体传播完全打破了传统的或者说物理上的空间概念,网络信息传播实现了无阻碍化,世界变成了地球村。真实的地理隔离不存在了,国界等限制也不存在了,网络上的新闻传播不是单一文化而是跨文化的传播。互联网则成了不同国家之间跨文化传播的信息交流渠道,带来了前所未有的方便和迅捷。新媒体传播的全球性使得网民可以低成本地在世界范围内便捷地选择其喜爱的新闻网站、主动获取所需的信息,增加了政治的开放性和透明度。

四、检索便捷

检索便捷特性是传统传播方式所难以具备的。纸质报纸、电视等传统媒体每天发送大量的新闻信息,储存时占用大量的空间和金钱,检索时更是费时费力。目前,传统的报刊、电台、电视检索是通过额外的资料室、图书馆,用人工一页页去找,一盘盘去挑。新媒体传播则完全不同:凡是在互联网中存储的数据,网民只要动动手指,便可以从搜索引擎、各类数据库中迅捷地获取所需的信息。

五、多媒体化

多媒体是使计算机成为一种可以作用于人的多种感知能力的媒体,它集合了多种媒体表现形式(如文字、声音、图片、动画、视频等),用来传送信息。新媒体传播是一种多媒体的传播。它可借助文字、图片、图像、声音任何一种或几种的组合来进行传播活动。这种具有立体效应的多媒体传播组合可以更加真实地反映所报道的对象,给受众带来逼真而生动的感觉。新媒体传播打破了传统传媒的界限。网络上的新闻是多媒体的,它融合了文字、声音、图像、动画、视频等多种形式,打破了传统的文字媒介(报刊)、声音媒介(广播)和视觉媒介(电视)之间难以逾越的鸿沟。新媒体传播不仅可以表现出电视的功能,还因其容量大、可检索等功能,使其多媒体特性显得更实用。一个新媒体传播,实际上是三种媒体的综合体。网上音频、视频、图片节目,等于是开办了网上电台、电视台、图片社。现在的大型网站,如中央电视台网站、凤凰网等,都有专门的视频、音频频道。由于操作平台软件的成熟,人们可以在计算机里开出多个窗口,一边听音乐,一边看视频、新闻或进行写作。

六、超文本超链接

超文本是一种非线性的信息组织方式。超文本设计成模拟人类思维方式的文本,即在数据中又包含有其他数据的链接。用户单击文本中加以标注的一些特殊的关键单词和图像,就能打开另一个文本。超媒体又进一步扩展了超文本所链接的信息类型,用户不仅能从一个文本跳转到另一个文本,而且可以激活一段声音,显示一个图像,或播放一段视频。网络以超文本、超媒体方式组织新闻信息,便于用户接受新闻内容时进行联想和跳转,更加符合人们的阅读和思维规律。人类的思维活动是多维的、发散的,而不是线性的。传统新闻媒体的表达方式是顺序的、线性的,而不是跳跃的、多向的,这样的表达方式不符合人们的思维方式。人们要求新的新闻媒体能够突破线性表达的桎梏,采用多维的表达方式,使其具有联想功能,从而更接近于人类对知识、概念、思想的表达习惯。新媒体传播改变了信息组合方式,它的魅力在于将分布于全世界的图文并茂的多媒体信息以超链接的方式组织到一起,用户只要链接到一个网页,在链接字上用鼠标一点就可以访问相关的其他网页。这种方式改变了传统的阅读方式,极大地方便了用户。网络新闻采用互联网的"超链接"概念,以超文本、超媒体方式来组织新闻内容及有关新闻背景,使用户在阅读新闻时,能按照自己的意愿和思路,实现新闻内容的"跳转"及表达方式的转换,更好地体现用户的主体地位及联想的思维规律。超文本结构是网络上信息的组织方式,大大增加了新闻报道的综合性、信息量、可选择性和自主性。

七、互动性强

从传播学的角度看,互动性是新媒体的根本性特征。网络新闻传播是一种开放的互动式(interactive,亦可译为交互性)传播。传统媒体的传播方式通常是单向的,编读双方无法随时随地进行双向沟通。而新媒体传播既可以是单向传播,也可以双向(编者与读者之间)甚至多向(编者与读者之间、读者与读者之间)传播,信息的传播具有很强的互动性,网民与网站之间、网民与网民之间可以利用 BBS、聊天室、网络电话、电子邮件等工具实时沟通、互动,对新闻内容也可以随时展开讨论,还可以举行网络会议。

第四节　全球新媒体发展历程

对全球新媒体的梳理是浩瀚而繁杂的工程,我们考虑到互联网在网络新媒体发展中所起到的基础性作用,对此归纳总结:以全球互联网的发展为主线,结合互联网媒介进行系统化审视。总体而言,全球新媒体迄今为止经历了六个阶段:1969 年以前为技术准备阶段;1969—1985 年为初步形成阶段;1986—1995 年为渐进发展阶段;1995—2003 年为规模高速扩张阶段;2003—2009 年为 Web2.0 及媒体融合阶段;2009 年至今为移动互联网阶段。

一、第一阶段——技术准备阶段:1969 年以前

从计算机学科的角度看,互联网实际上是一个计算机网络系统。要回答"互联网是怎样诞生的",首先要追溯到计算机的产生和发展。计算机是一种用于高速计算的电子计算器。20 世纪伟大的数学家冯·诺依曼(John von Neumann)在二战期间为研制电子数学计算机提供了基础性的方案。1946 年 2 月 14 日,世界上第一台电脑 ENIAC (electronic numerical integrator and computer)在美国宾夕法尼亚大学诞生。它使用了18800 个真空管,长 50 英尺(1 英尺=0.3048 米),宽 30 英尺,占地 1500 平方英尺,重达30 吨,这是一台运算速度快(每秒 5000 次加法运算)、体积庞大、十分耗电的"庞大"计算机。此后,计算机经历了从电子管数字计算机到大规模集成电路计算机四代的发展,同时计算机也从科研、事务管理等走向了家庭,开创了 PC 时代。

随着计算机的诞生和发展,面向终端的计算机通信网诞生了。它的特点是计算机是网络的中心和控制者,终端围绕中心计算机分布在各处,呈分层星型结构,各终端通过通信线路共享主机的硬件和软件资源。这种计算机系统只能进行远程通信,没有实现资源共享的功能。到了 20 世纪 60 年代,真正的计算机网络阿帕网诞生并发展起来。

二、第二阶段——初步形成阶段:1969—1985 年

互联网起源于苏联和美国冷战时期,两国在冷战时期的高科技及军备竞赛催生了许多新的科学技术。1958 年,美国国防部成立了"高等研究计划局"(现称为"美国国防部高级研究计划局"),其目的之一就是建立一个全球高级情报传输系统。工程指导思想是网络必须经受得住故障的考验而维持正常的工作,一旦发生战争,网络的某一部分因遭受攻击而失去工作能力时,其他部分应能维持正常的通信工作,全网没有控制中心,信息自由流通。

1969年11月21日,高等研究计划局建成了第一个网络,取名阿帕计算机网(ARPA NET,简称阿帕网)这个网络只有两个节点;同年12月5日,网络节点增加为4个。此后,阿帕网快速发展,到1981年节点就增加至213个,以后每20天就有一个新的节点加入网络。

1977年至1979年,阿帕网推出了TCP/IP体系结构和协议。1980年前后,阿帕网上的所有计算机开始了TCP/IP协议的转换工作,并以阿帕网为主干网建立了初期的互联网。1981年,美国计算机网络网上消息栏首次使用。1983年,阿帕网上的全部计算机完成了向TCP/IP的转换。阿帕网虽然在美国本土不断扩大,但与美国之外的网络系统没有连接。欧洲的科研人员开发出联合学术网(JANET)等网络,经过一段时间的磨合,1984年与美国阿帕网接通。

三、第三阶段——渐进发展阶段:1986—1995年

1985年,美国国家科学基金会(NSF)采用TCP/IP协议将分布在美国各地的六个为科研教育服务的超级计算机中心互联,并支持地区网络,形成美国国家科学基金会网(NSFNet)。1986年,美国国家科学基金会网替代阿帕网成为互联网的主干网,"Internet[①]"名称正式使用。1988年,互联网开始对外开放,结束了仅供计算机研究人员和政府机构使用的历史。1989年,互联网开始商用,一批提供上网服务的公司应运而生。

1989年,英国科学家蒂姆·伯纳斯-李(Tim Berners-Lee)和比利时人罗伯特·凯利奥(Robert Calliau)在欧洲粒子物理研究所(CERN),提议和构造了在互联网上使用超文本来发布、分享和管理信息的方法。这是一个相互链接在一起、通过网络浏览器来访问的超文本文档系统。浏览器里看到的网页,可能包含文本、图像以及其他的多媒体,通过文档之间的超链接,可以从一个网页浏览到其他网页。同年,美国国家超级计算应用中心(NCSA)发明了一种超文本(hypertext)的浏览器,为在互联网上查询浏览各种信息提供了有效的手段,这就是人们现在熟知的万维网。

1990年,万维网开始在全球普及。万维网的功能具有两大特点,一是突破了平面文字的限制,可展现图形、动画、声音、影像等,成为令人耳目一新的多媒体信息网络;二是采用了超文本链接技术,这是一种有关采集、储存、管理、浏览离散信息,建立和表示信息之间的关系的技术,任何超文本系统都是由存放信息的节点和信息之间的链接组成。

1991年6月,世界联网的计算机中商业用户首次超过了学术界用户,这是网络发展史上的一个里程碑。在这一时期,大批商业机构开始在互联网上刊登网页广告,提供各种信息;互联网的用户也不再局限于高校师生和计算机行业的工作人员,互联网真正走入家庭。各种传统的大众传媒开始与互联网相融合,开辟了媒介传播的新纪元。

---

① 互联网即Internet,指当今全球最大的计算机信息网络。国内最早译为"国际互联网"、"互联网络",1997年7月18日,全国科学技术名词审定委员会确定译为"因特网",港台及海外则译为"网际网路"。现在国内一般都使用"互联网",有时仍使用"国际互联网",是为了与"中国互联网"对应。

四、第四阶段——规模高速扩张阶段：1995—2003 年

1995 年以后，互联网已经发展到了第四个阶段，也可称之为大规模的国际互联网络阶段，网络传播以其巨大的传播优势向传统的传播媒介和传播方式发出了挑战。从 1995 年 5 月开始，多年资助互联网研究开发的美国国家科学基金会宣布退出互联网，把网络经营权转交给美国三家最大的私营电信公司（Sprint、MCI 和 ANS），这是互联网发展史上的重大转折。美国的网络发展从此进入了产业化运营和商业化应用阶段。

这一阶段互联网高速发展态势具体表现在三个方面：一是个人电脑迅速普及；二是电子商务蓬勃发展；三是网络媒体功能凸显。

1973 年，法国工程师 Gernelle 和 André Truong 发明了最早的个人电脑 Micral。1975 年，美国比尔·盖茨和保罗·艾伦建立了微软公司。1981 年 8 月 12 日，IBM 推出以英特尔的 x86 的硬体架构及微软公司的 MS-DOS 操作系统的个人电脑，它是现代 PC 的原形。1985 年，微软首次发布 Windows 操作系统。1993 年，英特尔推出奔腾处理器。1995 年，微软 Windows 95 面市，并在 4 天内售出 100 多万个拷贝，把互联网功能加入其所有产品。2000 年，英特尔公司推出奔腾 4 处理器，运行速度达 1.5 GHz，与 1971 年第一个英特尔芯片 108 千赫的速度有着天壤之别。个人电脑的迅速普及为网络传播及博客的大规模发展奠定基础。

一般来说，电子商务，是指利用电子信息网络进行的商务活动，即商务活动的电子化、网络化。广义而言，电子商务还包括政府机构、企事业单位内部业务的电子化。电子商务最早产生于 20 世纪 60 年代，在 1995 年后取得大规模的发展。1997 年 5 月 31 日，美国 VISA（维萨）和 MasterCard（万事达卡）国际组织等联合出台的电子安全交易协议，为在开发网络上的电子商务提供了一个的安全环境。同年，欧盟发布了"欧洲电子商务协议"，美国随后发布"全球电子商务纲要"，电子商务受到世界各国政府的重视，许多国家的政府开始尝试"网上采购"，这为电子商务的发展提供了有力的支持。电子商务发展迄今经历了网络黄页、网络广告、网络销售、网络整合管理及营销、在线生产在线消费（produce online & consume online，POCO）等五个阶段。在经济全球化的时代，电子商务正对各国经济和社会发展产生深远影响。

网络媒体飞速发展，在与传统媒体竞争过程中，形成了相互依托、共荣共存的良好态势。网络媒体具体包括两大类：一类是传统媒体网站，另一类叫作网络自生媒体。网络自生媒体，是指某个组织或个人利用网站、主页等网络工具定期制作和发布新闻，形成新的仅依托网络平台的信息传播媒体。由于互联网具有报纸的详尽深入与可保存的功能、电视的视听合一、形象生动的特点，再加上互动、即时、延展、融合等特征，很快就对传统媒体形成巨大挑战，同时也为传统媒体发展提供了一个崭新的空间。

1992 年 2 月，美国总统发表的国情咨文中提出，计划用 20 年时间，耗资 2000 亿～4000 亿美元，来建设美国国家信息基础结构（NII），以此作为美国发展政策的重点和产业发展的基础。倡议者认为，它将永远改变人们的生活、工作和相互沟通的方式，产生比工业革命更为深刻的影响。而将 NII 比喻为信息高速公路，更令人联想到 21 世纪初期，欧美国家兴起的高速公路的建设在振兴经济中的巨大作用和战略意义。虽然美国

政府拥有 Internet 的很多权限,但是为了科技的发展,美国本身并没有对网络上的任何行为收取大量的权利金(因为国际互联网是美国政府出钱研究开发的),因此很多的研究机构得以用很低的成本加入 Internet 技术与服务的研究开发,Internet 也由此得以发展成全世界覆盖面最广的网络。

1992年,美国《圣何塞信使新闻报》创办了全球第一份报纸网络版,从此各类传统媒体先后向互联网进军。发达国家网络报纸经历了三个发展阶段:1995年的电子版阶段,报纸只是把印刷版的内容原封不动地搬上网;1996年的超链接阶段,通过对文本中间的一些关键字建立链接,使信息之间关系更加直接,同时在网络版上还开辟了电子论坛(BBS)、聊天室、邮件列表等服务,实现了双向交流;1997年的网络专用新闻阶段,报纸网络版与印刷版相对独立,有一批专门为网络版工作的新闻人员和技术人员,提供网络版独家的新闻报道,并且初步具有了多媒体报道的特征,不少报业集团走上了门户网站的道路。《纽约时报》等报纸和商业公司合作建立了门户网站,提供访问者需要的任何东西,不光有突发新闻报道还有即时股市行情、电子商务、免费电子邮件,甚至还有网上婚庆服务。

1993年,在读的大学生 Marc Andreessen 和 Eric Bina 根据万维网思想编写了网络浏览器"马赛克"。Marc Andreessen 在毕业后与人合作开办了 Netscape 公司,"马赛克"发展为 Netscape 浏览器。Netscape 浏览器加快了互联网的普及速度,Marc Andreessen 也因此成为百万富翁。万维网技术的应用降低了互联网应用的门槛,使上网不再是技术人员的专利。互联网逐步成为深受人们欢迎的通信与信息交流的工具。

在线广播,是指数字化的音频视频信息通过国际互联网传播,是网络传播多媒体形态的重要体现,也是电台电视台网上发展的重要方向。1995年8月,美国广播公司(ABC)首先利用互联网进行全球广播。1996年7月,(美国)全国广播公司(NBC)与微软公司结盟建立网站,开通名为"MS-NBC"的全天24小时有线新闻频道。英国广播公司(BBC)从1997年9月推出网络频道。美国有线电视新闻网(CNN)的网络版"CNN Interactive"成为世界上最繁忙的新闻网站之一。1997年以后,很多记者开始专门为互联网采编新闻,允许用户参与新闻报道,实现多元动态互动。

1997年9月,美国之音(VOA)通过各种渠道发布了一条消息:"号外!号外!号外!我们宣布一个好消息。美国之音中文部从10月1号开始提供一项新的服务。我们将通过电子邮件方式,把每天的重大新闻、突发事件、趣味消息传送到您的电子信箱。……如果您或您的朋友对美国之音这项新的资讯服务感兴趣的话,请将电子信箱告诉我们。"这是网络新闻订阅的开始。

1998年,美国总统克林顿与莱温斯基的绯闻成了全世界大大小小的媒体关注的焦点,而最早将这爆炸性新闻公之于世的正是一个名叫马特·德鲁吉的年轻人开设的个人网站。1998年1月18日,德鲁吉得知《新闻周刊》一名记者写了一篇关于克林顿与莱温斯基有暧昧关系的报道,但编辑部拒绝发布,德鲁吉立即将此报道在自己的网站上发布。从此以后,德鲁吉名声大振,这一事件也成为美国网络媒体向传统媒体发出的第一次严峻挑战,充分展示了网络媒体的传播优势。2001年9月11日,美国世贸大楼遭遇恐怖袭击,博客成为重要信息和灾难亲身体验的重要来源,开始步入主流社会的视野。

五、第五阶段——Web2.0及媒体融合阶段：2003—2009年

从互联网自身的应用层面上看，2003年之后被称为"Web2.0"时代，在此之前的网络应用方式被称为"Web1.0"，Web1.0的主要特点在于用户通过浏览器获取信息，Web2.0则更注重用户的交互作用，用户既是网站内容的消费者，也是网站内容的制造者。

Web2.0的概念源自于2004年3月美国O'Reilly公司Media Live公司的一次头脑风暴会议。O'Reilly公司副总裁戴尔·多尔蒂(Dale Dougherty)在会议上指出，互联网比其他任何时候都更重要，激动人心的新应用程序和网站正在以令人惊讶的规律性涌现出来，那些幸免于网络泡沫的公司，其模式都具有相似性，互联网正在经历一种新的变革。在分析了这些新技术与新型网站的模式后，戴尔·多尔蒂与公司总裁提姆·奥莱理(Tim O'Reilly)创造性地提出了Web2.0的概念。

他们在其后发表的文章中对这一概念做了进一步的解释：Web2.0体现为互联网作为跨设备的平台，其应用程序充分发挥平台的内在优势，软件以不断更新的服务方式进行传递，个人用户通过组成群体贡献自己的数据和服务，同时允许他人聚合，以达到用户越多、服务越好的目的。通过这种"参与架构"创造出超越传统网络页面技术内涵，引发出具有丰富用户体验的网络效应。与此同时，网络传播的外部环境也发生了革命性的变化。2003年以来，手机媒体作为新媒体的代表异军突起，它进一步融合了传统媒体和网络的优点，不仅能直接搜索网上信息，而且有很强的便携性。新媒体是一个很宽泛的概念，是指利用数字技术、网络技术，通过互联网、宽带局域网、无线通信网、卫星等渠道，以及电脑、手机、数字电视机等终端，向用户提供信息和娱乐服务的传播形态。美国《连线》杂志对新媒体的定义："所有人对所有人的传播。"

"媒介融合"(media convergence)概念的提出始于20世纪80年代的美国，最早由马萨诸塞州理工大学伊契尔·索勒·普尔教授提出，其本意是指各种媒介呈现出多功能一体化的趋势。美国新闻学会媒介研究中心主任安德鲁·尼彻森(Andrew Nachison)将媒介融合定义为"印刷的、音频的、视频的、互动性数字媒体组织之间的战略的、操作的、文化的联盟"。2003年，美国西北大学教授戈登归纳了美国当时存在的五种"媒介融合"的类型：技术融合、产品融合、业务融合、市场融合和组织融合。

2004年，日本和韩国分别提出了"Ubiquitous Japan"及"Ubiquitous Korea"计划。英文单词"ubiquitous"来源于拉丁语，意为"普遍存在的，无所不在的"。国际信息产业界最早提出此概念的是已故的美国施乐帕克研究中心(Xerox PARC)的马克·维瑟(Mark Weiser)博士。他在1988年第一次提出"ubiquitous computing"的概念。马克博士认为，"电脑在我们没有意识到它存在的时候，已经融入了我们的生活中"。其后，日本学者衍生出了"ubiquitous network"(无所不在的网络)的概念，认为人们在没意识到网络存在的情况下，能随时随地地通过适合的终端设备上网并享受服务。

"无所不在的网络"需要同时满足三个要求。第一，无论在何处使用，无论使用模式是固定的还是移动的、是有线的还是无线的，它都能提供永远在线的宽带接入。第二，

"无所不在的网络"不仅能够连接通用的大型计算机和个人电脑,也能连接移动电话、PDA、游戏机、汽车导航系统、数字电视机、信息家电、RFID(射频识别)以及传感器等各种信息设备,这些设备通过 IPv6 协议连接到网络中。第三,"无所不在的网络"能够实现对信息的综合利用,不仅能够处理文本、数据和静态图像,还能够传输动态图像和声音。它能够实现安全的信息交换和商务交易以及用户的个性化需求。

六、第六阶段——移动互联网阶段:2009 年至今

移动互联网(mobile Internet,MI)是一种通过智能移动终端,采用移动无线通信方式获取业务和服务的新兴业务,包含终端、软件和应用三个层面。终端层包括智能手机、平板电脑、电子书、MID(移动互联网设备)等;软件包括操作系统、中间件、数据库和安全软件等;应用层包括休闲娱乐类、工具媒体类、商务财经类等不同应用与服务。随着技术和产业的发展,未来,LTE(长期演进,4G 通信技术标准之一)和 NFC(近距离无线通信技术,移动支付的支撑技术)等网络传输层关键技术也将被纳入移动互联网的范畴之内。移动互联网是将移动通信和互联网二者结合起来,成为一体。移动通信和互联网成为当今世界发展最快、市场潜力最大、前景最诱人的两大业务,它们的增长速度都是任何预测家未曾预料到的,所以可以预见,移动互联网将会创造经济神话。

很长时间以来,人们对移动互联网并不了解,自然用过去的经验去看,就将其定位为互联网的延伸和补充,是互联网的一个组成部分,就是互联网。在这样一个思路下,移动互联网的形态、商业模式都自然想从互联网中搬过来,如 2001 年 10 月第一个 3G 网络商用。这种思维举不胜举,渗透到移动互联网的各个领域,也渗透到新媒体领域。今天的中国,乃至全世界没有一个商业上非常成功的新媒体,大部分传统媒体向新媒体转型都不算成功,很大程度上就是这个原因造成的。

什么是移动互联网?移动互联网虽和互联网有很大亲缘关系,甚至带着互联网的基因,流着互联网的血,但并不是互联网,是一个有着新生命的网络形态,它将超越互联网,超越那些已经成为定势的思维和模式。

当前,全球移动互联网用户总数已超 10 亿。这意味着移动互联网正在或者已经改变着地球上六分之一人类的信息接收处理方式、人际交往方式等与生活相关的方方面面。那么,剩下的"50 亿"人呢?正如 2014 全球移动互联网大会(GMIC)所探讨的话题——下一个 50 亿,才是真正"移动化"的未来。传统媒体应对当前移动互联网新媒体冲击的同时,更需要认真探讨的是,如何在"下一个 50 亿"找到各自存在与发展的机会。

2014 年,巴西世界杯是世界各国关注的热门体育赛事。根据思科的最新报告,2014 年世界杯带来了 4.3 艾字节[①] IP 流量,相当于所有巴西人三个月产生的总流量。巴西世界杯也是社会化媒体和大数据的"世界杯"。在世界杯期间,Facebook(脸书)活跃用户已经达到 10 亿,Twitter(推特)月活跃用户就超过了 2.5 亿。在德国与巴西半决赛中,Twitter 创下了每分钟 58 万条相关推文最高纪录。半决赛给 Twitter 带来了 3560万条相关推文的新纪录,打破 2 月份美国超级碗总决赛时 2490 万条推文的纪录。

---

① 艾字节是计算机中的一种计量单位,英文 ExaByte,简称 EB。1 艾字节等于 2 的 60 次方字节,10 亿 GB。

在世界杯过半的时候，Facebook 上的相关互动量突破了 10 亿条，创下了全球最大社交网站的新纪录。在中国微博空间，1.05 亿用户创造了 14.92 亿互动量，其中 9.14 亿讨论量，相关话题总阅读量高达 297.5 亿。央视女主持刘语熙成为世界杯期间微博上最热门的人物。与她有关的话题"乌贼刘"阅读量突破 3 亿成为微博最热话题。全球新媒体概况如何？从用户规模来看，根据《2014 年全球社会化媒体、数字和移动业务数据洞察》，2014 年 1 月，全球互联网用户数量超过 24.85 亿，互联网普及率 35%，社交网络活跃用户数超越 18.57 亿，社交网络普及率 26%，移动用户数超 65.73 亿，移动业务普及率 93%。从新媒体产业来看，据经济咨询公司 Oxera 报告，全球的网络工业每年的产值已经达到 2700 亿美元。2013 年，中国网络经济整体规模达到 6004.1 亿元人民币，同比增长 50.9%，其中移动互联网经济规模达 1083 亿元人民币。预计到 2017 年，网络经济规模将达到 17231.5 亿元人民币。

第五节 中国新媒体发展历程

回顾中国新媒体发展历程，同样遵照对全球新媒体发展历程梳理的基本思路，可以清晰地看到中国发展历程基本是对全球发展历程的参照，在历史机遇上中国更好地抓住互联网全球化的机缘，从互联网在中国诞生到今天所用时间远远短于美国等传统互联网初期强国。

1994 年 4 月 20 日，通过一条 64 K 的国际专线，中国全功能接入国际互联网，刻下了进入互联网时代的起始点，这是中国互联网发展史上"开天辟地"的大日子——这一天中国全功能接入互联网（Internet）成为国际互联网大家庭中的第 77 个成员。今天，我们已无法想象曾经发出第一封电子邮件历时 7 天的曲折，而当今中国互联网正在发生的一切，也远远超出了 20 年前"中国互联网之父"钱天白教授的设想。新技术层出不穷，新应用令人应接不暇，新设备令人眼花缭乱……20 年时间，中国互联网从边缘落后到奋起追赶，并开始在世界舞台崭露头角。

国内著名新媒体研究学者闵大洪和方兴东等从媒体和传播的角度，将中国互联网 20 年的发展历程进行了充分研究。在整理已有研究成果的基础上，我们认为中国新媒体发展历程可划分为 4 个阶段：史前阶段（1994 年前）；互联网 1.0 阶段（1994—2001年）；互联网 2.0 阶段（2001—2009 年）；互联网 3.0 阶段（2010 年至今）。中国互联网传播格局差不多每 5 年就发生一次重大变化。互联网 1.0 阶段奠定了网络媒体的地位，互联网 2.0 阶段造就了自媒体的形态，互联网 3.0 阶段造就了社会化媒体和媒体社会化的形态。互联网传播的每一次"升级"，均是在新技术的引领下出现新的应用、新的业态，进而使整个格局和市场发生变化。互联网进入 3.0 阶段，从更大的技术背景看，是今天已全面进入的光纤宽带时代、移动互联网时代、后 PC 时代、云计算时代和大数据时代。

对于中国互联网 20 年的发展历程，仁者见仁，智者见智。在这 20 年里，中国互联网实现了从技术工具到网络媒体、从网络媒体再到网络社会的转变。如今，互联网与社会已经互相嵌入、共生互促，成为像日常生活中的水、电一样的基础性社会资源。

一、第一阶段——史前阶段：1994 年前

1994 年之前，是中国互联网的史前阶段。从 1986 年启动中国学术网项目，并通过卫星链路远程访问日内瓦的主机节点，到 1987 年从本土经由意大利和德国的互联网路由节点发出第一封电子邮件，再到 1990 年注册登记了我国的顶级域名.CN，以及 1993 年中科院高能物理所租用美国卫星链路接入美国能源网，最终到 1994 年 4 月初，中国互联网终于得到美国国家科学基金会（NSF）的认可，正式开启中国拥抱全球互联网的时代。此阶段，由于互联网初期的技术门槛较高，资源极为紧缺，因此仅有科技工作者、科研技术人员等很少的人群使用，而且使用的范围也被限制在科学研究、学术交流等较窄领域。

第一封电子邮件的"网络寻呼"：1987 年 9 月 20 日 20 时 55 分（北京时间），中国兵器工业计算机应用技术研究所发出第一封电子邮件。时任该所所长李澄炯提出邮件内容用"越过长城，走向世界"。他表示，该邮件的作用就相当于一个"网络寻呼"，希望外界收到来自中国计算机网络的声音。

.CN 域名注册登记：1990 年 10 月 10 日，王运丰教授与德国卡尔斯鲁厄理工学院的措恩教授商讨中国申请国际域名的问题，最后决定用.CN 代表中国。1990 年 11 月 28 日，得到中方授权的措恩教授在德国卡尔斯鲁厄理工学院内建立.CN 顶级域名服务器，在 SRI-NIC(Stanford Research Institute's Network Information Center)注册登记中国的顶级域名.CN 及开通.CN 的国际电子邮件服务。1992 年底，中国科学院网（CASnet）建成，.CN 服务器移入该网络。

科学院所的学术研究需求：1993 年 3 月，中科院高能物理所通过卫星链路接入国际互联网，也让国内的部分科学家可以尝鲜接入美国科研网络。事实上，中科院高能物理所自 1990 年开始，即为社会提供国际网络接入服务。这次采用卫星通信的模式直接联入国际互联网，为其更好地利用互联网资源奠定了基础，同时也为社会各界提供了更为灵活的网络接入方式。事实上，从 1990 年开始，国内的北京市计算机应用研究所、中科院高能物理研究所、华北计算技术研究所、中国电子科技集团公司第五十四研究所等科研单位，先后将自己的计算机与 CNPAC(X.25)相连接。1993 年底，中科院中关村地区的 30 多个研究所及北大、清华两所高校，全部用光缆互联在一起。紧接着，中科院在全国范围内的研究机构联网工程启动，后续完成了将 12 个分院区域网及其他城市的研究所连到北京的广域网工程，连接了 24 个城市（包括北京）。继 1993 年美国提出建设信息高速公路计划之后，中国也在同年提出建设实施"三金工程"，即建设中国的"信息准高速国道"，以更好地为经济社会发展服务。1993 年底，中国正式启动了这项国民经济信息化的工程，此举宣告了我国互联网基础设施建设的起步。

互联网引入中国，正值天时地利人和之时。1991 年，苏联解体，结束了苏美长达 40 年的争霸局面，世界格局发生变化，两极格局瓦解，同时也给其他社会主义国家敲响了警钟，为其他社会主义国家的成功改革积累了经验。1992 年，邓小平同志在南方谈话中，提出加快改革开放的步伐，大胆地试，大胆地闯。而此时，美国互联网热潮渐起。改革开放的大背景下，我国加快了走出去的步伐，并且极度渴望与国外进行信息交流，这

是早期互联网的需求。当时,电视是人们了解国外信息的主要渠道。但国务院于1993年10月发布的《卫星电视广播地面接收设施管理规定》和广播电影电视部于1994年2月发布的《〈卫星电视广播地面接收设施管理规定〉实施细则》,规定居民个人不得安装和使用卫星电视地面接收设施,单位设置卫星地面接收设施必须持有广播电视行政部门发放的许可证。这些规定的出台,迫使人们特别是部分科研学术工作者更加渴望引入更多的信息交流渠道,而互联网无疑是最合适的。

1993年,坐落于美国伊利诺伊州的伊利诺伊大学的国家超级计算机应用中心(national center for supercomputing applications,NCSA),研发了一个浏览器,命名为"Mosaic",成为点燃后来互联网浪潮的火种之一。互联网发展与中国市场经济和政治改革的发展恰好交汇了。接纳互联网,拥抱互联网,接入互联网,这个选择本身就是我们制度的一大突破。发展互联网,从一开始就从最高层确立了政治正确性,确保了互联网一直以来在中国高速、健康和顺利地发展。

史前阶段主要是将互联网引入中国的历程,该阶段尚缺乏网络文化的演变和准备。由于中国没有参与互联网技术与网络诞生的过程,因此对于这一不是亲生的"舶来品",缺乏十月怀胎、分娩阵痛、分娩之后的成就感。全球第一份中文网络杂志是1991年创刊的《华夏文摘》,由朱若鹏等海外学子组成的CDN(中国电脑新闻网络)主办,它所刊载的文稿主要来自海内外各家中文刊物和读者投稿。早在1990年代初期,香港已经开始提供互联网服务,成为亚洲最早提供互联网服务的地区之一。1991年9月,香港中文大学首次以专线接驳到美国,把香港正式连到全球互联网的版图上。台湾于1990年7月着手建立台湾学术网络(TANet),TANet于1992年6月9日正式宣布对一般使用者开放服务。而台湾地区的互联网发展则始于1991年12月,教育部门电算中心以64 Kbps数据专线将TANet连接到美国普林斯顿大学的JVNCNET,正式成为互联网大家庭中的一员。无论是国际人士在中国的信息与通信需求,还是海外学子对于互联网近水楼台的率先使用,以及港澳台对于互联网的捷足先登,都体现了中国与世界接轨、与先进文化联姻的渴望,互联网这一彻头彻尾的"舶来品"在中国文化的包容性下,从来就没有表现出任何的水土不服。难怪有人说,互联网好像更是为中国的复兴和崛起准备的。

二、第二阶段——互联网1.0阶段:1994—2001年

1994年4月20日,是中国互联网诞生之日。随后,由清华大学等高校、科研计算机网等多条互联网接入,邮电部正式向社会开放互联网接入业务,互联网服务供应商(ISP)如瀛海威等开始出现,互联网创业浪潮渐起。中国互联网创业浪潮是由1995年8月9日网景上市触发的。这一年,全球网民500万人,美国网民占全球的77%,是绝对的中心,而这时中国的互联网才刚刚起步,要到三四年之后才有真正的创业氛围。1997年开始,以人民网为代表的门户网站开始逐步创立并发展,新浪、网易、新华通讯社网站(后更名新华网)等中央级新闻门户与上海热线、武汉热线等地方门户逐步建立起来,开启了互联网的门户时代;同期,阿里巴巴、百度、盛大、天涯社区等互联网公司创立;风险投资的环境开始改善,互联网企业的融资路径逐步明确,这一切,预示着中国互

联网的第一次发展热潮即将到来。

中国互联网第一次热潮，发端于新浪、搜狐、网易等三大门户的创建。1999年7月，名不见经传的中华网在纳斯达克成功上市，融资8600万美元；2000年1月，在纳斯达克即将接近最高峰的时刻，再次发行新股，又募得令人惊讶的3亿美元，第一次让风险投资看到了中国市场的巨大商机，由此带动了三大门户网站上市热潮，以及一大批中国互联网公司的兴起。那时候，诞生了"中国概念股"的称呼，因为到2000年，中国网民才突破1000万大关。这一轮浪潮完全是由美国互联网热潮带动起来的。

但好景不长，2000年继新浪、网易、搜狐三大门户网站先后上市后，美国股市开始崩溃，股票刚上市就一路暴跌，新浪股价一度跌到了1.06美元，搜狐跌至60美分，网易上市当天就跌破发行价，一度仅有53美分。曾经狂热的投资商也趋于谨慎甚至停滞。刚刚火起来，还没有充分施展，就被硬生生拖入了互联网的冬天，2年之内可谓"尸横遍野"。

这一场来自2000年的以科技股为代表的纳斯达克股市的崩盘和"网络泡沫"的破灭，让全球互联网产业都进入严冬，"多米诺骨牌"效应带动IT产业整体下滑，市场一片低迷。据网络产业研究公司Webmergers统计，2000年的泡沫破灭，令全球至少有4854家互联网公司被并购或者关门。

第一次互联网浪潮初期，中国互联网的发展尚处于摸索阶段，制度管理以社会化形态为主，属于非政府组织治理的初级阶段。

1994年，代表中国完成互联网的首次全功能接入，不是当时的邮电部，也不是其他政府部门，而是一个由中科院牵头主持的中关村教育与科研示范网（NCFC项目）。1997年，主管域名的中国互联网络信息中心（CNNIC）成立，就放在中科院这样一个科研单位，而不是当时的邮电部或者电子部。今天回头看来，真是具有前瞻性、充满智慧的设置。想想看，如果一开始CNNIC就放在邮电部管理，那么中国互联网的发展将会如何？这个看起来一念之差的安排，是中国互联网初期最了不起的制度创新之一。CNNIC放在学术性质的中科院，符合互联网国际惯例，适合国际交流和参与。

早期的互联网发展是由产业部门而不是宣传部门来主管，这也是一项不经意的重要制度创新。这一切，确保了早期开拓阶段以发展为主的思路，"先发展，后管理"的理念对于前期的开拓性探索，无疑是最佳的保障。1997年2月，国务院信息办组织举办"数字化信息革命报告会"开启了中国互联网启蒙第一课，尼古拉斯·尼葛洛庞帝第一次正式访华，无论对于政府、商业，还是公众各层面，都唤醒了互联网意识的崛起。继早期的中国与国际互联网络的互联互通后，完成了与国际互联网思想的第一次接轨。

1998年，信息产业部成立，正式成为互联网产业的主管部门。1999年，中央首次提出以现代化信息技术加强和改进对外传播手段，并开启了对新闻媒体网站的调研与视察，加大新闻媒体网站建设的力度。中央宣传部、中央对外宣传办公室《关于加强国际互联网络新闻宣传工作的意见》的发布，明确了今后网络新闻宣传工作发展的方向，并对网上新闻信息发布提出了规范原则。《中国新闻界网络媒体公约》的发布在赋予网络媒体权利的同时，也约束了其职责。强国论坛的诞生打开了网络媒体在中国洞察和影响社会舆论的窗口。历经十余年的发展，网络媒体已经成为网民了解信息的主要途径。网络的互动性、即时性等特点使得网络媒体逐步成为影响社会舆论的重要手段。

1997年,网民的狂欢与热情在世界杯预选赛中国队主场迎战卡塔尔队这一场出线关键大战中达到了顶峰。中国论坛第一帖"大连金州没有眼泪"迅速传播,并蔓延至传统媒体,众多报纸竞相转载,也使全社会意识到互联网不仅为我们带来新鲜的上网冲浪的娱乐体验,还能够连接人与人,产生全社会情感共鸣。而对于网民,上网冲浪成为一种潮流。城市里的网络发烧友们自称"网虫",把Email电子邮件昵称为"伊妹儿",Java技术取名"娇娃",上网使用的调制解调器modem演绎成"猫"。1999年起,国内互联网传播领域发生了多起重大的里程碑事件,网络作为中国第四大传媒形态的地位初步奠定。新浪、搜狐、网易等门户网站以及大量新开通的网站开始涉足新闻传播。

三、第三阶段——互联网2.0阶段:2001—2009年

互联网第二次浪潮下,中国互联网形成了结构化编程、网络游戏和网络广告三大很稳健的盈利模式,每一项都达到数十亿的年收入规模。2002年,美国互联网刚刚开始感受到春天的温暖,中国互联网已经要迎接夏天的火热。这一场热潮是由中国移动策动的短信SP业务所带动的,不但让三大门户网站集体复活,而且带动了一批新锐网站的崛起。携程上市、盛大上市、一批SP公司上市,中国互联网的第二次热潮开始了。

当然,推动这股热潮达到最高峰的是2005年8月5日百度的上市,当天股价涨幅353.85%,震惊华尔街。随后,博客网成功融资带动的Web2.0热潮,成为这一轮热潮的主旋律。热潮来得实在凶猛,对于需要慢火的Web2.0来说,太快了就真的容易丢失灵魂,资本热潮驱动下的急功近利变成了巨大的负面力量。难以速成的Web2.0遭遇了过度期望之后的失望,加上长达两年没有一家新的互联网公司在纳斯达克上市,长时间缺乏新鲜刺激的风险投资开始降温。因为互联网第一次热潮启蒙了风险投资的概念和模式,而第二次热潮促成了中国风险投资行业的整体形成,新兴的行业毕竟不够成熟,追涨杀跌的心态也是正常的。2006年起,观望的风险投资让网民过亿的中国互联网行业倍感凉意。

2007年开始,网络游戏成为中国互联网第一收入来源。8月份,连业界都很陌生的完美时空成功上市,融资接近两亿,是中国互联网公司首次上市融资额的新高度。下半年尾随而上的征途、金山、久游等至少四家以网游"快钱"为主业的公司上市,为第三次互联网热潮开始预热,储备更充足的能量。

阿里巴巴直接推动了中国第三次更大的互联网热潮,电子商务成为重中之重。2007年11月6日,阿里巴巴在香港上市,首日股价收盘逼近40港元,市场价值超越250亿美元,一举超越了中国互联网原本遥遥领先的腾讯和百度两大公司,更与价值只有20多亿美元的老牌三大门户网站拉开一个数量级,中国互联网全新格局初步奠定。

在SP、游戏、聊天、Q币等娱乐化浪潮之后,电子商务的崛起拓展了中国互联网的深度和厚度。电子商务其实是旧概念,是老模式了。但是,由于2000年开始的低潮,电子商务在中国始终没有成为热潮的中心,8848成为中国互联网历史上最惨烈的失败案例,当当、卓越等也一直在边缘艰难发展。相比之下,美国的电子商务方面一直是其重点。在前四大互联网巨头中,除了谷歌(Google)和雅虎(Yahoo),就是两大电子商务公司易贝(eBay)和亚马逊(Amazon),占得半壁江山。所以,中国电子商务热潮是一次迟

到的表演,是一次厚积薄发的展现。同时,因为电子商务与传统产业结合紧密,中国主流社会更加信任、更加踏实,有助于改变互联网的社会影响和社会形象。

阿里巴巴上市也将中国的竞争正式推向了世界级的高度。此前,腾讯和百度在上市2~3年之后都先后跨越了百亿美元大关。而阿里巴巴这次亮相完全是世界级的当量,当年全球互联网四强的市场价值分别为谷歌(2 000亿美元)、易贝(500亿美元)、雅虎(400亿美元)和亚马逊(250亿美元),阿里巴巴的250亿美元仅仅是B2B部分,还不包括支付宝和人们更看好的淘宝。所以,阿里巴巴上市是中国首次诞生世界级的互联网巨头,重新定义了中国互联网的高度,极大提升了投资者的想象空间。2007年,全球网民达13亿,普及率为20%左右,美国、日本、韩国以及欧洲的很多国家网民普及率已经在70%以上,而中国网民达到1.6亿,逼近第一的美国(2亿),但是普及率仅为12%。这更让人对中国互联网的未来充满更大的期望。

谷歌、易贝、雅虎和亚马逊等互联网巨头,都是以发达的美国为基础,面向全球布局,它们在很多国家都是该领域的第一或第二。而阿里巴巴等国内网站,仅仅立足于还处于互联网发展初期的中国市场。所以这个提前到来的世界级水平堪称忧喜参半,喜就不用说,忧的是中国互联网公司虽然价值一时很高,但事实上还缺乏全球性的竞争力,甚至在中国市场创新方面的核心竞争力,也是非常薄弱的,需要更扎实的商业模式,更具有中国特色的创新力。

进入新世纪,中国互联网协会无疑是中国互联网制度创新的重要成果之一。这个非政府组织在胡启恒理事长和黄澄清秘书长这一黄金搭档的领导下,真正为中国互联网产业做了无数工作。互联网与其他行业和领域不一样,除了不断创新、不断变革之外,更重要的是具有独特的文化基因,独特的互联网精神,崇尚自组织、自下而上的草根精神。所以要让互联网顺利发展,繁荣昌盛,依靠我们传统的管理方式和制度是不行的。全世界的互联网治理最有效的方式不是通过政府,而是通过社会化的非政府组织来完成。而在中国如此严谨的体制下,通过中国互联网络信息中心和中国互联网协会等为核心构建社会化治理体系,虽然表面上波澜不惊,但是事实上却发挥了无可替代的重要作用。

随着互联网第二次浪潮的兴起,互联网管理开始从产业部门转向意识形态部门。有关网络的法规制度不断出台,着力点在于网络文化市场的整治以及网络经营场所的规范管理。期间,文化部下发《关于加强网络文化市场管理的通知》。北京"蓝极速"网吧火灾事件之后,文化部、公安部等部门对网吧展开专项治理,之后,《互联网上网服务营业场所管理条例》开始实施。此外,在互联网信息传播领域,《互联网出版管理暂行规定》也开始实施,《中国互联网行业自律公约》由中国互联网协会发布,在构筑网络世界良好生态方面发挥着重要作用。

2007年,《国民经济和社会发展信息化"十一五"规划》发布,提出了"十一五"时期国家信息化和互联网发展的总体目标,部署了主要任务,安排了重大工程,明确了保障措施,是加快推进信息化与工业化融合和贯彻落实科学发展观的重要举措。

Web2.0时代的到来,博客、BBS等多种网络媒体形式的发展,网络媒体的影响力迅速提升,网民主导网络文化发展的格局开始形成。2008年是中国的网络舆论年。这一年,在报道国内突发事件上,网络媒体与西方媒体不负责任的报道进行对抗,努力将事实真相公之于众,对西方媒体的歪曲报道进行了有力的回击。在举国悲痛的"5·12"汶川地震中,互联网在赈灾新闻报道、寻亲、救助、捐款等各方面发挥了重要作用。北京奥运期间,网络视频的应用也使奥运新闻的传播取得了前所未有的效果。凭借在汶川地震、北京奥运等重大事件中的突出表现,互联网获得了社会的广泛认可,网络媒体已渐渐跻身当今中国社会的主流媒体。随着互联网影响力的提升,政府、社会对互联网媒体也愈加关注。胡锦涛主席通过人民网强国论坛同网友在线交流;温家宝总理通过网民博客举报信要求核查山西省娄烦县重大垮塌事故等都成为2008年备受关注的事件。互联网作为一种表达民意的渠道,以其所具有的舆论监督的功能,正在引起党中央的高度重视。

四、第四阶段——互联网3.0阶段:2009年至今

2009年开始,Web2.0的概念逐渐淡出视野,SNS(社交网络服务)网站逐渐兴起,微博、微信类服务崛起,将中国互联网带入即时传播时代。中国的互联网发展开始呈现出自己的特性,并在网民数量、宽带网民数、.CN注册域名、个人电脑等多个指标超越美国成为世界之最,腾讯、阿里巴巴等巨头公司的市值也跻身世界前列。

互联网经历了将近半个世纪的发展,正在发生最大的力量转移:2008年3月,中国网民数量和宽带网民数同时超过美国;2011年第二季度,中国个人电脑(PC)销量首次超过美国;2011年第三季度,中国智能手机销量首次超过美国。2012年6月,中国网民数量(5.38亿)是美国(2.45亿)两倍以上,也超过美国、日本、德国、英国和法国等五个发达国家总和。2014年,全球网民数量突破30亿大关,普及率达到40%左右,第一语言为汉语的网民第一次超越英语语言的用户。

互联网产业的全球竞争力开始凸显。2013年8月28日,谷歌市值2831亿美元,亚马逊市值1283亿美元,Facebook市值965亿美元。这是美国互联网界的三大千亿美元级的巨头。而滑落到第二梯队的雅虎市值也只有275亿美元,好在易贝有655亿美元,使得美国互联网界的第二梯队依然比中国强大。当然,我们不能忘了美国还有苹果(市值4480亿美元)、微软(2795亿美元)等正在转型的一批数千亿美元级的互联网编外梯队,以及像IBM(2002亿美元)、甲骨文(1472亿美元)、思科(1258亿美元)、高通(1140亿美元)和英特尔(1111亿美元)等千亿美元级的老牌IT巨头。这样一比,中国IT业在美国IT业面前依然只能甘拜下风。

但随着阿里巴巴上市风声日紧,中国互联网千亿美元市值的梦想越来越接近现实。而同时,腾讯的股价也一直奋勇向前,几度突破900亿美元大关,2013年9月16日,腾讯市场价值突破1000亿美元。据当时的测算,阿里巴巴上市之后的市值也在千亿美元以上。这两大巨头进入全球互联网巨头第一阵营,开始比肩谷歌、亚马逊。

2014年,我国在网民规模与互联网企业竞争能力的上升力量是建设网络强国最重要的驱动力。以互联网金融为代表的互联网新商业模式发展与创新已经超越美国。2014年开年,取缔余额宝大论战,打车软件与微信红包引爆的腾讯和阿里的移动支付大战,将中国互联网金融的发展推向新的高度。

微博与微信的到来,使得传统基于政府集中控制的信息传播模式开始失效,通过动员非政府主体参与的社会化治理体系成为解决各种弊端的必然选择。中国互联网的发展主要是充分发挥了来自草根创业者的创业精神和创新精神,而不是来自政府部门的鼓励促进和政策支持。中国互联网的有效治理,最终也必须依靠强大的社会化治理体系的建立。博客自律公约、妈妈评审团、微博辟谣平台等民间组织的重要性开始凸显。虽然政府也在加强立法,通过打击微博"大V"、清理网络谣言展开运动式整治,但是效果明显受到很大质疑。

2013年的斯诺登事件无论是在全球互联网发展史上,还是在全球网络安全历史上,都是最重大的事件,也是影响最深远的事件,标志着全球网络空间的博弈真正成为各国国家战略的核心问题。对于中国来说,斯诺登事件对我们最大的影响就是战略觉醒,包括政府的觉醒、企业的觉醒和民众的觉醒。中国网络空间安全不设防的时代将从此终结。网络安全领导小组和国安委的成立,都呼应了这场大转变的到来。短期之内,我们现实的目标还是加强内功,加紧补课,尽快结束我们不设防的现状,形成一定的防御能力。尤其是争取在最短的时间内,能有效保住要害部门,能及时监测是否被攻击,同时初步建立关键基础设施网络安全体系,初步形成自主可控的能力。

后斯诺登效应还将持续发酵。2014年4月8日,微软将停止Windows XP操作系统的支持。这一事件表面上看起来似乎只是微软的一个产品问题,事实上却可能成为中国有史以来最严重的网络安全事故。首先,Windows XP操作系统的用户群体主要在中国,涉及2亿多用户。其次,外界很少知情的是,微软在XP之后实施了高度掌控用户电脑和数据的新架构,便于实施类似棱镜门这样的监控行为,因此从XP之后的Vista到Windows 7和Windows 8,都被禁止进入我国政府采购目录。目前,我们的党政军以及核心行业和企业,都还是以XP为主。微软逼迫用户放弃XP,很大程度上也在"逼宫"中国政府。要么使用微软可以全面掌控电脑和数据的新版本,要么就将面临严重的安全隐患。微软XP事件将中国在核心信息技术和信息基础设施方面受制于人的尴尬局面暴露无遗。

不解决自主可控和有效防御的问题,网络强国只能是空中楼阁。这个问题的解决不可能一蹴而就,也不可能继续拖延,在三年之内必须有所作为。在核心技术方面,下决心着力解决可替代的问题,初步解决自主可控。在关键基础设施方面,建立产品安全审查、源代码托管、首席安全官、安全性攻防监测等一系列措施,建立起基本的保障能力。

即时网络时代的到来、SNS网站的兴起、微博微信等即时网络应用的发展,促使中国互联网文化迎来全民创新的局面。2009年以来,伴随着SNS网站的兴起,"杯具"、"围脖"、"不要迷恋哥"等谐音新词广泛流传,渲染得整个互联网产业呈现欣欣向荣的发展态势。而微博、微信等即时网络应用的发展,也使网络媒体的舆论监督作用达到一个前所未有的高度。云南景宁"躲猫猫"案、南京周久耕天价烟案、湖北巴东邓玉娇案、深圳林嘉祥猥亵幼女案、河南灵宝警方跨省抓捕、杭州"欺实马",以及数不清的"史上最牛××××"等众多事件因为网络媒体的参与而载入史册。互联网开始以迅雷不及掩耳的速度挖出各种丑闻、不公事件,成为一支不可忽视的舆论力量。而且,在接下来的几年中,互联网在舆论监督方面仍将发挥着强劲的作用,并随着各种新媒体服务的应用,开始成为反腐反贪的重要渠道。在中国互联网产业发展逐渐步入正轨的同时,政府开始介入到互联网监管中来。互联网协会积极组织会员,企业制定行业规范,政府管理规范与行业自律同步开展,政府与行业组织更加重视保护网民的权益。同时,互联网管理法规相继出台,互联网法制建设进一步完善。

2014年2月27日,由习近平总书记担任组长的中央网络安全和信息化领导小组正式亮相。可以说,这是中国互联网有史以来最重要,也将是影响最深远的一件大事。如果说,2013年是中国网络空间战略的觉醒与启蒙之年,那么2014年堪称中国网络空间战略的开局之年。领导小组在北京召开的第一次会议,习近平提出要从国际国内大势出发,总体布局,统筹各方,创新发展,努力把我国建设成为网络强国。网络强国方略是21世纪中国提出的重要举措,它关乎国计民生,影响和决定国家未来发展,与每个人的生活息息相关。中央最高规格领导小组的成立,表明我国用举国之力,建设网络空间之强大国家的决心和魄力。领导小组的成立标志着中国完成从网络大国到网络强国的制度设计。而完成制度设计仅仅是万里长征第一步,从网络大国到网络强国,我们还需要很长时间的努力。

2014年8月18日,中央全面深化改革领导小组第四次会议审议通过了《关于推动传统媒体和新兴媒体融合发展的指导意见》。习近平强调,要着力打造一批形态多样、手段先进、具有竞争力的新型主流媒体,建成几家拥有强大实力和传播力、公信力、影响力的新型媒体集团。

2015年2月3日,中国互联网络信息中心在京发布第35次《中国互联网络发展状况统计报告》(以下简称《报告》)。《报告》显示,截至2014年12月,我国网民规模达6.49亿,互联网普及率为47.9%。截至2014年12月,我国手机网民规模达5.57亿,较2013年底增加5672万人。网民中使用手机上网人群占比由2013年的81.0%提升至85.8%。手机端即时通信使用保持稳步增长趋势,使用率为91.2%。我国互联网在整体环境、互联网应用普及和热点行业发展方面取得长足进步。

2015年全国两会提出"互联网+"国家战略,将推动移动互联网、云计算、大数据、物联网等与现代制造业结合,促进电子商务、工业互联网、互联网金融,引导互联网企业拓展国际市场。

下一个十年中,中国经济总量毫无疑问将超越美国,军事也将跻身强国行列。文化和政治力量很大程度上将借助中国互联网的力量在全球崛起。驾驭好互联网的趋势,把握好这个十年的大好机遇,中华民族复兴之梦是可以期望的。互联网将成为中国崛起的催化剂、加速器和驱动力,网络强国的战略及时性和重要性显而易见。

下一个十年,互联网将是中国软实力全球崛起的主战场。面对机遇,中国互联网也将面临新的挑战:一个来自于内部,即互联网如何顺利融入整个社会,成为中国未来发展的全新基础设施;一个来自于外部,即中国互联网如何走出去,影响国际,在全球范围建立竞争力和话语权。相应地,中国互联网将面临痛苦的裂变:一是互联网将面临更加复杂的环境,在复杂环境下,如何实现企业、政府和公民的良性互动和良性发展;二是作为新文明新文化的中国互联网文化如何与全球互联网文化的主旋律(开放、共享、创新、自由、平等)顺利接轨。

在这个过程中,互联网产业将继续通过技术创新的形式,重新分配社会资源,包括注意力、财富、权力、话语权、影响力等。互联网创业,将继续推动社会完成大规模的、深刻的改革,激发国家新的活力和动力,并重新调整和修改社会发展的游戏规则。这种未来的巨大变化蕴含着巨大的创业机会,是创造新财富的契机。更重要的是,未来互联网产业面临的复杂挑战和痛苦裂变,以及互联网产业的走向,将更为深远地影响中国社会的经济、政治、文化发展主旋律和在全球格局中的位置。在这个意义上,二十年来中国发展的互联网浪潮,是影响未来社会最深远的一段历史。

第六节 新媒体技术的主要类型

传播技术在人类社会发展中占有非常重要的地位,作为新媒体发展过程中一个不可或缺的因素,技术的变革始终与新媒体息息相关。由于新媒体本身概念的争议性,所以与之相关的新媒体技术的概念其实也是笼统而不确定的。自网络出现之后,林林总总的技术在不断地影响并改造这一传媒行业,这些技术从历史范畴的角度讲,其实可称之为新媒体技术。新媒体是一个相对的概念,是在报刊、广播、电视等传统媒体之后发展起来的新的媒体形态,包括网络媒体、手机媒体、数字电视等。新媒体亦是一个宽泛的概念,利用数字技术、网络技术,通过互联网、宽带局域网、无线通信网、卫星等渠道,以及电脑、手机、数字电视机等终端,向用户提供信息和娱乐服务的传播形态。

本书基于此视角,对 20 世纪 50 年代以来的媒体技术发展史上具有里程碑意义、具有代表性的媒体技术进行总体梳理,以期从发展的视域去理解和把握新媒体。通过对已有媒体技术的整理,本书沿着网络化新媒体技术、数字型新媒体技术、移动型新媒体技术、户外型新媒体技术、新理念新媒体技术的脉络来阐述新媒体技术的各个领域。

一、网络化新媒体技术

从新媒体的概念及特征中,可知新媒体是在网络技术基础之上诞生并发展的。因此,了解网络技术的变革将有助于我们进一步认识新媒体及其发展历程。从 Web1.0 到 Web2.0 时代,网络技术的发展不断引导、支撑着新媒体向着更好的未来前行。所谓网络化新媒体技术,主要是从网络产生开始出现了关于媒体技术的相关应用技术,如 web 技术的产生变迁与演化、HTML 技术的不断完善、IPv6 技术、位置服务技术、流媒体技术、三网融合技术等。

二、数字型新媒体技术

数字新媒体是以信息科学和数字技术为主导,将信息传播技术应用到文化、艺术、娱乐、商业、教育和管理等领域的科学与文化高度融合的综合交叉领域。数字新媒体包括了图像、文字以及音频、视频等各种形式,以及传播形式和传播内容中采用数字化,即信息的采集、存取、加工、管理和分发的数字化过程。数字新媒体已成为信息社会中最新的、最广泛的信息载体，几乎渗透到人们生活与工作的方方面面。所谓数字型新媒体技术，主要是从数字应用角度出发，探讨数字报纸、数字广播、数字电视、数字杂志、数字电影、互联网云电视等相关技术。

三、移动型新媒体技术

移动新媒体是所有具有移动便携特性的新兴媒体的总称，包括手机媒体、平板电脑、掌上电脑、PSP（掌上游戏机）、移动视听设备（如 MP3、MP4、MP5）等。移动型新媒体技术主要是从移动通信的角度探讨移动电视、移动通信技术、微信、二维码、蓝牙、App、Wi-Fi 等相关技术。

四、户外型新媒体技术

户外新媒体是指安放在人们一般能直接看到的地方的数字电视等新媒体，是有别于传统的户外媒体形式（广告牌、灯箱、车体等）的新型户外媒体，如公交、航空、地铁、轻轨，同时也包括这些交通工具相应的辅助场所，如航空港、地铁（轻轨）站、公交站内所衍生的渠道媒体——LED 彩色显示屏、视频等，其内容主要是广告。户外型新媒体技术主要是从属于非室内的主要应用的新媒体，探讨楼宇媒体技术、车载电视技术、户外行为艺术、触摸媒体技术等相关技术。

五、新理念新媒体技术

新媒体新在哪里？首先必须有革新的一面，技术上革新、形式上革新、理念上革新，理念的革新尤为重要。单纯的形式上革新、技术上革新称为改良更合适，不足以证明其为新媒体。因此，理念上革新是新媒体生命力所在。新理念新媒体技术主要是依托其他技术从理念角度催生的带有技术色彩又有革新意义的理念型技术要素，如物联网技术、大数据技术、云计算技术、智能网络技术、虚拟现实技术、3D 打印技术、新闻客户端技术等相关技术。

诸如网络等媒体技术自其产生便与生俱来有信息传播特质，同时在媒体发展史中，互联网对其革新不亚于甚至远远超越了其他传播介质。尽管新媒体有辉煌的既往，也有明媚的未来，但是迄今关于新媒体及新媒体技术的定义等基本概念仍在不懈探讨中，这或许就是新媒体的另一番魅力。

本章关键概念

新媒体（new media）
互联网（Internet）
万维网（World Wide Web）

媒介融合(media convergence)

本章思考题

1. 什么是计算机网络？
2. 如何认识新媒体？
3. 全球新媒体发展中的重大事件有哪些？
4. 中国新媒体发展中的重大事件有哪些？
5. 新媒体技术有哪些类型？

本章推荐阅读书目

[1] 李良荣.网络与新媒体概论[M].北京:高等教育出版社,2014.
[2] 谭天.新媒体新论[M].广州:暨南大学出版社,2013.
[3] 林军.沸腾十五年:中国互联网 1995—2009[M].北京:中信出版社出版,2009.
[4] 国家互联网信息办公室,北京市互联网信息办公室.中国互联网 20 年:网络大事记篇[M].北京:电子工业出版社,2014.

主要参考文献

[1] 闵大洪.从边缘媒体到主流媒体——中国网络媒体 20 年发展回顾[J].新闻与写作.2014(3).
[2] 方兴东,等.中国互联网 20 年:三次浪潮和三大创新[J].当代中国史研究,2014(5).
[3] 唐绪军.中国新媒体发展报告(2016)[M].北京:社会科学文献出版社,2016.

CHAPTER 2 第二章 网络化新媒体技术

本章导言

1. web 技术及其沿革
2. HTML5 基本含义
3. IPv6 含义
4. 基于位置的服务 LBS 的含义及应用
5. 语义网络基本含义
6. 流媒体的含义及应用
7. 三网融合本质与价值

本章引例

◆ 在将来，某天早上你突然想去可可西里旅游，于是你打开电脑，连通语义网，输入"预订今天下午两点到六点之间任意时刻的到可可西里的飞机票"，此刻你的计算机代理将先与你所住地点航空公司的代理进行联系，获得符合你要求的飞机票信息，然后联系航空公司的订票代理，完成订购。你不必像现在这样上网查看时间表，并进行复制和粘贴，然后打电话或在线预订机票和宾馆等，安装在你计算机上的软件会自动替你完成上述步骤，你所做的仅仅是用鼠标按几个按钮，然后等着送飞机票的人上门甚至直接去机场登机就可以了。

◆ "在美国，我们学校的每一间教室都必须与信息高速公路相连接。今年春天，我们要和电信产业部门、教育部门和家长们一起努力，使加利福尼亚州20%的教室与信息高速公路相连接。到2000年，整个美国的每间教室和每家图书馆都要实现网络连接。"

——克林顿总统在1996年的演讲

阅读以上两个案例，分析情境中所应用的新媒体技术有哪些？

第一节 web 技术及其沿革

网络信息资源所呈现的载体是众多网站的数以亿计的网页,网页即 web 页面。网络信息如何更好地呈现与组织和 web 页面息息相关,web 技术理念引领下的网络媒介日益丰富,促使网络信息资源传播组织及应用也更加多样。了解网络技术的变革将有助于我们进一步认识新媒体及其发展历程。从 Web1.0 到 Web6.0 时代,网络技术的发展不断引导、支撑着新媒体向着更好的未来前行。

一、web 的概念

web 本意是蜘蛛网和网的意思,在信息技术领域被广泛译作网络或互联网等,对于 web 目前仍然没有具体的权威的概念解读。尽管如此,作为信息分享的平台具体形式 web 页面以及由亿万 web 页面所形成的浩瀚 Internet 网络为我们深深地感受着,而且几乎每天都在应用。web 自被创始就在蒂姆·伯纳斯-李等网络信息技术顶尖人士头脑中不断地丰富与完善,同时也不断将其延伸与拓展,赋予其崭新的内涵与理念。

web 表现为三种形式,即超文本(hypertext)、超媒体(hypermedia)、超文本传输协议(HTTP)等。

超文本(hypertext)是一种用户接口方式,用以显示文本及与文本相关的内容。现时超文本普遍以电子文档的形式存在,其中的文字包含有可以链接到其他字段或者文档的超文本链接,允许从当前阅读位置直接切换到超文本链接所指向的文字。超文本的格式有很多,最常使用的是超文本标记语言(标准通用标记语言下的一个应用)及多信息文本格式(RTF)。我们日常浏览的网页都属于超文本。超文本链接一种全局性的信息结构,它将文档中的不同部分通过关键字建立链接,使信息得以用交互的方式搜索。

超媒体(hypermedia)是超文本(hypertext)和多媒体在信息浏览环境下的结合。它是超级媒体的简称。用户不仅能从一个文本跳到另一个文本,而且可以激活一段声音,显示一个图形,甚至可以播放一段动画。Internet 采用超文本和超媒体的信息组织方式,将信息的链接扩展到整个 Internet 上。web 就是一种超文本信息系统,web 的一个主要的概念就是超文本链接。它使得文本不再像一本书一样是固定的线性的,而是可以从一个位置跳到另一个位置并从中获取更多的信息,还可以转到别的主题上。想要了解某一个主题的内容只要在这个主题上点一下,就可以跳转到包含这一主题的文档上。正是这种多连接性把它称为 web。

超文本传输协议(hypertext transfer protocol,HTTP),是超文本在互联网上的传输协议。①

---

① http://baike.baidu.com/view/3912.htm#7.

二、Web1.0

什么是Web1.0？在当前网络技术空前发达的时代，Web1.0似乎已经渐渐被人们淡忘。然而，Web2.0并不是凭空出现的，它是Web1.0的延续和发展。有学者将2003年作为区分Web1.0和Web2.0的分水岭，把2003年之前的互联网模式称为"Web1.0"。

Web1.0是一种单纯通过网络浏览器浏览HTML网页的模式。在Web1.0的构成中，主要内容单位是"网页"，内容建立者为"网站程序员"，体系结构是"client server（客户端/服务器）"；其受众接收信息的主要模式是"读"，浏览工具为"互联网浏览器"。在Web1.0的发展历史上，有三家公司曾经做出重大贡献：Netscape（网景）、Yahoo（雅虎）和Google（谷歌）。Netscape研发出第一个大规模商用的浏览器，Yahoo的杨致远提出了互联网黄页，而Google则后来居上推出了广受欢迎的搜索服务。

Web1.0是以数据为核心的网，通过互联网，所有资源可以在一个网页里比较直观地表示出来，并且可以通过超链接技术实现资源之间相互贯通。从知识生产的角度看，Web1.0的任务是将以前没有放在网上的信息，通过商业的力量，放到网上去；从内容产生者的角度看，Web1.0是商业公司为主体把内容往网上搬；从交互性来看，Web1.0以网站对用户为主；从技术上来看，Web1.0的客户端化促使工作效率不断提高。

作为第一代互联网，Web1.0曾被认为是一个群雄并起、逐鹿网络的时代，各类网站在Web1.0的基础上迅速崛起。虽然各个网站采用的手段和方法不同，但第一代互联网有诸多共同的特征，主要表现在以下五点[①]：

（1）Web1.0采用技术创新主导模式，信息技术的变革和使用对于网站的新生与发展起到了关键性的作用。譬如，新浪最初以技术平台起家，搜狐以搜索技术起家，腾讯以即时通信技术起家，盛大以网络游戏起家。

（2）Web1.0基于巨大的点击流量盈利。无论是早期融资还是后期获利，网站都依托为数众多的用户和点击率，以此为基础上市或开展增值服务。因此，受众基础决定了盈利的水平和速度，充分地体现了互联网的眼球经济色彩。

（3）Web1.0的发展出现了向综合门户合流现象。随着门户网站本身的盈利空间不断广阔、盈利方式不断多元化，不仅新浪、搜狐、网易等老牌网站继续坚持着门户网站的道路，同时腾讯、Google等网络新贵也都纷纷走向了门户网络，尤其对于新闻信息有着极大的兴趣。

（4）Web1.0促使网站形成了主营与兼营结合的明晰产业结构。新浪以"新闻＋广告"为主、网易拓展游戏、搜狐延伸门户矩阵，各家网站以主营业务为突破口，以兼营业务作为补充点，逐渐走上了多样化发展的产业道路。

（5）Web1.0不仅仅是静态网站，动态网站在当时已经开始广泛应用，如各种网络论坛等。

由此可见，在Web1.0时代，受众开始通过网络随时接收各类信息，并且拥有了一定的自主权。我们常说，新媒体以网络媒体为代表。然而，由于Web1.0时代的信息传

[①] http://baike.baidu.com/view/14342.htm.

播模式仍以"网站—受众"的线性模式为主,受众通过互联网主要是"浏览"而不是"分享"信息,因而严格说来,当时的网站并不满足新媒体所具有的交互性、非线性传播等特性,算不上是真正意义上的"新媒体"。

不过,在Web1.0基础上产生的网络媒体尤其是门户网站,还是为受众提供了传统媒体无法比拟的传播新体验。第一,通过网络这个庞大的数据库,受众可以接触到海量信息;第二,通过先进的搜索技术,受众可以根据自己的需要搜索到自己感兴趣的信息;第三,网络上的信息通常以多种方式(如文字、图片、影音、动画等)呈现在受众面前,受众能够自主决定以何种方式接收信息或是接收何种形式的信息;第四,通过网络浏览信息,没有时间和地域的限制,受众可以随时随地上网,自由支配浏览时间;第五,通过浏览定位不同的各类网站,受众在新闻、信息、娱乐等各方面的需求能得到全面满足。

总体而言,Web1.0是一个人人都可以交易的平台。有学者认为,Web1.0不仅有网站,它们实际上还有一些令人惊讶的应用程序,拥有功能丰富、容易上手、扩展性强等特性,而这些特性以前很少被普通消费者看到过。在Web1.0上的交易,不仅是针对货物的,还有知识的,并且变得普遍和即时。同时,Web1.0也使效率能为个人消费者和商业者共享,不再是全球金融市场的专利。

因此,在Web2.0独占鳌头的今天,Web1.0依旧具有很大的推动力,并且会在将来持续很长时间。Web1.0为网络媒体积累了庞大的受众群,这部分受众其实也能视为新媒体最初的受众或是潜在的受众。可见,Web1.0不仅为新媒体的诞生提供了良好的受众平台,同时也为新媒体的发展奠定了坚实的技术支撑。

三、Web2.0

随着Web2.0的到来,各种新媒体如雨后春笋般迅速崛起。Web2.0是一个与Web1.0相对而言的概念,是新一类互联网应用的统称。与Web1.0相比,Web2.0的内容更丰富、联系性更强、工具性更强,它是以blog、tag、SNS、RSS(简易信息聚合)、wiki等应用为核心,依据六度分隔、XML(可扩展标记语言)、AJAX(阿贾克斯)等新理论和技术实现的互联网新一代模式。① 当前十分流行的社交网站、微博、贴吧等都是Web2.0的典型应用。

1. Web2.0的理论基础

(1) 六度空间理论(six degrees of separation)。

六度空间理论,也叫六度分割理论,是指在这个社会里,任何两个人之间建立一种联系,彼此之间所间隔的人不会超过六个。也就是说,我们最多通过六个人就能够认识任何一个陌生人。无论人们生活在地球上的哪个角落,两个人之间的联系只有"六度分割"(见图2-1)。

时下流行的社交网站就是建立在"六度分割"基础之上的。社交网站假设"朋友的朋友是朋友",帮助用户以认识朋友的朋友为基础,扩展自己的人脉,进而经营自己的朋友圈。

---

① 李志杰,曾瑛,陈康,李智龙.Web2.0技术特点与应用研究[J].科技创业月刊,2007(12).

图 2-1　六度空间理论

"六度分割"和互联网的亲密结合,已经开始显露出商业价值。人们在近几年越来越关注社会网络的研究,很多网络软件也开始支持人们建立更加互信和紧密的社会关系,这些软件被统称为"社会性软件"(social software)。① 譬如,博客就是一种社会性软件,由于博客写作一般都有一定的个性和延续性,所以由其形成的博客圈以一种典型的物以类聚的生态形式,与真实生活中的人际圈越来越接近。

(2) 长尾理论(the long tail)。

长尾理论是伴随着 Web2.0 而兴起的一种新理论,由美国《连线》杂志主编克里斯·安德森于 2004 年 10 月提出。长尾理论认为:只要存储和流通的渠道足够大,且商品成本急剧下降以至于个人都能进行生产时,需求不旺或销量不佳的产品所共同占据的市场份额可以和那些少数热销产品所占据的市场份额相匹敌甚至更大。简单来讲,长尾理论就是众多小市场汇聚成可与主流大市场相匹敌的市场能量(见图 2-2)。

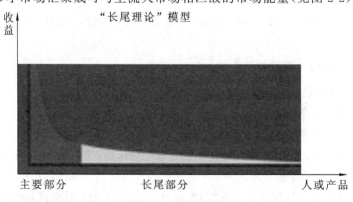

图 2-2　长尾理论

---

① 张泽清.Web2.0 技术浅析[J].福建电脑,2009(4).

在长尾理论的应用中,Google 是一个非常典型的案例,其成长历程就是把广告商和出版商的"长尾"商业化的过程。以 Google AdSense 为例,它面向的客户是数以百万计的中小型网站和个人。对于普通的媒体和广告商而言,这类群体的价值微小,根本不值一提,但是 Google 通过为其提供个性化定制的广告服务,将这些数量众多的群体汇集起来,形成了非常可观的经济利润。①

(3) 去中心化理论。

"去中心化"是 Web2.0 中提出的一个概念,是指由高度集中控制向分散集中控制转变,而百花开放、百家争鸣则是"去中心化"的表现。在 Web2.0 的环境之下,以分散存储、网格等分布式存储模式逐渐代替了服务器/客户机原来的"集中存储—指向访问"模式,当前有很多 P2P 软件开始采用这种模式。

以电视台为例,刚开始只有中央电视台一家传递信息,这就是一个中心,好比 Web1.0;然后各个地方台不断兴起,逐渐聚集了一定范围内的人气,这就形成了多个中心,原有的中心弱化了,也就是我们所说的 Web2.0。②

2. Web2.0 的技术特点

在 Web2.0 时代,个性化不仅体现在网页设计和内容安排上,更体现在服务上。与 Web1.0 时代网站之间互不相通、各网站各行其道相比,Web2.0 借助 RSS、XML 等技术,实现网站之间的交流,为用户自由选择信息提供了更大的空间和平台。

1) 用 XML 处理数据

XML(extensible markup language),即可扩展标记语言。XML 是 Internet 环境中的一种跨平台、依赖于内容的技术,是当前处理结构化文档信息的有力工具。作为一种简单的数据存储语言,XML 使用一系列简单的标记描述数据,这些标记建立简便,易于掌握和使用。

XML 通过链接语言 XLL(可扩展链接语言)实现链接。使用 XLL 可以进行多方向链接,且链接可以存在于对象层级,而不仅仅是页面层级。由于 XML 能够标记更多的信息,所以它就能使用户很轻松地找到他们需要的信息。因此,用 XML 处理数据,可以使网站上的内容自由组合,被各种应用程序呈现和处理。数据不再和页面与网站混合在一起,而是成为独立的一块,跟着用户走。

此外,基于 XML 的多种内容格式和基于这些格式的互操作/通信协议,如 RSS(简易信息聚合技术)、RDF③(RSS 1.1)、Atom 以及大量的微格式、FOAF④、XFN⑤ 等特别设计的格式和协议(主要是基于社会型网络),都扩展了 Web2.0 网站的功能,允许用户

---

① http://baike.baidu.com/view/327983.htm.
② 张泽清.Web2.0 技术浅析[J].福建电脑,2009(4).
③ RDF:Resource Description Framework,资源描述框架是一种用于描述 web 资源的标记语言。
④ FOAF:它的常规用法类似于 RSS,旨在为社区成员提供了一种基本表达,如描述人及其基本特性,如姓名、电子邮件地址等。
⑤ XFN:XHTML Friends Network,XHTML 社交网络;是一个通过 XHTML 标记语言在网页上表示人与人之间的社交关系的方法。

进行分布式的交互。①

2) 用 AJAX 来综合 web 信息发布技术

AJAX(Asynchronous JavaScript And XML),即异步 JavaScript 和 XML,是指一种创建交互式网页应用的网页开发技术。事实上,AJAX 不仅是一种技术,还是多种技术的组合。AJAX 混合了 CSS②、DOM③、XML 和 XSLT④ 技术,并通过 JavaScript 来对这些技术进行整合。

AJAX 采用远程脚本调用技术,通过 JavaScript 语言与 XMLHttpRequest 对象来实现数据请求,将处理由服务器转移到客户端,减少了服务器的资源占用,加快了数据处理的速度。采用 AJAX 开发的软件能让用户在使用网络应用软件时,感觉就像在本机上一样。⑤ 同时,AJAX 能够在不刷新浏览器窗口、不安装额外插件的情况下,满足用户的操作需求,实现动态显示与交互、数据交换及处理。

目前,AJAX 技术已经广泛应用于网络应用软件开发中。Google 或许是 AJAX 技术开发投入最大且获益最多的公司,Gmail、Google Suggest 和 Google Maps 等网络应用软件都是 AJAX 技术成功应用的案例。

3) 开放的 web 应用 API

API(application programming interface),即应用程序编程接口。API 是一些预定义的函数,目的在于提供无须访问源码的应用程序以及便于访问一组例程的能力。

API 在设计之初就遵循各种工业化标准,通过开放 API 接口融合更多的应用。以前的开放 API 主要指桌面应用软件,但在 Web1.0 时代只应用于少数网站,如 eBay、Amazon、Yahoo、Google 等。不过在 Web2.0 时代,开放 API 已经成为不可忽视的趋势。对于公司来说,技术领域的竞争已经演化为标准之争,标准的形成在于有多少人在使用,因此开放 API 就意味着更多的人采用,也就意味着标准。

在 Web2.0 环境下,web 成为一个开发环境。通过开放的 web 应用 API,web 变得可以编程,并且可以执行的 web 应用,这就如同 web 是一个简单的操作系统。Web2.0 Conference 网站有句话:"Web1.0 is making the Internet for people,Web2.0 is making the Internet better for computers."这可以说是对 Web2.0 的几个技术特点最好的注脚。⑥

4) P2P 传输技术

P2P 是英文"Peer-to-Peer"(对等)的简称,又被称为"点对点"。"对等"技术,是一种网络新技术,主要依赖网络中参与者的计算能力和带宽,而不是聚集在少数几台服务

---

① 高祥华.Web2.0 中的技术及应用[J].中国科技信息,2006(13).
② CSS:Cascading Style Sheets,可译为"层叠样式表"或"级联样式表",是一组格式设置规则,用于控制 web 页面的外观。
③ DOM:Document Object Model,文档对象模型;DOM 可以以一种独立于平台和语言的方式访问和修改一个文档的内容和结构。
④ XSLT:Extensible Stylesheet Language Transformations,扩展样式表转换语言;这是一种对 XML 文档进行转化的语言。
⑤ 高祥华.Web2.0 中的技术和应用[J].中国信息科技,2006(13).
⑥ 李志杰、曾瑛、陈康、李智龙.Web2.0 技术特点与应用研究.科技创业月刊,2007(12).

器上。不过，P2P 并不仅仅是点对点技术，在虚拟私人网络 VPN（virtual private network，虚拟专用网络）中，P2P 应解作"群对群"。

简单地说，P2P 直接将人们联系起来，让人们通过互联网直接交互。P2P 使得网络上的沟通变得容易、更直接共享和交互，真正地消除中间商。P2P 的特点之一就是用户可以直接连接到其他用户的计算机去交换文件，而不是像过去那样连接到服务器去浏览与下载；P2P 的另一个重要特点就是改变互联网现在的以大网站为中心的状态，重返"非中心化"，把权力交还给用户。①

尽管 P2P 看起来是一个比较新的概念，但事实上它和 B2C、B2B 一样，只是将现实世界中很平常的东西移植到互联网而已。举个简单的例子，人们每天面对面的交流就是 P2P 的过程。当前，网络上有许多服务可以归入 P2P 的行列，如 ICQ、Yahoo Pager、微软的 MSN Messenger 以及腾讯 QQ 等即时通信服务都是十分流行的 P2P 应用。

3. Web2.0 的媒体应用

与 Web1.0 不同，Web2.0 旨在打造一个任何人都可以参与的平台。在 Web2.0 时代，任何用户都可以参与到内容的创作中，网络用户完成了从信息接收者到信息制造者/传播者的转变，逐渐成为传播的主体。随着 web 技术的日新月异，各种新媒体不断应运而生，其中核心的应用主要有 blog、RSS、wiki、tag、SNS、IM、podcast 等。

1）blog——博客/网志

blog 是 web log（网络日志）的缩写，是一种新的网络信息发布方式。blog 以网络作为载体，用户可以简易便捷地发布自己的心得，及时有效地与他人进行交流。通常，blog 的内容按照时间顺序排列，并且不断更新网络出版与交流形式。由于 blog 简单易用，因而迅速普及，众多的 blogger（写 blog 的人）催生了大量的信息，他们是互联网信息自发生产者。同时，由于 blog 可以使用户很容易地发布个人信息，所以它在隐性知识的挖掘和共享上有重要意义。简单来说，blog 是集丰富多彩的个性化展示于一体的综合性平台。

2）RSS——站点摘要

RSS 是 really simple syndication 的缩写，是在线共享内容的一种简易方式。这种 web 内容的联合格式，包含了一套用于描述 web 内容的元数据规范，具有一套新颖的能够实现内容整合者、内容提供商和最终用户之间 web 内容的互动的、多赢的联合应用机制。② 在 RSS 的应用上，人们可以直接通过在线或者离线 RSS 阅读器来浏览网站摘要与新闻，不必登录网站就可以得到网站内容。同时，在时效性比较强的内容上使用 RSS 订阅能帮助用户更快速获取最新更新的信息。

3）wiki——百科全书

wiki 是一种多人协作的写作工具，wiki 站点可以由多人（甚至任何访问者）维护，每个人都可以发表自己的意见，或者对共同的主题进行扩展或者探讨。同时，wiki 也是一种超文本系统，这种超文本系统支持面向社群的协作式写作，并且包括一组支持这

---

① 高祥华.Web2.0 中的技术和应用[J].中国信息科技，2006(13).
② 李志杰，曾瑛，陈康，李智龙.Web2.0 技术特点与应用研究[J].科技创业月刊，2007(12).

种写作的辅助工具。wiki 的优势在于它创建、更改、发布文本的代价远低于 HTML 文本,其使用的便利性和开放性对于共建共享知识库有着重要意义。总而言之,wiki 是 Web2.0 的一种典型应用,它可以调动最广大网民的集体智慧参与到网络创造和互动中,是知识社会条件下创新 2.0 的一种典型形式。

4) SNS——社交网络

SNS 是 social networking services 的简称,即社会性网络服务,专指旨在帮助人们建立社会性网络的互联网应用服务。SNS 还有另一种常用解释:social network site,即是我们熟悉的"社交网站"。SNS 的理论依据是"六度分隔",通过互联网可以帮助用户将人际关系网的资源完全挖掘出来。在 SNS 网站中,用户可以通过"朋友的朋友"扩展自己的人脉,建立起自己的朋友圈,并且更科学地经营人际网络资源。由于 SNS 较为贴近实名制,所以被认为是理想的 Web2.0 手段,在全球范围内都具有远大的前景和广阔的市场。

5) tag——网页书签

tag(标签)起源于一家叫作 Del.icio.us 的美国网站,其本意是标签,也被称为"网页书签"。在 Web2.0 的应用中,tag 是一种灵活、有趣的日志分类方式,它可以为每篇日志添加一个或多个 tag,旨在更好地显示和突出搜寻的重点关键词或者词条,以便更好地指导用户进行浏览和索引。当人们为自己的网络日志贴上 tag 之后,就能看到网站上所有使用相同 tag 的其他日志,这样就能和其他的网络用户产生更多的联系和沟通。

6) IM——即时通信

IM 是 instant messaging(即时通信、实时传讯)的缩写,是一种可以让使用者在网络上建立某种私人聊天室(chatroom)的实时通信服务。大部分的即时通信服务都会为用户提供状态信息,例如:显示联络人名单、联络人是否在线及能否与联络人交谈等。除了文字外,在频宽充足的前提下,大部分的 IM 服务也提供视讯通信。只要两个人都同时在线,就能通过 IM 传送文字、档案、声音、影像给对方。IM 软件可以说是目前我国上网用户使用率最高的软件,QQ、百度 Hi、新浪 UC、MSN Messenger 等都是在国内广受欢迎的即时通信软件。

7) podcast——播客

podcast 是"iPod+broadcasting"的合成词,是收音机、iPod、博客和宽带互联网的集体产物。在 Web2.0 的家族中,"播客"又被称作"有声博客",用户不仅可以在互联网上发布文件并通过订阅以自动接收新文件,也可以用此方法来制作的广播节目,上传到网上与广大网友分享。

podcast 与网络广播最大的区别在于其订阅模式,podcast 使用 RSS 2.0 文件格式传送信息,该技术允许个人进行"播客"的创建与发布。由于播客既不需要频道资源,又不需要大量的设备,因而任何 P2P 文件都可以成为播客,任何人都能制作发布广播节目,任何拥有 MP3、智能手机等接收终端的受众都可以自由地收听播客。

四、Web3.0

Web3.0 是 2009 年出现的新概念,并迅速为人们所关注。Web3.0 到底是什么样子,当前是很难描述清楚的,但 Web3.0 形态网站的基本架构由三个层次构成是大家公认的,网站内信息可以直接和其他网站信息进行交互,能通过第三方信息平台同时对多家网站信息进行整合使用;用户在互联网上拥有自己的数据,并能在不同的网站上使用;完全基于 web,用浏览器即可实现复杂的系统程序才具有的功能。

在网络的变革期中,网络经济已经开始朝着两种方向发展:一是将网络作为盈利的渠道,实现实体经济的增长;二是将网络作为生产的空间,实现虚拟经济向实体经济的转变。在互联网未来的发展中,更值得我们期待的是第二种网络经济的构成。因为和 Web2.0 相比,Web3.0 将会更加充分地展现网络自身的生产功能,满足人们追求自我劳动价值的需要。2007 年 9 月,国内互联网企业中推出了新一代个人门户产品 IG3.0;2008 年元旦之初,搜狐推出搜狐 3.1,这些个人门户以满足用户个性化的信息需求为契机,将概念中的 Web3.0 变为现实。在 2007 年美国圣何塞举办的语义技术大会上,微软、IBM、Oracle、Sun、Google、Yahoo 等巨头全都参与,甚至波音、福特、沃尔玛这样的非 IT 企业也兴致盎然地前来参会,足见各界对 Web3.0 的重视,这一切都显示着人们对 Web3.0 这一全新互联网时代的到来充满渴望。从技术发展来看,Web1.0 是精英文化,开创了聚众时代,只有部分具备相关技术和知识,并有一定经济实力的人才能够使用网络;Web2.0 是草根文化,开创了分众时代,人人都可以平等地使用网络,享受网络带来的乐趣;而 Web3.0 则是个性文化,开创的是一个全新的个性时代。

Web3.0 时代的网络传播主要通过信息过滤的方式,更偏向于聚合和个性化的发展。因此,Web 3.0 时代网络传播的特征主要体现为个性化、体验、定制与整合。

微内容(widget)的自由整合与有效聚合。Web3.0 将应用 mashup 技术对用户生成的内容信息进行整合,使得内容信息的特征性更加明显,便于检索。将精确地阐明信息内容特征的标签进行整合,提高信息描述的精确度,从而便于互联网用户的搜索与整理。同时,将传统意义的聚合技术和挖掘技术相结合,创造出更加个性化、反应迅速、准确的"web 挖掘个性化搜索引擎"。

适合多种终端平台,实现信息服务的普适性。Web3.0 的网络模式将实现不同终端的兼容,从 PC 互联网到 WAP(无线应用通信协议)手机、PDA、机顶盒、专用终端,不止应用在互联网这一单一终端上。现有的 Web2.0 只能通过 PC 终端应用在互联网这一单一的平台上,而层出不穷的新的移动终端的开发与应用都需要新的技术层面和理念层面的支持。Web3.0 将打破这一僵局,使得各种终端的用户群体都可以享受到在互联网上冲浪的便捷。实现融合网络的普适化、公用显示装置与个人智能终端的通用,同时加入 E-RAD 的应用与研发,使得嵌入式技术在 Web3.0 模式下发挥更大的效力。

良好的人性化用户体验以及基础性的个性化配置。Web3.0 同样以人为本,将用户的偏好作为设计的主要考虑因素。Web3.0 在对于 UGC(用户原创内容)筛选过滤的基础上,同时引入偏好信息处理与个性化引擎技术,对用户的行为特征进行分析,既寻找可信度高的 UGC 发布源,也对互联网用户的搜索习惯进行整理、挖掘,得出最佳的设计方案,帮助互联网用户快速、准确地搜索到自己感兴趣的信息内容,避免了海量信息带来的搜索疲劳。个性化搜索引擎以有效的用户偏好信息处理为基础,对用户进行的各种操作以及用户提出的各种要求为依据,来分析用户的偏好。通过偏好系统得出的结论再归类到一起,在某一内容主题形成一组内容,搜索的聚合推送,更好地满足用户搜索、观看的需要。将这一技术引入广播电视中来,将会给传统电视带来巨大的影响,对于数字机顶盒的应用,IPTV、WebTV 的推广提供了更好地聚合推送业务。

有效和有序的数字新技术。Web3.0 将建立可信的 SNS(社会网络服务),可管理的 VoIP(网络电话)与 IM,可控的 blog、vlog(影像日志)、wiki,实现数字通信与信息处理、网络与计算、媒体内容与业务智能、传播与管理、艺术与人文的有序有效结合和融会贯通。Web3.0 模式下可管理的 VoIP 与 IM,同样为互联网用户的使用提供了方便快捷的服务方式。可信度越高、信用度越好的用户发布的信息将会被自动置顶,既提高了信息源发布者的可信度,同时使得这些有用、真实的信息更快地出现在用户的面前,发挥信息的最大效力,提高了信息的使用率,降低了信息查找的时间损耗。Web3.0 模式下可控的 blog、vlog、wiki,同样也是为了提高消息的利用率与查找信息的便捷度而生的。这些原本在 Web2.0 模式下允许用户随意发布的 blog、vlog、wiki 使得网络上堆积大量杂乱无章的信息,给用户的搜索带来了极大的不便。由此,Web3.0 提出了"可控"这一概念,使得信息的发布与使用连接起来,如果想搜索可信度高的信息,可以点击可信度高的用户撰写的 blog、vlog、wiki,实现可信内容与用户访问的对接。

在以前的传播模型中,人们虽然能够对信息做出反馈或能够自由获得信息,但是始终没有成为信息的主宰者,只是在先获得信息之后再发表自己的意见。而在 Web3.0 的网络环境之下,人们可以利用语义网来主动发出指令,让计算机利用智能软件,在搜索网页时通过"智能代理"从中筛选出相关的有用信息。基于"个性化、体验、定制与整合"的网络传播特性,为满足人们的需求而出现的一种新的营销理念,因此,Web3.0 产生的网络传播模式的改变将给人们的网络营销观念带来一场根本性的变革。未来的互联网可以根据每个人不一样的需要来呈现所需要的信息。信息的传递不再无序、没有目的,而是带有特殊的指令性意义。人们可以用主导地位参与到网络传播中来,让技术满足自己的需求。

Web3.0 是互联网与通信服务的融合,用户可以用所有智能终端(固定电话、移动电话、PC、IPTV、其他智能终端)轻松享受看得见、听得到、用得好的即时交互的信息服务,它必须具备的特性应包括即时性、融合性、互动性、个性化及自主性。因此,Web3.0 的媒体形式以个人门户、个性化检索等为主。Web3.0 的平台将是以微单元(即微应用模块或单元组织)构成,用户完全自主创建自己需要的信息单元模块,将会更精准、更个性化,平台上所有的信息完全由用户自己控制及整合,网站平台只提供技术支撑和完善服务。

个性化检索是和信息检索相区别的信息检索方式。它考虑了用户的区别,利用用户的信息对检索结果进行修改或者过滤,以减轻用户的检索复杂度。个性化检索是基于计算机世界网主题检索工具建立起来的个人知识门户,它有三个功能:建立话题、收藏话题和共享话题。建立话题就是用户检索完毕,如果对检索结果还比较满意,想重复使用,就可以将其保存为"我的话题",下次登录时,在自己的页面上就可以看到该话题,方便使用。收藏话题是指用户在浏览"e 海航标"的话题检索时,对于自己比较感兴趣的话题,可以加入到自己的"话题收藏"中,不必每一次都要去几百个话题中寻找。为了给检索者一个切磋交流的机会,个性化检索还提供了一个"共享话题"区,个性化检索使用者可以将自己满意的话题放到那里供其他人引用。

互联网的发展已到了个性化的时代,个人门户是互联网发展的必然趋势,因此在Web3.0时代有个人门户网站的观点,个人门户网站是以个人为中心的上网入口,还可以进一步延伸为个人信息中心。个人门户具备门户网站的全部特征,同时能够实现个性化定制,实现内容、应用、社区的有机整合。个人门户从技术层面讲有以下基本特征:融合化(网络的沟通无障碍,在网络平台上,网民可以轻易地与手机甚至其他智能化家电进行互动);聚合化(网站的功能将更加强大,真正实现一站式全面生活体验);个性化(信息的呈现根据个人的偏好与特性而设计)。个人门户的核心价值在于同时从互联网和个人电脑两个层面,整合内容、应用、社区三种价值;并通过个性化的呈现扩展用户利用互联网的能力,节约用户利用互联网的时间成本。个人门户的前景告诉我们未来的商业推广必然围绕消费者个性化需求设定,千人一面的门户页面会逐渐被风格清晰各异的个人门户所取代。个人门户与一般门户网站的区别明显。首先是个性化,个人门户不是千篇一律的死面孔,每个人可根据自己的爱好,定制不同的页面样式和内容。其次是个人参与,个人门户的内容可由每个人自主添加或编辑,而三大门户则是由网站决定内容。个人门户网站由两部分内容组成:上网首页,包含了一个类似"http://用户名.XXXX.com/"的专属二级域名,个性化的标题和logo,随心换的页面样式,自己最常用的网址链接,快速的邮件收发,集成的互联网搜索,最新的新闻资讯等;个人常用服务,是把个人主页、网摘、贴歌、日志、贴图等常用功能与上网首页镶嵌在一起,是个人的信息中心。上网首页和个人常用服务完全免费使用,傻瓜式自助管理。中国目前有名的个人门户网站很多,如播客(视频博客)类网站、分类信息网站、网摘类网站、RSS类网站以及论坛聚集网站等,都带有个人门户的某些特征,甚至Google、Yahoo的个性化主页、QQ空间、百度空间等,也可以说是带有个人门户的痕迹。

五、Web4.0

人们依赖于技术的进步,享受技术进步带来的便利,但认识、掌握和理解技术进步的能力却各不相同。web系统是人类迄今最伟大的发明之一,也是计算机影响人类最深远的表现。那么,我们如何看待web及其技术发展呢?Web1.0追求信息共享,虽然人们为信息共享已经奋斗了很多年,但直到web技术的出现并逐步完善,信息共享也还远未令人满意。但比起之前的其他技术,如FTP(文件传输协议)等,自描述性赋予了web系统强大的生命力,使得web成为信息共享的第一设施。Web2.0探求信息共建,在Web1.0时代,信息还都是单向的,由话语权集团发出,普通受众只能倾听,而Web2.0则赋予了普通百姓一样的话语权,意识表达空前活跃。如此必然导致网络信息的泛滥:陷阱病毒成灾,如今杀毒软件成了计算机第一应用;垃圾信息遍野,如何找到自己需要的信息,就成了一个重要问题,因此搜索引擎崛起。但搜索引擎并不能杜绝陷阱病毒,也不能区分垃圾信息,更不能系统化web信息,因此技术探索就成为必然。Web3.0实现知识传承,计算机是人类的意识外化,其每一点进步,都必然凝聚着更多人的智慧。集聚人类智慧为人类共享,是计算机科学技术的内在本质。在Web3.0里,我们不仅要消灭陷阱病毒,剔除垃圾信息,更要使整个web世界有序化系统化,以全web资源为基础,建设出一座"web图书馆"来,实现人类自身的"知识传承"。知识界系统产品,就是这样一个实现人类自身知识传承的Web3.0系统。即时性是其主要特性,因此即时通信(IM)系统是知识界的技术平台。

Web4.0是在此基础上探究知识分配,在Web3.0里,人类可以随心所欲地获取各种知识,当然这些知识都是先人们即时贡献出来的。这里的即时性,指的是课堂里老师教学生的即时性。从Web3.0开始,网络就具备了即时特性。但人们并不知道自己应该获取怎样的知识,即自己适合于学习哪些知识。比如一个10岁的孩子想在20岁的时候成为核物理学家,那么他应该怎样学习知识呢?这些问题就是Web4.0的核心——知识分配系统所要解决的问题了。

六、Web5.0

Web5.0,即语用网。技术的发展虽然令人眼花缭乱,但其背后的本质却十分简单。现有的计算机技术都是图灵机模型,简单地讲,图灵机就是机械化、程序化,或者说算术,以数据和算符(算子)为二元的闭合理论体系。图灵机是研究和定义在数据集上的算子规律或法则的数学科学。在网络世界里,这个封闭系统都要联合起来,成为一个整体,即整个网络成为一台计算机系统。而这台计算机就不再是图灵机了,而是Petri网了。早在20多年前,Petri就说过,实现Petri网的计算机系统技术叫语用学。因此,语用网才是这台计算机的技术基础。

Web5.0将是一个新的王国,这个王国不再以地域和疆界进行划分,而是以兴趣、语言、主题、职业、专业进行聚集和管理的王国。Web5.0将模仿人类社会,在数字空间里建立"虚拟社会"。其技术基础是当前炙手可热的P2P网络技术,如jxta项目。所谓P2P网络,从计算技术上可以理解为peer-to-peer系统,从系统结构上可以理解为people-to-people的人类社会。

计算机用消息在算法之间的流动来仿真现实社会行为,大致有三个功能模块的抽象级别:一是原子模块,接口描述里的几个功能的定义位置都在一个程序DLL(动态链接库,又称应用程序拓展)里,模拟的是人的一个社会职能方面。原子模块是最小功能模块。二是本地模块,接口描述里的几个功能定义位置分布在本地机器的若干不同程序DLL里,仿真现实世界的一个社会职能人。三是网络模块,接口描述里的几个功能定义位置分布在网络中的不同机器里的若干程序DLL里,仿真现实世界的一个社会机构,就是网格界的资深科学家Ian Foster所谓的虚拟组织。此时消息被网络设备传递到互联网里的不同计算机上。特别称这些模块为服务、虚拟社会里的计算服务。这些模块都表现为一个Petri网系统,小网系统又组成为更大的网系统,直至整个虚拟社会。

Web5.0也被称为语用网,每一台计算设备里都有一个语用单元典,记录着其可以支持的软件模块及其协作的消息,表明了其可以理解的语用范围。称有语用单元典的计算系统为语用设备。语用网里的所有计算系统都是语用设备。语用单元典的作用,如同汉语的字词句典,是阅读语用符号文章的理解工具,是虚拟社会里最基础最重要的因素之一。特别设计一个称为"盲点"的机构来管理运行语用单元典。盲点相当于汉语字词典的编纂机构,是语用计算里的法定标准化组织。如上所述,语用网的系统技术基础就是Web1.0、SOA、P2P、Web2.0,以及用native-XML数据库实现的语用单元典。它们都是已经或正在成熟的计算系统工程化技术。语用设计就是基于语用单元典来构造语用文章,是软件工程所不能涉及的、比软件工程更加高级更为抽象的再一层系统技术,叫知识工程。网页是给人阅读的,语用文章就是给计算机阅读的网页。语用网里,计算应用界的人们所关心的是他们设计的软件模块和语用文章。前者是图灵机模型的应用,关注于算法的可计算性和计算复杂度问题;后者是Petri网理论的应用,关注的是网系统的可达性和不变量分析。两者都是计算功能的具体实现。语用网的实现技术已然成熟,是计算系统结构自身发展的必然。计算满足社会需求,我们需要联合起来,方可完成语用计算系统。

七、Web6.0

Web6.0本质上不是单纯的互联网技术或衍生思想,而是物联网与互联网的初步结合,是一种全新模式,惠及广大网民。这里不要将物联网看成是互联网的附庸,它是与互联网等价的物理媒介,即将改变世界的新的物理模式。在Web6.0里,每个人都能无限地调动自己感官,用自己的感官去重新发现世界,从而改变世界。

八、web演变的理解

我们可以看到WebX.0是web技术与理念演变的标签。无论是关于web的争议,还是Web1.0和Web2.0的争议如何激烈,毫无疑问的是,众人都能够认可的Web1.0和Web2.0的标志性产品已经大行其道,Web3.0的出现和盛行亦是如此。WebX.0盛行,尤其是新兴的Web3.0虽为新秀,或存在人类畅想中的,或脱胎于前辈,但都立足于前辈,包容性的融合式发展,从而形成日益繁荣的web形态。

第二节 HTML5技术

一、HTML5含义及其特点

2014年10月29日,万维网联盟宣布,经过几乎八年的艰辛努力,万维网的核心语言、标准通用标记语言下的一个应用超文本标记语言(HTML)的第五次重大修改,HTML5标准规范终于完成制定。

HTML(hypertext markup language)超文本标记语言,是一种用于描述网页文档的标记语言,也可以理解为一种规范或标准。HTML文件本身是一种包含标记的文本文件,这些标记可以告诉浏览器如何显示其中的内容,如文字如何处理,画面如何安排,图片如何显示等。

如图2-3所示,通用的HTML结构可以归纳为<HTML></HTML>创建一个

```
1  <!doctype html>
2  <html lang="en">
3      <head>
4          <meta charset="utf-8" />
5          <title>HTML5 Document</title>
6      </head>
7      <body>
8      </body>
9  </html>
```

图 2-3　HTML 结构

超文本标记语言文档；＜head＞＜/head＞ 设置文档标题和其他在网页中不显示的信息，如方向(direction)、语言代码(language code)、指定字典中的元信息等；＜title＞＜/title＞ 设置文档的标题；＜body＞＜/body＞文档体，文档的可见部分。

开发 HTML5 需要成立相应的组织，并且需要专门机构来负责，是由以下三个机构组成。

WHATWG：由来自 Apple、Mozilla、Google、Opera 等浏览器机构的人员组成，成立于 2004 年，WHATWG 开发 HTML 和 web 应用 API，同时为各浏览器机构以及其他有意向的组织提供开放式合作。W3C(万维网联盟)：W3C 下辖的 HTML 工作组目前负责发布 HTML5 规范。IETF：因特网工程任务组，这个任务组下辖 HTTP 等负责 Internet 协议的团队。HTML5 定义的一种新 API 依赖于新的 WebSocket 协议，IETF 工作组正在开发这个协议。

总体来说，HTML5 是基于各种各样的理念进行设计的，而这些设计理念体现了对可能性和可行性的新认识：兼容性、实用性、互通性、通用访问性。

在 HTML 的发展历程中(见表 2-1)，有以下六件重要事件。

表 2-1　HTML 的发展历程

	年份	里程碑	备注
Web1.0	1991	HTML	非官方发布
	1994	HTML2	
	1996	CSS＋Javascript	
	1997	HTML3.2	
	1998	CSS2	
	1999	HTML4.01	10 年生命力，发展几乎停滞了 10 年
	2000	XHTML-1	特性与 HTML4 一致，要求 XML 语法规范。视网页为文档
	2001	XHTML-2	兼容性原因，一直未被最终发布
	2002	DIV＋CSS	网页布局
	2004	HTML(WHATWG)	web hypertext applications technology working group 浏览器厂商主导
Web2.0	2005	AJAX	
	2007—2009	HTML5Draft	基于 WHATWG 成果
Web3.0	2010	HTML5	主流浏览器广泛支持。崭新阶段，跨越式发展

1991 年，蒂姆·伯纳斯-李(Tim Berners-Lee)为使世界各地的物理学家能够进行

合作研究，建立了HTML，这是一种以纯文字格式为基础的语言，最初仅含有20多个标签，被广大用户接受，但是并没得到官方的发布。

HTML没有1.0版本是因为当时有很多不同的版本。有些人认为Tim Berners-Lee的版本应该算初版，这个版本没有IMG元素。当时被称为HTML＋的后续版的开发工作于1993年开始，最初是被设计成为"HTML的一个超集"。第一个正式规范为了和当时的各种HTML标准区分开来，使用了2.0作为其版本号。

HTML 3.0规范是由当时刚成立的W3C于1995年3月提出的，提供了很多新的特性，如表格、文字绕排和复杂数学元素的显示。虽然它是被设计用来兼容2.0版本的，但是实现这一标准的工作在当时过于复杂，在草案于1995年9月过期时，标准开发也因为缺乏浏览器支持而中止。3.1版从未被正式提出，而下一个被提出的版本是开发代号为Wilbur的HTML 3.2，去掉了大部分3.0中的新特性，但是加入了很多特定浏览器，如Netscape和Mosaic的元素和属性。

HTML 4.01规范于1999年12月作为W3C的推荐规范发布，并于2000年5月成为国际标准。HTML 4.01规范试图解决HTML 3.2规范中引入的与展示相关的元素的问题，与此同时，又需要考虑规范的向后兼容性。HTML 4.01规范把许多与表示相关的元素标记为废弃的，不推荐使用。同时引入了三种"风格"(flavor)。在"严格"(strict)风格中，废弃的元素是不能使用的；在"过渡性"(transitional)风格中，废弃的元素是可以使用的；在"框架"(frameset)风格中，只允许使用与框架相关的元素。

从HTML到XHTML过渡的变化比较小，主要是为了适应XML。最大的变化在于文档必须是良构的，所有标签必须闭合，也就是说开始标签要有相应的结束标签。另外，XHTML中所有的标签必须小写。而按照HTML 2.0以来的传统，很多人都是将标签大写，这点两者的差异显著。

HTML5是用于取代1999年所制定的HTML 4.01和XHTML 1.0标准的HTML标准版本。

HTML5有五个主要特点，其中四个是优点，一个是缺点。

网络标准：HTML5本身是由W3C推荐出来的，它是谷歌、苹果、诺基亚、中国移动等几百家公司一起酝酿的技术，这个技术最大的好处在于它是一个公开的技术。换句话说，每一个公开的标准都可以根据W3C的资料库找寻根源。与此同时，在W3C通过的HTML5标准也就意味着在每一个浏览器或每一个平台可以实现。

多设备跨平台：用HTML5的优点主要在于这个技术可以进行跨平台的使用。例如，开发了一款HTML5的游戏，你可以很轻易地移植到UC的开放平台、Opera的游戏中心、Facebook应用平台，甚至可以通过封装的技术发放到App Store或Google Play上，所以它的跨平台性非常强大，这也是大多数人对HTML5有兴趣的主要原因。

自适应网页设计：很早就有人设想，能不能"一次设计，普遍适用"，让同一张网页自动适应不同大小的屏幕，根据屏幕宽度，自动调整布局(layout)。2010年，Ethan Marcotte提出了"自适应网页设计"这个名词，是指可以自动识别屏幕宽度、并做出相应调整的网页设计。这就解决了一种传统的局面——网站为不同的设备提供不同的网页，如专门提供一个手机版本或iPhone/iPad版本。这样做固然保证了效果，但是比较麻烦,同时要维护好几个版本,而且如果一个网站有多个入口(portal),会大大增加架构设计的复杂度。

即时更新:游戏客户端每次都要更新,很麻烦。但更新 HTML5 游戏就好像更新页面一样,是马上的、即时的更新。

缺点是该标准并未能很好地被浏览器支持。因新标签的引入,各浏览器之间将缺少一种统一的数据描述格式,造成用户体验不佳。

二、HTML5 主要技术特性

语义特性(class:semantic):HTML5 赋予网页更好的意义和结构。更加丰富的标签将随着对 RDFa(RDF attribute)的、微数据与微格式等方面的支持,构建对程序、对用户都更有价值的数据驱动的 web。

本地存储特性(class:offline & storage):基于 HTML5 开发的网页 App 拥有更短的启动时间,更快的联网速度,这些全得益于 HTML5 App Cache,以及本地存储功能;其中 Indexed DB(HTML5 本地存储最重要的技术之一)和 API 说明文档。

设备兼容特性(class:device access):自 geolocation 功能的 API 文档公开以来,HTML5 为网页应用开发者们提供了更多功能上的优化选择,带来了更多的体验功能。HTML5 提供了前所未有的数据与应用接入开放接口,使外部应用可以直接与浏览器内部的数据直接相连,如视频影音可直接与 microphones 及摄像头相连。

连接特性(class:connectivity):更有效地连接工作效率,使得基于页面的实时聊天、更快速的网页游戏体验、更优化的在线交流得以实现。HTML5 拥有更有效的服务器推送技术,Server-Sent Event 和 WebSocket 就是其中的两个特性,这两个特性能够帮助我们实现服务器将数据"推送"到客户端的功能。

网页多媒体特性(class:multimedia):支持网页端的 audio、video 等多媒体功能,与网站自带的 Apps、摄像头、影音功能相得益彰。

三维、图形及特效特性(class:3D, graphics & effects):基于 SVG、Canvas、WebGL 及 CSS3 的 3D 功能,用户会惊叹在浏览器中所呈现的惊人视觉效果。

性能与集成特性(class:performance & integration):没有用户会永远等待加载——HTML5 会通过 XMLHttpRequest level 2 等技术,解决以前的跨域等问题,帮助用户的 web 应用和网站在多样化的环境中更快速地工作。

CSS3 特性(class:CSS3):在不影响性能和语义结构的前提下,CSS3 中提供了更多的风格和更强的效果。此外,较之以前的 web 排版,web 的开放字体格式(WOFF)也提供了更高的灵活性和控制性。

三、HTML5 应用开发

HTML5 应用开发领域的领军人物包括 Sencha、Adobe、Appcelerator、AppMobi 及 Facebook、Amazon、Google 三大巨头。不管是想开发出新型视频应用的开发商如 Brightcove,还是想开发新型音频应用的开发商如 SoundCloud,不论是桌面应用还是移动应用,HTML5 都是创新的主旋律。2010 年 5 月 22 日,谷歌创建了一个涂鸦来纪念 Pac-Man 的视频游戏。这个涂鸦是一个动画,同时也是一个可以玩的 Pac-Man 游戏。这个涂鸦就是谷歌通过使用 HTML5 标准制作的,当然谷歌也提供一个 Flash 版本来支持不兼容 HTML5 的浏览器。这是大多数互联网网民第一次和 HTML5 的接触。

HTML5 的发展现在已经是如火如荼,但是枯燥的标准似乎离我们的应用太远了,其实 HTML5 也是应 web 用户的需求而产生的,而且此标准产生远远落后于实际需要。以下是五个方面的重要的应用。

Worker 多线程模式:过去在 js 运行环境中不存在多线程的概念,随着 Web2.0 的推动,客户端现在不只是被动展现 HTML 生成的界面,而越来越强调部分数据交互在客户端改变 dom 结构的方式。当然服务端的并发支持也越来越好,如 nio 等快速响应可处理大量并发请求的方式应用,完全可以将 HTML 里大量展现结构的数据传递省去,而只是经常性地传递少量数据的改变,由客户端来操作界面展现。随着此项技术的大量应用,并发地进行改变数据展现也成了必然,Worker 就顺应此形式推出了。具体应用可以是搜索后展现结果时,同时启动多个 Worker 加载多个详细数据,从而达到展现数据的即时性。

离线模式:提供本地存储模式,将数据可以暂存在本地客户端,即具备一定的持久性。大家都有这样的体验,比如写博客时需要经常提交保存,离开此网页之前没有提交的话,那么所有写的东西就会丢失。有了此功能之后,就可以在提交时先将文章的内容保存在本地,等到网络恢复之后再提交给服务器。此功能在经常连接不稳定的无线网络上的设备应用极佳。更妙的是,把 js 应用代码当成数据存在本地,离线之后将应用拿出来之后可以直接运行,让程序完全和服务器脱离。

新增多种输入控件类型:在以前的开发中,日期型的输入一直是让人头疼的问题,需要选用各类控件来完成此功能。考虑到此控件的普遍通用性,HTML5 在浏览器框架本身提供支持。HTML5 还对此数据做了验证,在移动设备上针对新类型的输入还有相应的操作优化。

开放底层绘图 API,使用 Canvas 标签来进行位图的渲染,使得网页有了直接绘图的能力。像 JFreeChart 这类框架根据数据生成统计图片,然后引用的方式可能会被改变。现在可直接根据用户输入数据动态在客户端直接绘图。

移动设备特有能力,增加如 GPS 定位的 API,可以在手机上迅速进行地图定位,减少与服务端的交互。

HTML5 应用开发中有三个方面可以优先进行。移动优先:从如今层出不穷的移动应用可知,在这个智能手机和平板电脑大爆炸的时代,移动优先已成趋势,不管是开发什么,都以移动为主。游戏开发者领衔"主演":许多游戏开发商都被 Facebook 或者 Zynga 推动着发展,而未来的 Facebook 应用生态系统是基于 HTML5 的,尽管在 HTML5 平台开发出游戏非常困难,但游戏开发商却都愿意这么做。通过 PhoneGap 及 AppMobi 的 XDK 将 web 应用游戏打包整合到原生应用中也是一种方式,Facebook 差不多就这样做的——基于 web 应用及浏览器,但却将之打包整合进原生应用。2012 年

9月,W3C提出要在2014年底前发布一个HTML5推荐标准,并在2016年底前发布HTML5.1推荐标准。

第三节 IPv6技术

一、IPv6含义及其产生缘由

全球因特网所采用的协议组是TCP/IP协议组。IP是TCP/IP协议中网络层的协议,是TCP/IP协议组的核心协议。IPv6是IETF(Internet Engineering Task Force,互联网工程任务组)设计的用于替代现行版本IP协议——IPv4的下一代IP协议,它由128位二进制数码表示。

IPv6指互联网协议IP第6版。目前,大家上网主要使用互联网协议第4版,即IPv4。在全球互联网高度发展的今天,IPv4地址资源已经枯竭,互联网正在经历从IPv4网络向IPv6网络的过渡。IPv4地址是类似A.B.C.D的格式,共32位,用"."分成四段,用十进制表示;而IPv6地址类似X:X:X:X:X:X:X:X的格式,它是128位的,用":"分成8段,用十六进制表示。RFC2373中详细定义了IPv6地址,按照定义,一个完整的IPv6地址的表示法:xxxx:xxxx:xxxx:xxxx:xxxx:xxxx:xxxx:xxxx。

我们使用的第二代互联网IPv4技术,其核心技术属于美国。它的最大问题是网络地址资源有限,从理论上讲,可编址1600万个网络、40亿台主机。但采用A、B、C三类编址方式后,可用的网络地址和主机地址的数目大打折扣,以至于IP地址已于2011年2月3日分配完毕。其中北美占有3/4,约30亿个,而人口最多的亚洲只有不到4亿个,远不能满足网民的需求。地址不足,严重地制约了中国及其他亚洲国家互联网的应用和发展。

一方面是地址资源数量的限制,另一方面是随着电子技术及网络技术的发展,计算机网络将进入人们的日常生活,可能身边的每一样东西都需要连入全球因特网。在这样的环境下,IPv6应运而生。单从数量级上来说,IPv6所拥有的地址容量是IPv4的约$8×10^{28}$倍,达到2^{128}(算上全零的)个。这不但解决了网络地址资源数量的问题,同时也为除电脑外的设备连入互联网在数量限制上扫清了障碍。

但是与IPv4一样,IPv6一样会造成大量的IP地址浪费。准确地说,使用IPv6的网络并没有2^{128}个能充分利用的地址。首先,要实现IP地址的自动配置,局域网所使用的子网的前缀必须等于64,但是很少有一个局域网能容纳2^{64}个网络终端;其次,由于IPv6的地址分配必须遵循聚类的原则,地址的浪费在所难免。

但是,如果说IPv4实现的是人机对话,那么IPv6则扩展到任意事物之间的对话,它不仅可以为人类服务,还将服务于众多硬件设备,如家用电器、传感器、远程照相机、汽车等,它将是无时不在、无处不在地深入社会每个角落的真正的宽带网,而且它所带来的经济效益将非常巨大。

当然,IPv6 并非十全十美、一劳永逸的,不可能解决所有问题。IPv6 只能在发展中不断完善,也不可能在一夜之间发生,过渡需要时间和成本,但从长远看,IPv6 有利于互联网的持续和长久发展。国际互联网组织已经决定成立两个专门工作组,制定相应的国际标准。

二、IPv6 基本特征

IPv6 基本特征有以下六个方面。IPv6 地址长度为 128 位,地址空间增大了 2 的 96 次方倍。灵活的 IP 报头格式,使用一系列固定格式的扩展头部取代了 IPv4 中可变长度的选项字段。IPv6 中选项部分的出现方式也有所变化,使路由器可以简单路过选项而不做任何处理,加快了报文处理速度。IPv6 简化了报文头部格式,字段只有 8 个,加快报文转发,提高了吞吐量。提高安全性,身份认证和隐私权是 IPv6 的关键特性。支持更多的服务类型。允许协议继续演变,增加新的功能,使之适应未来技术的发展(见表 2-2)。

表 2-2 IPv4 与 IPv6 的区别

IPv4 地址	IPv6 地址
组播地址(224.0.0.0/4)	IPv6 组播地址(FF00::/8)
广播地址	无,只有任播(anycast)地址
未指定地址为 0.0.0.0	未指定地址为::
回路地址为 127.0.0.1	回路地址为::1
公用 IP 地址	可汇聚全球单播地址
私有地址(10.0.0.0/8、172.16.0.0/12、192.16.0.0/16)	本地站点地址(FEC0::/48)
Microsoft 自动专用 IP 寻址自动配置的地址(169.254.0.0/16)	本地链路地址(FE80::/64)
表达方式:点分间隔十进制	表达方式:冒号间隔十六进制式
子网掩码表示:点阵十进制表示法或前缀长度表示法(CIDR)	子网掩码表示:仅使用前缀长度表示法(CIDR)

与 IPv4 相比,IPv6 具有以下八大优势。

IPv6 具有更大的地址空间。IPv4 中规定 IP 地址长度为 32,最大地址个数为 2^{32};而 IPv6 中 IP 地址的长度为 128,即最大地址个数为 2^{128}。与 32 位地址空间相比,其地址空间增加了 $2^{128}-2^{32}$ 个。现在,IPv4 采用 32 位地址长度,约有 43 亿地址,而 IPv6 采用 128 位地址长度可以忽略不计无限制的地址,有足够的地址资源。地址的丰富将完全删除在 IPv4 互联网应用上的很多限制,如 IP 地址、每一个电话、每一个带电的东西可以有一个 IP 地址,真正形成一个数字家庭的家庭。IPv6 的技术优势,目前在一定程度上解决 IPv4 互联网存在的问题,这是 IPv4 向 IPv6 演进的重要动力之一。

IPv6 使用更小的路由表。IPv6 的地址分配一开始就遵循聚类(aggregation)的原则,这使得路由器能在路由表中用一条记录(entry)表示一片子网,大大缩短了路由器中路由表的长度，提高了路由器转发数据包的速度。

IPv6 增加了增强的组播（multicast）支持以及对流的控制（flow control），这使得网络上的多媒体应用有了长足发展的机会，为服务质量（QoS，quality of service）控制提供了良好的网络平台。

IPv6 加入了对自动配置（auto configuration）的支持。这是对 DHCP 协议的改进和扩展，使得网络（尤其是局域网）的管理更加方便和快捷。

IPv6 具有更高的安全性。在使用 IPv6 网络中，用户可以对网络层的数据进行加密并对 IP 报文进行校验，在 IPv6 中的加密与鉴别选项提供了分组的保密性与完整性，极大地增强了网络的安全性。

允许扩充。如果新的技术或应用需要时，IPv6 允许协议进行扩充。

更好的头部格式。IPv6 使用新的头部格式，其选项与基本头部分开，如果需要，可将选项插入到基本头部与上层数据之间。这就简化和加速了路由选择过程，因为大多数的选项不需要由路由选择。

新的选项。IPv6 有一些新的选项来实现附加的功能。

三、IPv6 编址地址及域名系统

IPv6 具有比 IPv4 大得多的编码地址空间。这是因为 IPv6 采用了 128 位的地址，而 IPv4 使用的是 32 位。因此 IPv6 的地址空间支持 2^{128} 个地址。网络地址转换是目前减缓 IPv4 地址耗尽最有效的方式，而 IPv6 的地址消除了对它的依赖，被认为足够在可以预测的未来使用。从 IPv4 到 IPv6 最显著的变化就是网络地址的长度。RFC 2373 和 RFC 2374 定义的 IPv6 地址有 128 位长；IPv6 地址的表达形式一般采用 32 个十六进制数。

在很多场合，IPv6 地址由两个逻辑部分组成：一个 64 位的网络前缀和一个 64 位的主机地址，主机地址通常根据物理地址自动生成，叫作 EUI-64（或 64-位扩展唯一标识）。

IPv6 地址可分为单播（unicast）地址、任播（anycast）地址、多播（multicast）地址三种。

单播地址标示一个网络接口。协议会把送往地址的数据包投送给其接口。IPv6 的单播地址可以有一个代表特殊地址名字的范畴，如 link-local 地址和唯一区域地址（ULA，unique local address）。单播地址包括可聚类的全球单播地址、链路本地地址等。

任播地址是 IPv6 特有的数据发送方式，它像是 IPv4 的单点传播（unicast）与多点广播（broadcast）的综合。IPv4 支持单点传播和多点广播，单点广播在来源和目的地间直接进行通信；多点广播存在于单一来源和多个目的地进行通信。而任播地址则介于以上两者之间，它像多点广播（broadcast）一样，会有一组接收节点的地址栏表，但指定为任播地址的数据包，只会发送给距离最近或发送成本最低（根据路由表来判断）的其中一个接收地址，当该接收地址收到数据包并进行回应，且加入后续的传输，该接收列表的其他节点，会知道某个节点地址已经回应了，它们就不再加入后续的传输作业。以

目前的应用为例,任播地址只能分配给路由器,不能分配给电脑使用,而且不能作为发送端的地址。

多播地址,也称组播地址。多播地址也被指定到一群不同的接口,送到多播地址的数据包会被发送到所有的地址。多播地址由皆为一的字节起始,亦即它们的前置为 FF00::/8;其第二个字节的最后四个比特用以标明"范畴"。一般有 node-local(0×1)、link-local(0×2)、site-local(0×5)、organization-local(0×8)和 global(0×E)。多播地址中的最低 112 位会组成多播组群识别码,不过因为传统方法是从 MAC(网络接口物理地址)产生,故只有组群识别码中的最低 32 位有使用。定义过的组群识别码有用于所有节点的多播地址 0×1 和用于所有路由器的 0×2。另一个多播组群的地址为 "solicited-node"(多播地址),是由前置 FF02::1:FF00:0/104 和剩余的组群识别码(最低 24 位)所组成的。这些地址允许经由邻居发现协议(neighbor discovery protocol,NDP)来解译链接层地址,因而不会干扰到在区网内的所有节点。

IPv6 数据包由两个主要部分组成:头部和负载。包头是包的前 64 比特并且包含有源和目的地址,协议版本,通信类别(8 位,包优先级),流标记(20 比特,QoS 服务质量控制),分组长度(16 位),下一个头部(用于入栈解码,类似 IPv4 中的协议号),和跳段数限制(8 位,生存时间,相当于 IPv4 中的 TTL)。后面是负载。MTU(最大传输单元)至少 1280 字节长,在常见的以太网环境中为 1500 字节。负载在标准模式下最大可为 65535 字节,如果扩展报头设置了"jumbo payload"选项,则长度值被置为 0。IPv6 曾有两个有着细微差别的版本:在 RFC 1883 中定义的原始版本(现已废弃)和 RFC 2460 中描述的现在提议的标准版本。两者主要在通信类别这个选项上有所不同,它的位数由 4 位变为了 8 位,其他区别都是微不足道的。分段(fragmentation)只在 IPv6 的主机中被处理。在 IPv6 中,可选项都被从标准头部中移出并在协议字段中指定,类似于 IPv4 的协议字段功能。

IPv6 地址在域名系统中为执行正向解析,表示为 AAAA 记录(所谓 4A 记录,类似的 IPv4 表示为 A 记录);反向解析在 ip6.arpa(原先 ip6.int)下进行,在这里地址空间为半字节十六进制数字格式。这种模式在 RFC 3596 给出了定义。AAAA 模式是 IPv6 结构设计时的两种提议之一。另外一种正向解析为 A6 记录并且有一些其他的创新像二进制串标签和 DNAME 记录等。RFC 2874 和它的一些引用中定义了这种模式。AAAA 模式只是 IPv6 域名系统的简单概括,A6 模式使域名系统中检查更全面,也因此更复杂:A6 记录允许一个 IPv6 地址分散于多个记录中,或在不同的区域。举例来说,这就在原则上允许网络的快速重编号。使用域名系统记录委派地址被 DNAME 记录(类似于现有的 CNAME,不过是重命名整棵树)所取代。一种新的叫作比特标签的类型被引入,主要用于反向解析。

四、IPv6 基本应用

在 IPv4 下,根据 IP 查人也比较麻烦,电信局要保留一段时间的上网日志才行,通常因为数据量很大,运营商只保留三个月左右的上网日志,比如查前年某个 IP 发帖子的用户就不能实现。IPv6 的出现可以从技术上一劳永逸地解决实名制这个问题,因为那时 IP 资源将不再紧张,运营商有足够多的 IP 资源,那时候,运营商在受理入网申请的时候,可以直接给该用户分配一个固定 IP 地址,这样就实现了实名制,也就是一个真实用户和一个 IP 地址的一一对应。

当一个上网用户的 IP 固定了之后,任何人任何时间做的任何事情都和一个唯一 IP 绑定,你在网络上做的任何事情在任何时间段内都有据可查,并且无法否认。

IPv6 一个重要的应用是网络实名制下的互联网身份证,目前基于 IPv4 的网络因为 IP 资源不够,IP 和上网用户无法实现一一对应,所以难以实现网络实名制。

IPv6 的广泛部署依赖于未来因特网的良好发展,目前 IPv4 的规范大部分已经完成,但广泛部署的条件还有待进一步完善,在保持目前 IPv4 网络良好运行的同时,对 IPv6 新技术的测试和实验应加快进行,并在一个较短的过程中,从 IPv4 网络过渡到 IPv6 网络。当然,IPv6 部署的最关键因素是应用。3G 业务、IP 电信网、个人智能终端、家庭网络,这些现在听起来还很新鲜的名词,随着 IPv6 协议的不断推广会走入寻常百姓家。

对个人计算机来说,Win7 以上的操作系统和 MAC 系统都自带安装了 IPv6 协议栈,而且默认都是自动获取 IPv6 地址,不需要任何设置(见图 2-4)。

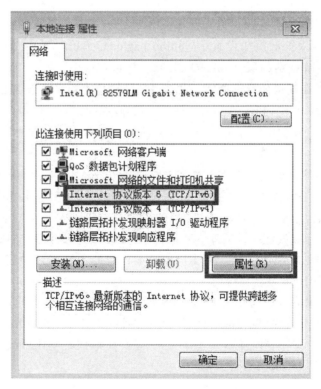

图 2-4　确认本机 IPv6 协议安装

如何确认本机获取方式为自动获得 IP 地址?(见图 2-5)控制面板→网络和 Internet→打开"网络和共享中心"→更改适配器设置→双击"本地连接"→属性→单击

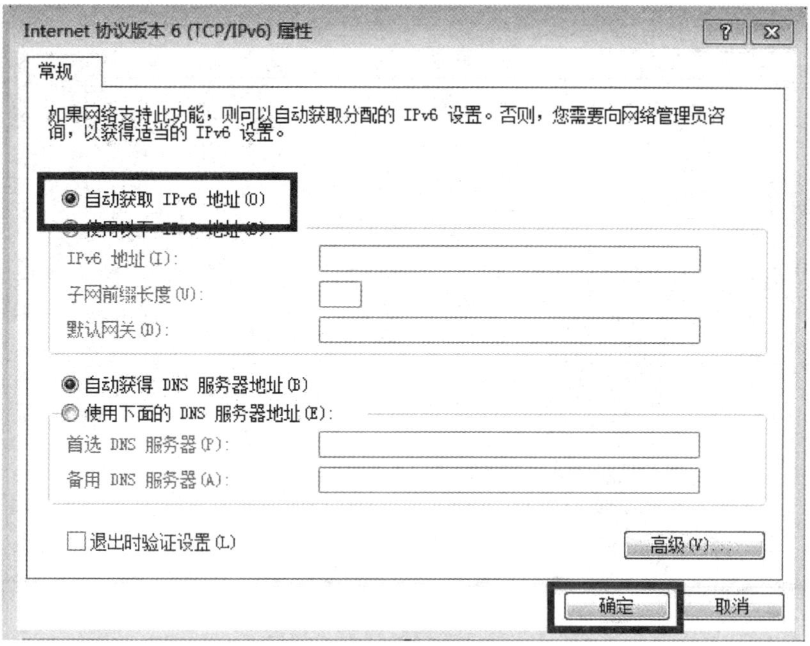

图 2-5 确认本机 IPv6 地址获取

"Internet 协议版本 6（TCP/IPv6）"→确认 IP 地址和 DNS 服务器地址都是自动获取→确定→关闭→关闭。

如何查看本机 IPv6 地址获取情况？（见图 2-6 和图 2-7）直接在开始菜单里所有程序中选择命令提示符 cmd.exe 或者在下方搜索框里输入 cmd,然后回车,进入命令提示符窗口。输入 ipconfig/all 命令,可以查看本机是否获取到正确的 IPv6 地址（2402:f000 开头）,由于 IPv6 的 DNS 服务器搭建在双栈链路之上,无须专门指定 IPv6 的 DNS 服务器参数,沿用 IPv4 的 DNS 服务器设置即可,通常为自动获取。

图 2-6 查看本机 IPv6 地址

图 2-7　本机 IPv6 地址情况

第四节　语义网技术

语义网的概念是由万维网联盟的蒂姆·伯纳斯-李（Tim Berners-Lee）在 1998 年提出的一个概念，实际上是基于很多现有技术的，也依赖于后来和 text-and-markup 与知识表现的综合。其渊源甚至可以追溯到 20 世纪 60 年代末期的 Collins、Quillian、Loftus 等人的研究，还有之后 70 年代初 R.F.Simon、R.C.Schamk、Minsky 等人陆续提出的一些理论上的成果。其中，Simon 在进行自然语言理解的应用研究时提出了语义网络（semantic network）（不是现在的 semantic web）的概念。当时，人们甚至发明了以逻辑为基础的程序设计语言 Prolog。

一、语义网基本含义

语义网是对未来网络的一个设想，现在与 Web 3.0 这一概念结合在一起，作为 3.0 网络时代的特征之一。简单地说，语义网是一种智能网络，它不但能够理解词语和概念，而且还能够理解它们之间的逻辑关系，可以使交流变得更有效率和更有价值。

语义网的核心是通过给万维网上的文档添加能够被计算机所理解的语义"元数据"（meta data），从而使整个互联网成为一个通用的信息交换媒介。

蒂姆·伯纳斯-李在 2006 年普林斯顿大学演讲和后期接受媒体采访时公开表示，他最初将这种智能网络命名为语义网或许不够确切，也许更准确的名称应该是数据网（data web）。

语义网就是能够根据语义进行判断的智能网络,实现人与电脑之间的无障碍沟通。它好比一个巨型的大脑,智能化程度极高,协调能力非常强大。连接在语义网上的每一部电脑不但能够理解词语和概念,而且能够理解它们之间的逻辑关系,可以做人所从事的工作。它将使人类从搜索相关网页的繁重劳动中解放出来,把用户变成全能的上帝。语义网中的计算机能利用自己的智能软件,在万维网上的海量资源中找到你所需要的信息,从而将一个个现存的信息孤岛发展成一个巨大的数据库。

语义网的建立极大地涉足了人工智能领域的部分,与 Web 3.0 智能网络的理念不谋而合,因此语义网的初步实现也作为 Web 3.0 的重要特征之一。但是想要成为网络上的超级大脑,需要长期的研究,这意味着语义网的相关实现会占据网络发展进程的重要部分,并且在数个网络时代延续,逐渐转化成"智能网"。

二、语义网基本特征

类似于 Web2.0 以 AJAX 概念为契机,如果说 Web 3.0 以语义网概念为契机的话,同样会有近似于 AJAX 的一种技术成为网络的标准、置标语言或者相关的处理工具,用来扩展万维网,开创语义网时代。拥有这一技术的企业将是网络时代的弄潮儿。

语义网不同于现有的万维网,现有的万维网是面向文档,而语义网则面向文档所表示的数据,语义网更重视计算机的"理解与处理",并且具有一定的判断、推理能力。

语义网的实现意味着当时会存在一大批与语义网相互依赖的智能个体(程序),广泛地存在于计算机、通信工具、电器等物品上,它们组合形成环绕人类生存的初级智能网络。语义网是万维网的扩展与延伸,它展示了万维网的美好前景以及由此而带来的互联网的革命,但语义网的实现仍面临着巨大的挑战:内容的可获取性,即基于 ontology(本体)而构建的语义网网页目前还很少;本体的开发和演化,包括用于所有领域的核心本体的开发、开发过程中的方法及技术支持、本体的演化及标注和版本控制问题;内容的可扩展性,即有了语义网的内容以后,如何以可扩展的方式来管理它,包括如何组织、存储和查找等,多语种支持,本体语言的标准化。

三、语义网与万维网的区别

语义网"不同于现存的万维网,其数据主要供人类使用,新一代万维网中也将提供能为计算机所处理的数据,这将使得大量的智能服务成为可能"。语义网研究活动的目标是"开发一系列计算机可理解和处理的表达语义信息的语言和技术,以支持网络环境下广泛有效的自动推理"。

目前,我们所使用的万维网,实际上是一个存储和共享图像、文本的媒介,电脑所能看到的只是一堆文字或图像,对其内容无法进行识别。万维网中的信息,如果要让电脑进行处理的话,就必须首先将这些信息加工成计算机可以理解的原始信息后才能进行处理,这是相当麻烦的事情。而语义网的建立则将事情变得简单得多。

例如,某天早上你突然想去可可西里旅游,于是你打开电脑,连通语义网,输入"预订今天下午两点到六点之间任意时刻的到可可西里的飞机票",此刻你的计算机代理将先与你所住地点航空公司的代理进行联系，获得符合你要求的飞机票信息，然后联系航空公司的订票代理，完成订购。你不必像现在这样上网查看时间表，并进行复制和粘贴，然后打电话或在线预订机票和宾馆等，安装在你计算机上的软件会自动替你完成上述步骤，你所要做的仅仅是用鼠标按几个按钮，然后等着送飞机票的人上门甚至直接去机场登机就可以了。在浏览新闻时，语义网将给每一篇新闻报道贴上标签，分门别类，详细描述哪句是作者、哪句是导语、哪句是标题。这样，如果你在搜索引擎里输入"老舍的作品"，你就可以轻松找到老舍的作品，而不是关于他的文章。

总之，语义网是一种更丰富多彩、更个性化的网络，你可以给予其高度信任，让它帮助你滤掉你不喜欢的内容，使得网络更像是你自己的网络。它与普通万维网差异主要有以下五个方面。

（1）面向的对象不同。

目前的万维网主要使用 HTML 表达网页内容。使用 HTML 标记的网页的确可以表达一些控制网页显示格式之类的信息，从而使人们认为计算机真的可以"理解"我们的意图。但实际上，HTML 仅注重文本的表现形式，如字体颜色、大小、类型等，而不考虑文本的具体内容与含义。虽然万维网上有一些自动的脚本程序可以帮助人们实现一部分功能，但在开放式的网络环境中，它们并不能很好地用于计算机之间的交互。因此，目前我们所使用的万维网主要是供"人"阅读和使用的。而语义网则是要在万维网之上加入一些可以被计算机"理解"的语义信息，它在方便人们阅读和使用的同时，也方便计算机之间的相互交流与合作。因此，万维网面向的对象主要是"人"，而语义网面向的对象则主要是"机器"。

（2）信息组织方式不同。

由于二者面向的对象不同，因此在信息组织方式上自然会存在很大的差异。万维网在组织信息资源时主要以"人"为中心，按照人们的思维习惯和便捷性组织网络信息资源。语义网在组织信息资源时则必须兼顾计算机对文本内容的"理解"以及它们之间的相互交流和沟通。

（3）侧重点不同。

万维网侧重于信息的显示格式和样式，而不关心所要显示的内容。例如对于比较重要的信息，万维网可能会在其显示上用大字体或颜色鲜明的字体表示。而语义网则更加侧重于信息的语义内容，对具有特定意义的文本必须进行一定的标注或解释。

（4）主要任务不同。

万维网主要是供人阅读、交流和使用的，其主要任务是信息的发布与获取。通过在网络上发布或获取信息，来达到共享和交流的目的。语义网的主要任务则是计算机之间的相互交流和共享，从而使计算机可以代替人们完成一部分工作，使网络应用更加智能化、自动化和人性化。

（5）工作方式不同。

语义网与万维网面向的对象不同，它们的工作方式自然也有所不同。万维网主要面向"人"，因此其大部分工作都是由人来完成的，包括信息的收集、检索、整理、排序和分析等。而语义网通过加入一些可以被计算机"理解"的语义信息，则可以把人从上述各类烦琐的工作中解脱出来,利用"智能代理"帮助完成上述的大部分工作。一个典型的例子就是信息检索,利用智能搜索代理,语义网将提供给人们真正需要的信息内容,而不像现在的搜索引擎那样输出数以万计的无用的搜索结果。

四、语义网的实现支持

语义网虽然是一种更加美好的网络,但实现起来却是一项复杂而浩大的工程。目前,语义网的体系结构正在建设中,主要需要以下两方面的支持。

(1) 数据网络的实现。

即通过一套统一的完善的数据标准对网络信息进行更彻底更详细的标记,使得语义网能够精准地识别信息,区分信息的作用和含义。要使语义网搜索更精确彻底,更容易判断信息的真假,从而达到实用的目标,首先需要制定标准,该标准允许用户给网络内容添加元数据(即解释详尽的标记),并能让用户精确地指出他们正在寻找什么;其次,还需要找到一种方法,以确保不同的程序都能分享不同网站的内容;最后,要求用户可以增加其他功能,如添加应用软件等。语义网的实现是基于可扩展标记语言(标准通用标记语言的子集,XML)和资源描述框架(RDF)来完成的。XML 是一种用于定义标记语言的工具,其内容包括 XML 声明,用以定义语言语法的 DTD(document type declaration,文档类型定义),描述标记的详细说明以及文档本身。而文档本身又包含有标记和内容。RDF 则用以表达网页的内容。

(2) 具有语义分析能力的搜索引擎。

如果说数据网络能够在短时间内通过亿万的个体来实现,那么网络的语义化智能化就要通过人类尖端智慧群体的努力实现。研发一种具有语义分析能力的信息搜索引擎将成为语义网最重要的一步,这种引擎能够理解人类的自然语言,并且具有一定的推理和判断能力。语义搜索引擎(semantic search engine)和具有语义分析能力的搜索引擎(semantically enabled search engine)是两码事。前者不过是语义网络的使用,一种信息搜索方式,而后者是一种能够理解自然语言,通过计算机的推理,进一步提供更符合用户心理的答案。

语义网的体系结构正在建设中,当前国际范围内对此体系结构的研究还没有形成一个令人满意的严密的逻辑描述与理论体系,中国学者对该体系结构也只是在国外研究的基础上做简要的介绍,还没有形成系统的阐述。

语义网的实现需要三大关键技术的支持:XML、RDF 和 Ontology。可扩展标记语言可以让信息提供者根据需要,自行定义标记及属性名,从而使 XML 文件的结构可以复杂到任意程度。它具有良好的数据存储格式和可扩展性、高度结构化以及便于网络传输等优点,再加上其特有的 NS 机制及 XML Schema 所支持的多种数据类型与校验机制,使其成为语义网的关键技术之一。目前,关于语义网关键技术的讨论主要集中在 RDF 和 Ontology 身上。

RDF 是 W3C(万维网联盟)推荐使用的用来描述资源及其之间关系的语言规范,具有易扩展、易交换和易综合等特点。值得注意的是,RDF 只定义了资源的描述方式,却没有定义用哪些数据描述资源。RDF 由三个部分组成:RDF Data Model、RDF

Schema 和 RDF Syntax。

五、语义网层次体系结构

蒂姆·伯纳斯-李于 2000 年提出了语义网的体系结构,并对此做了简单的介绍。该体系结构共有七层,自下而上其各层功能逐渐增强(见图 2-8)。

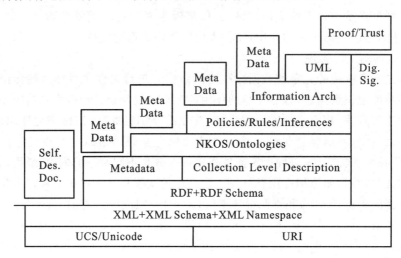

图 2-8 语义网层次体系结构

第一层:"字符集"层。即 Unicode 和 URI。Unicode 是一个字符集,这个字符集中所有字符都用两个字节表示,可以表示 65536 个字符,基本上包括了世界上所有语言的字符。数据格式采用 Unicode 的好处就是它支持世界上所有主要语言的混合,并且可以同时进行检索。URI(uniform resource identifier),即统一资源定位符,用于唯一标识网络上的一个概念或资源。在语义网体系结构中,该层是整个语义网的基础,其中 Unicode 负责处理资源的编码,URI 负责资源的标识。

第二层:"根标记语言"层。即 XML+NS+XML Schema。XML 是一个精简的标准通用标记语言,它综合了标准通用标记语言的丰富功能与 HTML 的易用性,它允许用户在文档中加入任意的结构,而无须说明这些结构的含义。NS(name space)即命名空间,由 URI 索引确定,目的是为了避免不同的应用使用同样的字符描述不同的事物。XML Schema 是文档类型定义(DTD)的替代品,它本身采用 XML 语法,但比 DTD 更加灵活,提供更多的数据类型,能更好地为有效的 XML 文档服务并提供数据校验机制。正是由于 XML 灵活的结构性、由 URI 索引的 NS 而带来的数据可确定性以及 XML Schema 所提供的多种数据类型及检验机制,使其成为语义网体系结构的重要组成部分。该层负责从语法上表示数据的内容和结构,通过使用标准的语言将网络信息的表现形式、数据结构和内容相分离。

第三层:"资源描述框架"层。即 RDF+RDF Schema。RDF 是一种描述万维网上的信息资源的一种语言,其目标是建立一种供多种元数据标准共存的框架。该框架能充分利用各种元数据的优势,进行基于 web 的数据交换和再利用。RDF 解决的是如何采用 XML 标准语法无二义性来描述资源对象的问题，使得所描述的资源的元数据信息成为机器可理解的信息。如果把 XML 看作一种标准化的元数据语法规范的话，那么 RDF 就可以看作一种标准化的元数据语义描述规范。RDF Schema 使用一种机器可以理解的体系来定义描述资源的词汇，其目的是提供词汇嵌入的机制或框架，在该框架下多种词汇可以集成在一起实现对 web 资源的描述。

第四层："本体词汇"层。"本体词汇"（ontology vocabulary），该层是在 RDF(S)基础上定义的概念及其关系的抽象描述，用于描述应用领域的知识，描述各类资源及资源之间的关系，实现对词汇表的扩展。在这一层，用户不仅可以定义概念而且可以定义概念之间丰富的关系。

第五至七层：Logic、Proof、Trust。Logic 负责提供公理和推理规则，而 Logic 一旦建立，便可以通过逻辑推理对资源、资源之间的关系以及推理结果进行验证，证明其有效性。通过 Proof 交换以及数字签名，建立一定的信任关系，从而证明语义网输出的可靠性以及其是否符合用户的要求。

六、语义网应用前景

语义网是网络时代的高级智能产物，其应用广泛，有着美好未来。下面将介绍主要应用技术与研究趋势。

经典的自底向上和新兴的自顶向下的方式。自底向上的方法关注于标注好的信息，使用 RDF 表示，所以这些信息是机器可读的。自顶向下则着重于利用现成的页面信息，从中自动抽取出有意义的信息。近年来，每一种方法都有一定的发展。自底向上的方法的一个喜讯来自于 Yahoo 搜索引擎支持的 RDF 与 Microformats 声明。这是一个对于内容发布者、Yahoo 和消费者来说三赢的举措：内容发布者有了标注自己信息的激励，Yahoo 可以更有效地利用这些信息，用户可以得到更好、更精确的结果。另一个喜讯来自于 Dapper 关于提供语义网络服务的声明，这项服务可以让内容发布者给现有的网页添加语义标注。可以期待的是，这种语义工具越多，发布者标注网页就会越容易。自动标注工具的发展与标注激励的增多，会使得自底向上的方法更加引人注目。尽管工具与激励都有了，但要使得自底向上的方法流行起来还是有相当的难度。事实上，今天 Google 的技术已经可以在一定程度上理解那些非结构化的网页信息。类似地，自顶向下的语义工具关注点在于怎样处理现有的非完美的信息。这些方法主要是利用自然语言处理的技术来进行实体的抽取，这些方法包括识别文档中特定实体（人名、公司、地点等）的文本分析技术，以及能获取特定领域信息的垂直搜索引擎。

自顶向下的技术关注于从非结构化的信息中获得知识，但它同样可以处理结构化的信息，自底向上的标注技术越多，自顶向下方法的性能就越能得到提高。在自底向上的标注方法中，有几种候选的标注技术，它们都很强大，对它们的选择需要在简单性及完全性之间做一个权衡。最完备的方法是 RDF：一种强大的基于图的语言，用于表示事物、属性及事物间的关系。简单地说，你可以认为 RDF 是这样的一种语言，它通过这样的方式来表达事实：Alex IS human.（类型表达），Alex HAS a brain.（属性表达），Alex IS the father of Alice, Lily, and Sofia.（关系表达）。RDF 很强大，它是以高度递归、精确与数学化而著称的，同时它也是很复杂的。当前，RDF的使用大多为了解决数据的互通性。例如，医学组织使用RDF来表述染色体组数据库。因为信息被标准化了，所以原来孤立的数据库就可以被一起查询并相互比较了。一般来说，除了语义方面的意义，RDF最主要的好处在于实现互通性与标准化，对企业来说尤为如此（下文有论述）。Microfomats提供了一个简单的方法——CSS风格来给现有的HTML文档添加语义标记，简洁的meta数据被嵌入到原有的HTML文档中。比较流行的Microformats标签包括hCard——描述个人及公司联系信息；hReview——添加到评论页的meta信息；hCalendar——描述事件的标签。Microformats因它的简单而得到流行，但它的能力仍然是很有限的。例如，被传统的语义团体认为是很必要的层次结构的描述，它就做不到。此外，为了使得标记集最小化，难免地它们表达的意思就会显得比较模糊。这就引出了另外一个问题：把标签嵌入到HTML文档中是不是一种合适的做法？然而，虽然仍存在很多的问题，Microformats还是因为它的简单而广受青睐，像Flickr、Eventful、LinkedIn及其他很多公司都在采用Microformats，特别是在Yahoo的搜索声明发布之后。还有一种更为简单的方法就是把meta（头部）数据放在头中。这种方法已经在一定程度上被使用，可惜的是使用得还不是十分广泛。《纽约时报》近来为他们的新闻页面启动了一个标注扩展，这种方法的好处已经在那些主题或事件页面中显现出来。例如，一个新闻页面可以通过一组关键词来标识：地点、日期、时间、人物与类别。另一个例子是关于书的页面，已经在页面的meta里加入了书本的信息：作者、ISBN与书的类别。尽管所有这些方法不尽相同，但相同之处是它们都是很管用的。越多的网页被标注，就会有越多的标准会被实现，同时信息也会变得更为强大与更易于得到。

  关于语义网的讨论，用户与企业的关注点是不一样的。从消费者的立场来说，我们需要一个杀手级的应用（killer App），可以给用户传递实在而简单的价值。因为用户只会关注产品的实用性，而不会在乎它建立在什么技术之上。问题在于，直到目前为止，语义网的关注点更多的是停留在理论层面，如标注信息以使得机器可读。我们可以给出这样的承诺：一旦信息都被标注，网络就会变成一个大型的RDF数据库，大量激动人心的应用也会应运而生。但也有怀疑者指出，首先你必须得达成那样的假设。

  已经有很多基于语义网的应用，如通用及垂直搜索引擎、文本助理工具、个人信息管理系统、语义浏览工具等，但在它们在为大众所接受之前，还有很长的路要走。即便这些技术成功了，用户也不会有兴趣知道其背后使用了些什么技术。所以说在用户层面推广语义网技术是没什么前景的。

  企业就不一样了，企业比较习惯于技术方面的论调，对于它们来说，利用语义技术可以增加产品的智能程度，从而形成市场价值。"我们的产品更好更聪明，因为我们使用语义网"，对企业来说，听起来这是一个很不错的宣传。

  从企业层面来说，RDF解决了数据的互通性标准问题。这个问题其实在软件行业的早期便已出现，你可以忘掉语义网，只把它看作是一个标准协议，一个使得两个程序可以互通信息的标准。这对企业来说无疑是极具价值的。RDF提供了一个基于XML的通信方案，它所描述的前景使得企业并不在乎它的复杂性。但还存在着一个扩展性的问题,与已经普及优化的关系型数据库不同,基于 XML 的数据库并没有得到普及,这归咎于其可扩展性与查询能力。

语义 API 是随着语义网的发展而发展的,这类网络服务以非结构化的文本作为输入,输出一些实体与关系。例如路透社的 Open Calais API,这项服务接受原始文本的输入,返回文本中的人名、地点、公司等信息,并在原文中加以标注。另一个例子是 TextWise 的 Hacker API,该公司还提供了一百万美元的悬赏,以奖励基于它的 API 的最好的商业语义网应用。这个 API 可以把文档中的信息分为不同的类别(称为语义指纹),输出文档中的实体与主题。这点和 Calais 很相似,但它还提供了一个主题的层次结构,文档中的实际对象是结构中的叶节点。再举一个来自于 Dapper 的例子,这是一个有助于从无结构的 HTML 页面提取结构化信息的网络服务。Dapper 的工作依赖于用户在页面上为对象定义一些属性,比如,一个图片出版商会定义作者、ISBN 和页数的信息在哪里,然后 Dapper 应用就可以为该站点创建一个识别器,之后就可以通过 API 来读取它的信息。从技术的角度来看,这似乎是个倒退,但事实上 Dapper 的技术在实际当中非常有用。举个典型的情景为例,对于一个并没有专门 API 可以读取其信息的网站,即便是一个不懂得技术的人都可以在短时间内用 Dapper 来构造一个 API。这是最快捷地把网站变为网络服务的途径。

可能语义网发展的最初动机就是因为长期以来搜索的质量都已经很难再得到提升。关于对页面语义的理解能提高搜索质量这一假设也已经被证实。语义网搜索两个主要的竞争者 Hakia 与 Powerset 都已经做出了不少的贡献,但仍然不足够。因为,基于统计的 Google 算法,在处理人物、城市与公司等实体时表现得与语义技术同样的好。当你提问"法国总统是谁"时,它能返回一个足够好的答案。越来越多的人意识到对搜索技术边缘化的改进是很难击败 Google 的,因而转向寻找语义网的杀手级应用。理解语义对于搜索引擎是有帮助的,但就此并不足以构建一个更好的搜索引擎。充分结合语义、新颖的展示方式与对用户的识别能提升下一代搜索引擎的搜索体验。另有一些方法试图在搜索结果上应用语义。Google 也在尝试把搜索结果分为不同的类别,用户可以决定他们对哪些类别感兴趣。搜索是一场竞赛,很多语义公司都在其中追逐。也许会有另一种提高搜索质量的可能:文本处理技术与语义数据库的结合。我们已经看到越来越多的文本处理工具进入消费市场。如 Snap、Yahoo Shortcuts 或 SmartLink 那样的文本导航应用可以"理解"文本与链接中的对象,并附加相应的信息于其上,其结果是用户根本不需要搜索就可以得到对信息的理解。让我们想得更远一些,文本工具使用语义的方式可以更为有趣。文本工具不再解析用户在搜索框里输入的关键词,而是依赖于对网络文档的分析。这样对语义的理解会更为精确,或者说减少猜测性。随后文本工具给用户提供几类相关的结果供选择。这种方式从根本上不同于传统的把大量文档中得到的正确结果一起堆放在用户面前的方式。同样,有越来越多的文本处理工具与浏览器结合起来。自顶向下的语义技术不需要发布者做任何事情,因而可以想象上下文、文本工具在浏览器里结合。Firefox 的推荐扩展页里提供了很多的文本浏览解决方案,如 Interclue、ThumbStrips、Cooliris 与 BlueOrganizer 等。

语义数据库是标注型语义网应用的一个发展方向。Twine 正在 beta 测试阶段,它着眼于建立一个关于人物、公司、事件、地点的私人知识库,数据来源为各类论坛的非结构化内容,这些内容可通过书签、邮件或手工的方式进行提交。这项技术仍有待成熟,但它所能带来的好处显而易见。可以想象一个基于 Twine 的应用为个性化的搜索,通过个人的知识库来对搜索结果进行过滤。Twine 底层的数据表示方式是 RDF,可以开放给其他的语义网络服务所采用,但其核心的算法,如实体提取是通过语义 API 的方式商业化的。路透社也提供了类似的 API 接口。另一个语义数据库的先行者是一家叫 Metaweb 的公司,它的产品叫 Freebase。从它所展现的形式来看,Freebase 只是一个基于 RDF 的更结构化的 Wikipedia 翻版。但是 Freebase 的目标是建立一个像 Wikipedia 那样的世界信息库,这个信息库的强大之处在于它可以进行精确的查询(就像关系型数据库那样),它的前景依然是更好的搜索。但问题在于,Freebase 怎样保持与世界信息同步?Google 每天对网络文档进行索引,可以随着网络的发展而发展。Freebase 现在的信息仅来自于个人编辑及从 Wikipedia 或其他数据库中抓回的数据。如果要扩展这个产品,就必须完善从全网络获取非结构化信息、解析并更新数据库这一处理流程。保持与世界同步这一问题对所有数据库方法都是一种挑战。对于 Twine 来说,需要不断地有用户数据加入,而对于 Freebase 来说,则需要不断地有来自网络数据的加入。这些问题解决起来并不简单,在真正实用之前都必须有一个妥善的处理。

所有新技术的出现都需要定义一些概念和划分一些类别。语义网提供了一个很激动人心的前景:提高信息的可发现性、实现复杂搜索,采用新颖的网络浏览方式。此外,语义网对不同的人有不同的意义,它对于企业和对于消费者的定义是不同的,在自顶向下 vs 自底向上,Microformats vs RDF 等不同类型中也有不同的含义。

除了这些模式,我们也看到了语义 API 与文本浏览工具的发展。所有的这些都还处于其早期发展阶段,但都承载着改变我们与网络信息交互方式的期望。

语义网的高级阶段使得图书馆、售订票系统、客户管理系统、决策系统均能发挥很好的效果。譬如要外出旅行,只要把具体时间要求与自己喜爱的国内旅游类型提供给语义网支持的查询系统,相应的国内景点、最佳旅游方案与注意事项、提示以及旅行社的评价均能很快速地显示在浏览器页面上。

语义网终会把网络的高级阶段应用到世界的每一个角落,每个人均有自己的网络 IP 身份证明:个人消费信用、医疗、档案等全在自己的网络身份里面。同时,网络社区比现实社区更有活力,网络社区更有秩序、更和谐。

第五节 位置服务技术(LBS)

借助于地理信息技术与移动定位技术的发展,3G 通信技术的升级,移动互联带宽的增加以及带有 GPS 功能的智能移动通信终端的快速普及,基于移动位置的服务(location based services,LBS)迎来新的商机。

一、位置服务技术(LBS)的基本含义

美国是世界上最早应用 LBS 的国家,凭借其空间信息技术和网络技术的领先优势,于 20 世纪 90 年代便在应急处理、公共安全、移动通信、交通等领域引入 LBS,并在国家安全领域和社会大众生活方面提供空间信息服务。美国"E911"计划在 1996 年衍生了位置服务。但是,整个美国无线通信网络的升级改造到 2006 年才基本完成。此外,2001 年发生的"9·11"事件再次让美国公众对位置服务重视起来。因此,基于位置服务的业务在实现 E911 目标的同时也逐渐开展起来。可以说,是 E911 促使大量的资金和力量投入到研究位置服务中去,从而加速产生了 LBS。GPS 和无线上网技术的发展使得位置服务需求大幅度增加。LBS 既可以提升企业服务和管理水平,也能让车载、机载 GPS 的用户享受到多样化的便捷服务。

LBS,又称基于移动位置的服务。它是通过通信运营商的无线电通信网络(如 GSM 网、CDMA 网)或外部定位方式(如 GPS)获取移动终端用户的位置信息(地理坐标或大地坐标),在 GIS(geographic information system,地理信息系统)平台的支持下,为用户提供相应服务的一种增值业务。通过一组定位技术获得移动终端的位置信息(如经纬度坐标数据),提供给移动用户本人或他人以及通信系统,实现各种与位置相关的业务。实质上,这是一种概念较为宽泛的与空间位置有关的新型服务业务。[①]

一般来说,LBS 系统由以下六个功能组成。第一,空间位置获取(定位平台)。第二,LBS 管理。第三,信息传送。第四,地理信息系统。第五,移动终端。第六,提供需要的业务服务。

LBS 目前主要可实现六大基本服务。

第一,提供个人信息服务。提供移动黄页、附近信息等与个人位置有关的信息服务。

第二,提供交通管理与车辆导航服务。显示车辆及旅客位置,监测交通状况,疏导交通,提供陌生地点路线查找,旅游景点路线指南等服务。

第三,跟踪/监测服务。

第四,安全/救助服务。根据公众的位置提供公共安全服务,以及向一定的地理范围内的移动用户发布飓风、洪水、泥石流等自然灾害的警报,提供遇到危险的个体的准确位置,使紧急救助获得快速有效的指引。

第五,物流服务。提供物流业务的空间定位,优化配送路线,监视车辆运行路线,提高配送资源的利用率。

第六,移动商务服务。根据用户现在所处的位置随时发送对应的商业信息和广告。

二、位置服务技术(LBS)的历史沿革

基于 GPSOne 技术的定位业务在美国由 Sprint PCS 和 Verizon 于 2001 年推出。

---

① http://baike.baidu.com/view/152851.htm.

新媒体技术

韩国和日本的移动定位业务发展也十分迅速。加拿大的 Bell 移动公司一直是 LBS 业务领域的领头羊。截至 2009 年 3 月,基于用户地理位置信息的手机社交服务网站 Foursquare 在美国上线,短时间内 Foursquare 注册用户规模便超过 100 万,到 2011 年 3 月则达到了 750 万。其用户规模发展态势超过了当年的微博服务网站 Twitter(推特),Foursquare 一跃而成为移动互联网业、媒体、投资者关注的焦点,也掀起了一股 Foursquare 模式的模仿热潮。美国本土涌现出了 Loopt、BrightKite、Yelp、Where、Gowalla 和 Booyah 等 LBS 社交网络服务商。Google、Apple、Facebook、Twitter 等更具竞争力的领先企业也加入到 LBS 市场的角逐之中。可以说 Foursquare 掀起了 LBS 市场新一轮的竞争,这种全新的基于位置的社交服务体验使 LBS 市场拥有了新的商机,也使用户的工作受到了影响和改变(见图 2-9)。

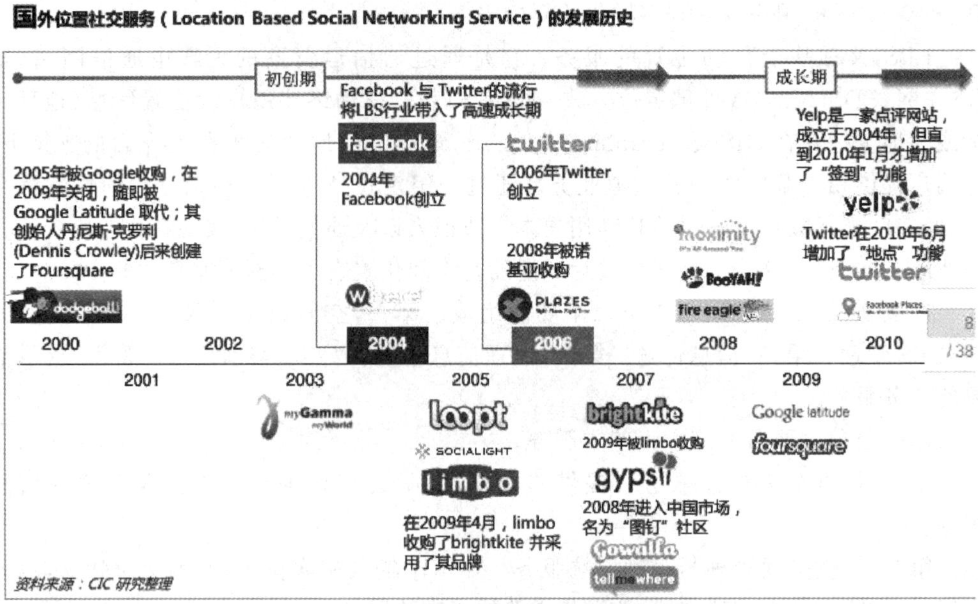

图 2-9 国外社交位置的发展历史

中国 GSM 运营商也在 2001 年推出首例 LBS 服务。2001 年 5 月,北京移动在 GSM 网上基于 Cell-ID(粗精度定位)推出国内首例 LBS 服务。中国移动于 2002 年 11 月第一次开通位置服务,代表有属于移动梦网品牌下的业务"我在哪里"、"你在哪里"等;中国联通也在 2003 年 7 月推出基于高精度的业务,下载地图和导航类的复杂服务可以被客户在较快的速度下所体验;中国电信和中国网通也被位置服务的美好前景所打动,启动在 PHS(小灵通)平台上的位置服务业务。但被当时移动通信的带宽所限制,LBS 的普及率比较低,最主要的原因是市场需求并不强烈,几大运营商虽然热情似火,整个市场却并没有如预期的那样顺利发展,在很长一段时间内,都无人问津。从 2001 年到 2007 年,中国 LBS 业务始终处于比较缓慢的发展阶段,主要是受技术发展和业务开展进度所限,电信运营商和导航终端厂商及手机厂商投入的精力不足,导致市场反应冷淡。用户需求不足,服务不被认可使后续推广和新业务、新功能的开发受到影响。2008年以后,随着中国通信网络的提速完善与运营商重组的完成,GPS手机的大力推广,用户对位置服务认知度的提高,中国位置服务步入良性发展,电信运营商大力投入市场,也带动了相关市场的发展与竞争,中国位置服务业务终于进入市场成长期。3G时代的到来,庞大的市场需求大大地推动中国LBS市场的发展。随着城市规模的不断扩大和交通线路的不断延伸,人们自驾出行或乘坐公共交通工具时对定位/导航的需求不断增长。与此同时,社交、电子商务、游戏等LBS增值服务不断涌现,使广告主、商家和用户有了更多的理由来使用LBS。对于运营商、位置服务内容商、移动终端厂商而言,机会一直存在,只要抓住市场发展的方向,终将获得极高的回报率。

目前国内的应用市场上,有三大类热门LBS应用。一是签到类,以街旁、切客、浪微领地为代表。二是信息类,以大众点评、布丁爱生活为代表。三是特色LBS服务,包括结合了豆瓣同城活动的"对角网",专门针对旅行的"同行客",寻找附近ATM的"ATM位置通"等解决人们日常生活难题的有趣应用,以及结合了地理位置技术的即时通信手机软件,如米聊、微信。

三、位置服务技术(LBS)的基本特点

在地理空间信息数据库强大基础的支持下,LBS的特点具有了运动性、即时性和便携性,广泛地应用于人员紧急救援领域、财产跟踪领域和现场人员自动化管理领域等。同时,与传统地图相比,用户所处的移动状态和在使用空间信息的方式上都有较大的差别。其特点主要表现在以下六个方面。

(1) 空间信息的获取方式具有特殊性。

在使用传统地图时,用户依靠自己的认知能力和视觉来识别地图,获取需要的空间信息;而在LBS系统中,系统根据用户自己的即时指令来满足用户所需要的空间信息。LBS用户由于始终处在移动状态,要求空间信息的时效性非常高,LBS系统因此满足了所见即所得、所需实时性的需要。

(2) 空间信息的表现方式具有多样性。

传统地图信息的优点是直观、易读,缺点是表现方式单一;而LBS系统提供给用户的空间信息是多种多样的,这些信息可以是矢量数据,也可以是栅格数据,甚至是文本数据,呈现出多样性的特点。

(3) 空间信息具有连续性。

后台地图数据库的支持,使得用户不再受传统地图幅面的限制,在更大范围内满足自己空间定位方面的需求。

(4) 服务内容多样化。

目前的LBS企业提供的服务多种多样,在地理位置信息的基础上,融合社交网络、游戏元素。用户可以通过签到来记录自己所在的地理位置信息,同时也可与朋友们分享更新内容,进行口碑传播。除了社交功能,还添加了游戏元素,如某处位置签到次数最多的用户可以获得"市长荣誉",获得这个荣誉的用户则可享受到相关企业提供的优惠券、免费产品服务等。

(5) 新型服务项目多倾向于"问信息"。

分析 Foursquare 等 LBS 类企业的发展模式，可以总结出当下的 LBS 业务已经从原来的"问位置"更多地转变成"问信息"。同时，新发展的 LBS 企业不单单专注于实用性，而是将实用性与娱乐性并重。

(6) 服务资源参与程度加深。

与过去的位置服务相比，现在的位置服务中用户资源和商家资源的参与程度越来越高。在"切客"类位置服务兴起之后，开发位置服务的服务商已经开始重视用户和商家等其他资源方在服务中的参与程度，商家和用户等资源方已经成为位置信息的提供者。

四、位置服务技术（LBS）的基本类型

LBS 主要有四种类型。

1. 休闲娱乐型

(1) 以签到为核心的应用模式。

主要是以 Foursquare 为主，国外同类型的服务还有 Whrrl、Gowalla 等，而国内代表有街旁、开开、多乐趣、在哪等。该模式具有如下特点。①用户通过主动签到来显示自己所在的位置。②通过积分、勋章以及领主等荣誉满足用户的虚荣感并且以此激励用户签到。③与商家进行合作，获得特定积分或勋章的用户可以享受优惠或折扣的奖励，同时也是对商家品牌进行宣传。④绑定用户的其他社交工具，来同步分享用户所在的地理位置信息。⑤通过鼓励用户对一些地点（商店、餐厅等）评价来产生可供参考的内容。

(2) 虚拟游戏应用模式。

国内以 16Fun 为代表，国外则是 Mytown。用户利用手机通过虚拟世界的消费将现实和虚拟真正进行融合的一种模式。这种模式具有很强的趣味性、互动性和可玩性，比签到模式更具吸引力，但是开发成本较高，由于地域性限制覆盖不会过快。商业模式除了借鉴签到模式中商家联合推广外，还可提供增值服务，以及广告植入等。

2. 生活服务型

(1) 生活信息类服务内容的搜索。

以大众点评网等为代表，把生活信息类网站与地理位置服务结合的一种模式。

(2) 与旅游的结合。

因为旅游具有鲜明的移动特性和地理属性，因此 LBS 和旅游相结合是十分贴合的。以游玩网为代表，分享攻略和心得具有一定的社交性质。

(3) 会员卡与票务模式。

一卡制捆绑多种会员信息，以电子化形式记录。以国内的 Mokard（M 卡）、票务类型的 Eventbee 为代表。这些应用正在慢慢深入到日常生活服务的各个方面，让生活变得更加便利，更具时代潮流。

3. 社交型

(1) 根据地理位置交友兼具即时通信功能,可以让处于同一时间空间的用户群体相互交友,代表是兜兜友。

(2) 以地理位置为基础形成的小型社区,代表是区区小事。

4. 商业型

(1) 利用签到获得商家优惠。

用户到一些本地的签约商家后使用手机应用进行签到。当签到到达一定数量后,所有进行过签到的用户就可以享受一定的折扣或优惠。

(2) 优惠信息发送服务。

根据用户的地理位置进行优惠信息的发送传递,推送方与线下商家通过合作来进行利益的分成。

(3) 店内模式。

将用户吸引到指定的商场里,凭借完成指定行为来获赠可兑换的商品或礼券的虚拟点数。

五、位置服务技术(LBS)的主要应用

LBS 最早起源于美国,为解决移动电话拨打 911 无法提供呼叫者位置而延误救援进度的问题,美国联邦通信委员会(FCC)于 1996 年 6 月颁布 E911(Emergency Call 911)安全条款,要求电信运营商必须定位呼叫者的位置以保证可以及时救援。在法令政策的强制驱动下,定位技术得以改进,提高了定位的精度,A-GPS(assisted GPS)功能逐渐普及成为美国 CDMA 手机的标准配置,得益于此,美国当时的 LBS 产业获得快速成长。

在 GPSOne 定位技术得以应用后,美国的 Sprint 和 Verizon Wireless、加拿大的 Bell Mobility、日本的 NTT DoCoMo 和 KDDI、韩国的 SKT 和 KTF 相继推出各自的 LBS 服务。从业务发展情况看,日本 LBS 服务提供商由于首先建立了相对比较完善的基础设施,LBS 业务的发展水平较为领先。韩国依托本国 CDMA 网络及宽带普及率优势,在政府的大力推动下,其 LBS 业务发展与日本相比并不逊色。而最早出现 LBS 的美国其业务发展水平却落后于日本及韩国。

当前,我国 LBS 服务也不再局限于三大运营商的某项增值业务(见表 2-3),2008 年以开心网、人人网(当时名为校内)为首的 SNS 类网站拉开了社交类网站在中国大举进军的序幕,2009 年以新浪微博为首的微博类网站逐渐改变了网民的互联网使用习惯,2010 年(尤其是下半年)则是以街旁、玩转四方等为首的 LBS 类网站使互联网领域流行起一阵签到风潮。

表 2-3 2001—2006 年我国电信运营商 LBS 业务发展情况

运营商	LBS 业务	时间	面向用户
中国移动	—	2001 年	实验
中国联通	定位之星	2003 年初	行业用户
中国联通	关爱之心	2004 年 2 月	个人用户
中国移动	亲子通	2004 年	个人用户
中国联通	汽车 GPS 导航服务	2005 年	个人/行业用户
中国移动	手机地图	2006 年	个人/行业用户

国内绝大多数的 LBS 类网站几乎都是从 2010 年如雨后春笋般冒出,发展到现在有将近 20 多家主流 LBS 网站在国内市场上激烈竞争。其中包括街旁、玩转四方、开开、网易八方、切客网、嘀咕、16FUN、冒泡、在哪、多乐趣等,它们帮助网民将现实地理位置与虚拟世界结合在一起(见图 2-10)。

图 2-10 中国 2008—2010 年主要 LBS 应用

LBS 应用有以下六种形式。

(1) 某人或某物定位。

携带定位设备的移动终端向服务器发送定位需求,服务器通过相关定位技术,确定终端所在空间位置,把信息发给终端或发给终端的管理中心。

(2) 用户请求定位。

在用户请求模式中,用户通过主动申请,获取位置信息并利用此信息申请有关的服务。这些服务一般包括个人定位(如确定用户位置)、地物定位(利用门牌号查询周边地图)或者服务定位(如最近的饭店位置)。

(3) 触发类型定位。

触发类型的 LBS 有自己预先设定的规则,在满足规则之后,系统自动获得移动终端的位置。例如,基于位置的收费系统中用户改变了自己所处的移动网络的小区,或者在进行他人定位时,拨打他人的电话号码将自动触发定位申请。

(4) 以某人或某物为中心的一定范围内的 POI(信息点)查询。

这种功能需求根据服务方式分为移动黄页和位置广告。移动黄页是指移动终端用户以自己的位置为中心查询周围的 POI,包括加油站、收费站、商场、餐饮和娱乐等设施。POI 包括名称、类别、经度、纬度等 4 种信息,这些信息以文本格式显示在移动终端上,或者在地图上显示出具体的位置。位置广告作为 POI 的一项业务,主要是指 LBS 服务商主动向移动终端用户发送所处位置附近的商业、餐饮等广告信息。移动广告已经是一种非常普遍的广告形式,但如何利用好移动广告仍存在一些争议。

(5) 如何抵达 POI。

在获得最佳的 POI 以后,如何在短时间内顺利到达目的地是 LBS 又一项强大的功能。移动终端用户根据自己的位置确定 POI 后,将路线请求发送到服务器,服务器根据路况计算出最佳的行程,并把信息返回移动终端。同时,移动终端进行定位,实现了实时导航功能。

(6) 管理部门的调度管理。

对于外勤的人员或车辆,调度和管理成为管理部门提高工作质量和效率的保证。而由于很难掌握车辆的位置和人员的工作情况,他们之间的协调难度成为管理者不能迅速做出决策的主要因素,LBS 业务恰恰解决了这一难题。

六、位置服务技术(LBS)应用的典型案例

Foursquare 是基于地理信息的服务,用户可以通过自己的手机来 check in(查询)自己所处的位置,并通过社交网络平台把自己的信息发布出去。它可以用来游戏、结交朋友、交换资讯,是个介绍哪里有吃喝玩乐的媒体、也是记录你活动的工具。

网站定位:该网站锁定的用户群是在校的大学生和生活在城市,使用智能手机的青年群体。

运营模式:把移动网络和传统固定网络结合起来,利用其服务将线下的商家和位置相结合,相互促进发布内容,基于所在位置提供线下的服务;提供了一种简单有趣的方式来激励用户使用其服务(勋章)(见图 2-11);可以将位置信息同步到 Twitter 和 Facebook。

业务流程:该产品是移动互联网和传统固定互联网的有效结合,针对手机端和电脑端分别进行说明。

(1) 手机端。

如图 2-12 所示,用户通过手机客户端登录后进行签到,添加所在的场所,然后选中场所,就可以查看对此地点的推荐和其他用户的评论,最近的优惠活动等。

(2) PC 端。

如图 2-13 所示,用户通过电脑登录后,可以分别选择签到、添加信息和添加应用。在签到后,可以选择某类服务,然后选择场所,查看它的位置、相关评论等信息。

用户体验:用户体验是用户对站点整体上的一种感觉,是决定站点吸引力的一个关键因素,网站存在的意义和发展的空间来源于用户的喜爱。该站点突出的方面有:页面

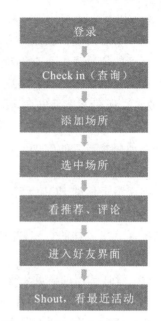

图 2-11 勋章和签到图例　　　图 2-12 手机端业务流程示意图

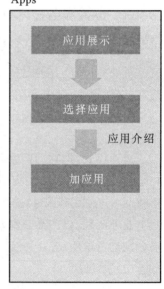

图 2-13 PC 端业务流程示意图

跳转次数较少,信息层级少,步骤简单快捷;指示和说明详细;激励机制好,让用户有成就感。有待加强的方面有:地点相当混乱,夹杂着很多没有意义的测试数据,常常会出现地点被重复添加的情况。中英文地名混杂着出现,十分影响用户使用的观感和体验。登录后的首页太过隐蔽,个人主页却有很多入口。

街旁是国内的一个基于地理位置的社交应用。用户可以通过使用街旁"签到",来记录和分享自己的生活,与朋友进行互动,享受商家提供的一些优惠和折扣。街旁是中国模仿Foursquare模仿得最像的一家企业,主营业务就是基于LBS的签到。

根据调查,Foursquare的广告收入主要来自于品牌广告主。餐饮、娱乐、零售、快速消费品、传统媒体等行业的品牌企业都是其潜在客户。而模仿Foursquare的街旁在创业之初便以最容易提升知名度的明星演唱会为突破口。在参与并操作了陈升、万芳的荒岛音乐节巡回演唱会后,很多年轻人开始知道并且玩起了街旁。注册街旁,听音乐会,获得签名纪念品,赢取门票,这就是LBS给社交互动网站们注入的具有颠覆性的创新因子。

街旁采用的是这种线上注册、线下互动的新模式,证明了这样的新商业模式也能为企业带来相应的商业价值。根据统计,平均每10~20秒就有一个用户进行签到,每星期增长率为30%,这就是街旁现在的发展速度,这种飞速发展也获得了商家认可。目前,商家与街旁的市场合作都是在资源互换的双赢模式基础上进行,街旁一方面为商家提供了营销的渠道,另一方面也为自己发展了大量的新用户。

七、位置服务技术(LBS)应用中的问题

伴随着互联网发展而逐渐兴起的LBS服务诞生的时间并不算很长,任何新事物的发展都是不断完善的过程。LBS服务由于技术和市场环境所限,也有一些不足之处。这些方面还有很大的完善空间,经过优化,未来LBS会成为有力的营销传播工具。

1. 用户易产生疲劳感

用户做重复的事多了都会产生疲劳感,签到也一样。单调、重复的简单互动模式造成用户的审美疲劳,久而久之会造成用户的参与热情大大下降。现在大多数LBS网站的签到模式大同小异,由于每个人的精力有限,几乎很少有人会同时使用2到3家的LBS平台。事实上,LBS应用中签到并不是真正吸引用户的地方,而是它背后的社交圈的需要,用户选择平台需要充分的理由。如果某家能让"签到"较之竞争对手显得更有特色,则会在激烈的竞争中脱颖而出,并极大地提高用户的忠诚度。

2. 定位技术准确性有待完善

作为提供地理位置相关信息的服务者,必然要求保证信息的正确性,仅仅追求信息的全面是不够的,信息的精准度和更新速度更加重要。如果连最基本的数据提供都不是能够让用户放心的,那么LBS不但在使用过程中没有带来便利,反而给用户增加了麻烦,向用户推送过时或不正确的信息必将导致用户的大量流失。但是,让用户取得完全准确的信息,几乎是不可能的事情,因为无论盈利模式怎样发展,都需要对信息进行大量的、准确的、实时的更新和确认。而且,信息每时每刻都在发生变化和更改,想要以最快的速度得到最新的信息并不容易。同时,谁推送的信息更为准确及时,谁能占领大量用户最终获得利益,成为LBS的胜利者。

3. 系统监管亟待加强

一方面,我们要抱着宽容和扶持的态度支持新兴行业、新兴应用的发展;另一方面,有关权威部门也要在一定范围内强化监管,根据市场发展状况制定出符合产业发展趋势和满足各方利益的准则,这既是对国家和产业负责的要求,也是对企业和从业人员负

责。LBS的发展要以长远的战略眼光去对待。在这个过程中,要求LBS运营商们不急于求成,有在摸索中寻求突破的魄力。唯有如此,才能使LBS这个诞生了很久的"婴儿"健康地长大。

4. 客户端对用户隐私泄露

在应用LBS网站的过程中,用户的位置信息会暴露在网站上,位置信息为大家所知道。受传统文化的影响和出于对隐私的重视,大部分用户不希望别人发现自己所处的位置或是希望仅将上述信息向特定人群透露,不希望全部完全公开。而且一些别有所图的人有可能会窃取用户的私人信息,从而侵犯到用户的隐私权,损害用户和LBS提供商的利益。这样一来,可能有用户因隐私问题放弃使用该业务,或使许多业务难以开展。

5. 商家缺乏推广意识网络水军泛滥

在许多LBS应用服务里面,商家的作用也是非常重要的,用户使用LBS的最终目的就是找到自己喜欢的服务。这就需要商家和应用提供商之间进行密切的合作,LBS把有实力的商家推荐给用户,而商户也可以借助LBS来达成品牌推广的目的,这也是件互利双赢的事情。然而现实的情况是,目前多数的商户这种意识还不够,导致的结果是优质的服务提供商数量过少,用户数量的流失,或者商家雇佣大量的网络水军,通过各种手段让自己的服务在应用排行中得到较高的分数,但是实际的质量却并不相符,让用户对整个LBS服务产生不信任。

八、位置服务技术LBS发展之道

针对LBS营销传播中的不足之处,需要政府构建一个更加完善的市场环境,商家不断进行技术创新和品牌合作。可从以下几方面着手。

1. 完善法规和技术解决隐私保护问题

LBS作为科技浪潮下的新兴事物,发展过程中难免存在一些不规范的地方。国家相关部门应该根据实际情况,制定专门的法规规范企业和消费者的市场行为,尤其注重对用户个人信息安全的保护,使用户个人信息获得法律层面的保护。同时,用户使用软件签到或者定位后会暴露自己的位置,这与用户的隐私密切相关。人们一方面希望通过分享自己的位置信息获得更多的优惠服务,另一方面又不希望自己位置的隐私信息外泄,商家在以后必须解决这对矛盾,消除用户的后顾之忧。

2. 增加定位精确度同时优化应用

智能手机用户数量的不断增加为LBS应用提供了大量的潜在用户群。目前,LBS应用的定位精确度还有待提高,定位稳定性不足会直接影响用户使用时的感受。同时,大量的LBS应用还停留在签到的初级阶段,商家必须发掘更多可以增加用户黏性的内容,提升用户的忠诚度。

3. 对客户群体细分增加用户忠诚度

在产品同质化的今天,毫无特色的产品对用户是缺乏吸引力的。通过对LBS人群特性调查发现:男性更喜欢分享所在的地方;喜欢分享LBS地址的是处于25到44岁这个年龄段的人群;家庭居住周围LBS的定位更多。商家在营销时需要参照不同群体行为特点,迎合其需求进行针对性的营销,使得营销更加精准,在节省成本的同时,提高效率。

4. 寻求品牌合作,扩大产品知名度

LBS是一种工具,而不是一种模式。很多利用LBS营销获得成功的案例就是多个品牌进行合作,一方面降低了营销成本,另一方面增加了对顾客的吸引力,从而提升了营销的效率。企业可以联合通信、传媒广告企业或者其他非竞争关系的品牌利用LBS平台进行推广,实现双赢。同时,目前LBS应用的盈利模式还不清晰,缺乏成熟的盈利模式。商家在今后不断发掘LBS营销价值的过程中,也应建立一套有效可行的盈利模式。

第六节 流媒体技术

一、流媒体技术基本含义

随着现代技术的发展,网络带给人们形式多样的信息,从第一张图片出现在网络上到如今各种形式的网络视频和三维动画,网络让人们的视觉和听觉得到了很大的满足。然而,在流媒体技术出现之前,人们必须要先下载这些多媒体内容到本地计算机,在漫长的等待之后(因为受限于带宽,下载通常要花上较长的时间),才可以看到或听到媒体传达的信息。令人欣慰的是,在流媒体技术出现之后,人们便无须再等待媒体完全下载完成了。

流媒体是指采用流式传输技术在网络上连续实时播放的媒体格式,如音频、视频或多媒体文件。流媒体技术也称流式媒体技术。所谓流媒体技术,就是把连续的影像和声音信息经过压缩处理后放上网站服务器,由视频服务器向用户计算机顺序或实时地传送各个压缩包,让用户一边下载一边观看、收听,而不要等整个压缩文件下载到自己的计算机上才可以观看的网络传输技术。该技术先在使用者的计算机上创建一个缓冲区,在播放前预先下一段数据作为缓冲,在网络实际连线速度小于播放所耗的速度时,播放程序就会取用一小段缓冲区内的数据,这样可以避免播放的中断,也使得播放品质得以保证。

传统下载方式的时延很大,因为视音频文件一般都较大,需要的存储容量也较大,同时受到网络带宽的限制,下载一个文件很耗时,可能往往需要几分钟甚至几小时。这种方式不但浪费下载时间、硬盘空间,重要的是使用起来非常不方便。流媒体技术出现后,人们能够"即点即看"了,多媒体文件一边被下载一边被播放,不仅使启动延时大大缩短,而且不需要太大的缓存容量,极大地减少了用户在线等待的时间,也提升了互动性。

流媒体技术不是一种单一的技术,它是网络技术及视音频技术的有机结合。在网络上实现流媒体技术,需要解决流媒体的制作、发布、传输及播放等方面的问题,而这些问题则需要利用视音频技术及网络技术来解决。

二、流媒体技术实现原理

传统的网络传输视音频等多媒体信息的方式是完全下载后再播放,下载常常要花数分钟甚至数小时。而采用流媒体技术,就可实现流式传输,将声音、影像或动画由服务器向用户计算机进行连续、不间断传送,用户不必等到整个文件全部下载完毕,而只需经过几秒或十几秒的启动延时即可进行观看。当视音频等在用户的机器上播放时,文件的剩余部分还会从服务器上继续下载。

如果将文件传输看作是一次接水的过程,过去的传输方式就像是对用户做了一个规定,必须等到一桶水接满才能使用它,这个等待的时间自然要受到水流量大小和桶的大小的影响。而流式传输则是打开水龙头,等待一小会儿,水就会源源不断地流出来,而且可以随接随用,因此,不管水流量的大小,也不管桶的大小,用户都可以随时用上水。从这个意义上看,流媒体这个词是非常形象的。

流式传输技术又分两种,一种是顺序流式传输,另一种是实时流式传输。顺序流式传输是顺序下载,在下载文件的同时用户可以观看,但用户的观看与服务器上的传输并不是同步进行的,用户是在一段延时后才能看到服务器上传出来的信息,或者说用户看到的总是服务器在若干时间以前传出来的信息。在这过程中,用户只能观看已下载的那部分,而不能要求跳到还未下载的部分。顺序流式传输比较适合高质量的短片段,因为它可以较好地保证节目播放的最终质量。它适合于在网站上发布的供用户点播的视音频节目。在实时流式传输中,视音频信息可被实时观看到。在观看过程中,用户可快进或后退以观看前面或后面的内容,但是在这种传输方式中,如果网络传输状况不理想,则收到的信号效果比较差。

三、流媒体文件的主要类型

在运用流媒体技术时,视音频文件要采用相应的格式,不同格式的文件需要用不同的播放器软件来播放,所谓"一把钥匙开一把锁"。采用流媒体技术的视音频文件主要有三大"流派"。

1. 微软的 ASF(advanced streaming format,高级串流格式)

这类文件的后缀是.asf 和.wmv,与它对应的播放器是微软公司的 Media Player。用户可以将图形、声音和动画数据组合成一个 ASF 格式的文件,也可以将其他格式的视频和音频转换为 ASF 格式,而且用户还可以通过声卡和视频捕获卡将诸如麦克风、录像机等外设的数据保存为 ASF 格式。

2. RealNetworks 公司的 RealMedia

它包括 RealAudio、RealVideo 和 RealFlash 三类文件,其中 RealAudio 用来传输接近 CD 音质的音频数据,RealVideo 用来传输不间断的视频数据,RealFlash 则是

RealNetworks 公司与 Macromedia 公司联合推出的一种高压缩比的动画格式，这类文件的后缀是.rm，文件对应的播放器是"RealPlayer"。

3. 苹果公司的 QuickTime

这类文件扩展名通常是.mov，它所对应的播放器是 QuickTime。

此外，MPEG、AVI、DVI、SWF、FLV、MP4 等都是适用于流媒体技术的文件格式。

四、流媒体技术的主要种类

主流的流媒体技术有三种，分别是 Apple 公司的 QuickTime、RealNetworks 公司的 RealMedia 和 Microsoft 公司的 Windows Media Technology。这三家的技术都有自己的专利算法、专利文件格式甚至专利传输控制协议。

1. Apple 公司的 QuickTime

QuickTime 是一个非常老牌的媒体技术集成，是数字媒体领域实际上的工业标准。之所以说集成这个词，是因为 QuickTime 实际上是一个开放式的架构，包含了各种各样的流式或者非流式。在媒体技术领域，QuickTime 是最早的视频工业标准，1999 年发布的 QuickTime4.0 版本开始支持真正的流式播放。由于 QuickTime 本身也存在着平台的便利(Mac OS)，因此也拥有不少的用户。QuickTime 在视频压缩上采用的是 Sorenson Video 技术，音频部分则采用 QDesign Music 技术。QuickTime 最大的特点是其本身所具有的包容性，使得它是一个完整的多媒体平台。

因此，基于 QuickTime 可以使用多种媒体技术来共同制作媒体内容。同时，它在交互性方面是三者之中最好的。例如，在一个 QuickTime 文件中可同时包含 MIDI、GIF、Flash 和 SMIL（同步多媒体集成语言）等格式的文件，配合 QuickTime 的 WiredSprites 互动格式，可设计出各种互动界面和动画。QuickTime 流媒体技术实现基础是需要 3 个软件的支持，即 QuickTime 播放器、QuickTime 编辑制作和 QuickTime Streaming 服务器。

2. RealNetworks 公司的 RealMedia

RealMedia 发展的时间比较长，因此有很多先进的设计。例如，可伸缩视频技术（scalable video technology）可以根据用户电脑速度和连接质量而自动调整媒体的播放质素。两次编码技术（two-pass encoding）可通过对媒体内容进行预扫描，再根据扫描的结果来编码，从而提高编码质量。特别是自适应流技术（SureStream），可通过一个编码流提供自动适合不同带宽用户的流播放。RealMedia 音频部分采用的是 RealAudio，该编码在低带宽环境下的传输性能非常突出。RealMedia 通过基于 SMIL 并结合自己的 RealPix 和 RealText 技术来达到一定的交互能力和媒体控制能力。Real 流媒体技术需要 3 个软件的支持，RealPlayer 播放器、RealProducer 编辑制作、RealServer 服务器。

3. Microsoft 公司的 Windows Media

Windows Media 是三家之中最后进入这个市场的，但凭借其操作系统的普及率，很快便取得了较大的市场份额。Windows Media Video 采用的是 MPEG-4 视频压缩技术，音频方面采用的是 Windows Media Audio 技术。Windows Media 的关键核心是 MMS 协议和 ASF 数据格式，MMS 用于网络传输控制，ASF 则用于媒体内容和编码方案的打包。目前，Windows Media 在交互能力方面是三者之中最弱的，自己的 ASF 格式交互能力不强，除了通过 IE 支持 SMIL 之外就没有什么其他的交互能力了。Windows Media 流媒体技术的实现需要 3 个软件的支持，Windows Media 播放器、Windows Media 工具和 Windows Media 服务器。总体来说，如果使用 Windows 服务器平台，Windows Media 的费用最少。虽然在现阶段其功能并不是最好，用户也不是最多。

五、流媒体技术的播放方式

1. 单播

客户端与媒体服务器之间需要建立一个单独的数据通道，从一台服务器送出的每个数据包只能传送给一个客户机，这种传送方式称为单播。每个用户必须分别对媒体服务器发送单独的查询，而媒体服务器必须向每个用户发送所申请的数据包拷贝。这种巨大的冗余首先造成服务器沉重的负担，响应需要很长时间，甚至停止播放；管理人员也被迫购买硬件和带宽来保证一定的服务质量。

2. 组播

IP 组播技术构建一种具有组播能力的网络，允许路由器一次将数据包复制到多个通道上。采用组播方式，单台服务器能够对几十万台客户机同时发送连续数据流而无延时。媒体服务器只需要发送一个信息包，而不是多个；所有发出请求的客户端共享同一信息包。信息可以发送到任意地址的客户机，减少网络上传输的信息包的总量。网络利用效率大大提高，成本大为下降。

3. 点播与广播

点播连接是客户端与服务器之间的主动连接。在点播连接中，用户通过选择内容项目来初始化客户端连接。用户可以开始、停止、后退、快进或暂停流。点播连接提供了对流的最大控制，但这种方式由于每个客户端各自连接服务器，就会迅速用完网络带宽。广播指的是用户被动接收流。在广播过程中，客户端接收流，但不能控制流。例如，用户不能暂停、快进或后退该流。广播方式中数据包的单独一个拷贝将发送给网络上的所有用户。使用单播发送时，需要将数据包复制多个拷贝，以多个点对点的方式分别发送给需要它的那些用户，而使用广播方式发送，数据包的单独一个拷贝将发送给网络上的所有用户，而不管用户是否需要，上述两种传输方式会非常浪费网络带宽。组播吸收了上述两种发送方式的长处，克服了上述两种发送方式的弱点，将数据包的单独一个拷贝发送给需要的那些客户。组播不会复制数据包的多个拷贝传输到网络上，也不会将数据包发送给不需要它的那些客户，保证了网络上多媒体应用占用网络的最小带宽。

六、流媒体技术的实现

流媒体所涉及的软硬件产品由编码器、服务器、终端播放器组成。编码器是由一台普通计算机、一块 Microvision 高清视频采集卡和流媒体编码软件组成。Microvision流媒体采集卡负责将视音频信息源输入计算机,供编码软件处理;编码软件负责将流媒体采集卡传送过来的数字视音频信号压缩成流媒体格式。如果做直播,它还负责实时地将压缩好的流媒体信号上传给流媒体服务器。服务器:由流媒体软件系统的服务器部分和一台硬件服务器组成。这部分负责管理、存储、分发编码器传上来的流媒体节目。终端播放器,也叫解码器:这部分由流媒体系统的播放软件和一台普通 PC 组成,用它来播放用户想要收看的流媒体服务器上的视频节目。

一个完整的流媒体解决方案应是相关软硬件的完美集成,包括下面几个方面的内容:内容采集、视音频捕获和压缩编码、内容编辑、内容存储和播放、应用服务器内容管理发布及用户管理等。

传输流程上,在流式传输的实现方案中,一般采用 HTTP/TCP 来传输控制信息,而用 RTP/UDP 来传输实时声音数据。具体的传输流程如下:①web 浏览器与 web 服务器之间使用 HTTP/TCP 交换控制信息,以便把需要传输的实时数据从原始信息中检索出来。②用 HTTP 从 web 服务器检索相关数据,由 A/V 播放器进行初始化。③用 web 服务器检索出来的相关服务器的地址定位 A/V 服务器。④A/V 播放器与 A/V 服务器之间交换 A/V 传输所需要的实时控制协议。⑤一旦 A/V 数据抵达客户端,A/V 播放器就可播放。

七、流媒体技术的应用

互联网的迅猛发展和普及为流媒体业务发展提供了强大市场动力,流媒体业务正变得日益流行。流媒体技术广泛用于多媒体新闻发布、在线直播、网络广告、电子商务、视频点播、远程教育、远程医疗、网络电台、实时视频会议、网上新闻发布、网络广告等互联网信息服务的方方面面。流媒体技术的应用将为网络信息交流带来革命性的变化,对人们的工作和生活将产生深远的影响。随着移动流媒体技术的逐渐成熟以及 3G 网络设备和终端设备的不断完善,移动流媒体技术将大大提高用户通信体验并推动移动网络的不断发展。

第七节 三网融合

一、三网融合的基本含义

三网融合是指电信网、广播电视网、互联网在向宽带通信网、数字电视网、下一代互联网演进过程中,三大网络通过技术改造,其技术功能趋于一致,业务范围趋于相同,网络互联互通、资源共享,能为用户提供语音、数据和广播电视等多种服务。"三合"并不意味着三大网络的物理合一,而主要是指高层业务应用的融合。三网融合应用广泛,遍及智能交通、环境保护、政府工作、公共安全、平安家居等多个领域。三网融合后的手机可以看电视、上网,电视可以打电话、上网,电脑也可以打电话、看电视。三者之间相互交叉,形成你中有我、我中有你的格局。

二、三网融合的历史沿革

1994年,当时的电子部联合铁道部、电力部以及广电部成立了中国联通,被赋予打破"老中国电信"垄断地位的重任,但主要还是经营寻呼业务。

1998年3月,邮电部和电子工业部完成合并,信息产业部正式成立;同时,广电部改为广电总局。在《印发国家广播电影电视总局职能配置内设机构和人员编制规定的通知》(国办发〔1998〕92号)中有这样一段并未执行的文字:将原广播电影电视部的广播电视传送网(包括无线和有线电视网)的统筹规划与行业管理、组织制定广播电视传送网络的技术体制与标准的职能,交给信息产业部。

1998年3月,以原体改委体改所副所长、时任粤海企业集团经济顾问王小强博士为首的"经济文化研究中心电信产业课题组",提出《中国电讯产业的发展战略》研究报告,随后展开了"三网合一"还是"三网融合"的大辩论。当时,广电部门正在启动有线电视省级、国家级干线网建设。

1999年9月17日,国办发出台〔1999〕82号文件,文件指出:"电信部门不得从事广电业务,广电部门不得从事通信业务,双方必须坚决贯彻执行","广播电视及其传输网络,已成为国家信息化的重要组成部分"。

2001年3月15日,通过的"十五"计划纲要,第一次明确提出"三网融合":促进电信、电视、互联网三网融合。

2006年3月14日,通过的"十一五"规划纲要,再度提出"三网融合":积极推进三网融合。建设和完善宽带通信网,加快发展宽带用户接入网,稳步推进新一代移动通信网络建设。建设集有线、地面、卫星传输于一体的数字电视网络。构建下一代互联网,加快商业化应用。制定和完善网络标准,促进互联互通和资源共享。

2008年1月1日,国务院办公厅转发国家发展改革委、科技部、财政部、信息产业部、税务总局、广电总局等六部委《关于鼓励数字电视产业发展若干政策的通知》(国办发〔2008〕1号),提出以有线电视数字化为切入点,加快推广和普及数字电视广播,加强宽带通信网、数字电视网和下一代互联网等信息基础设施建设,推进三网融合,形成较为完整的数字电视产业链,实现数字电视技术研发、产品制造、传输与接入、用户服务相关产业协调发展。

2008年5月23日,运营商重组方案正式公布。中国联通的CDMA网与GSM网被拆分,前者并入中国电信,组建为新电信,后者吸纳中国网通成立新联通,铁通则并入中国移动成为其全资子公司,中国卫通的基础电信业务将并入中国电信。2009年1月,中国移动、中国电信、中国联通分别获得TD-SCDMA、CDMA2000和WCDMA的3张3G牌照,三家新运营商进入电信全业务竞争时代。

2009年5月19日,国务院批转国家发展改革委《关于2009年深化经济体制改革工作的意见》的通知(国发〔2009〕26号),文件指出:落实国家相关规定,实现广电和电信企业的双向进入,推动三网融合取得实质性进展(工业和信息化部、广电总局、国家发展改革委、财政部负责)。

2009年7月29日,广电总局发出《广电总局关于印发〈关于加快广播电视有线网络发展的若干意见〉的通知》,指出:加快广播电视有线网络发展,对于巩固和拓展党的宣传文化阵地、满足人民群众日益增长的精神文化和信息需求、推动我国广播影视改革和发展、推进三网融合、促进国家信息化建设,具有十分重要的意义。

2009年8月11日,广电总局发出《广电总局关于加强以电视机为接收终端的互联网视听节目服务管理有关问题的通知》,被解读为和三网融合相关,不利于IPTV发展。

2010年1月13日,国务院总理温家宝主持召开国务院常务会议,决定加快推进电信网、广播电视网和互联网三网融合。会议上明确了三网融合的时间表。3月12日,工业和信息化部部长李毅中接受了新华社记者的独家专访,透露三网融合试点方案预计5月出台,6月启动,其核心就是要在双向进入上找到切入点:广电行业根据规定可以进入一些电信行业的业务,国有电信企业根据规定可以进入一些广播影视的业务。4月初,工信部联合广电总局向国务院三网融合领导小组递交了一份《三网融合试点工作方案(第一稿)》,但是这份草案没有得到认可,被迅速打回重新制定方案,要求5月初再次拿出试点方案。

2010年6月底,三网融合12个试点城市名单和试点方案正式公布,三网融合终于进入实质性推进阶段。在总体方案历经15稿修改和两年多的博弈,试点方案再经5稿修改和谈判几乎破裂的危险后,2010年7月1日,三网融合的12个试点城市名单终于在国家意志的影响下正式出台。虽然这份名单引发了众多的非议,但是在外界看来,三网融合真的要启动了。

三、三网融合的技术基础

三网融合的概念从不同角度和层次上分析,涉及技术融合、业务融合、行业融合、终端融合及网络融合。

1. 基础数字技术

数字技术的迅速发展和全面采用,使电话、数据和图像信号都可以通过统一的编码进行传输和交换,所有业务在数字网络中都将成为统一的"0"或"1"的比特流,从而使语音、数据、声频和视频各种内容(无论其特性如何)都可以通过不同的网络来传输、交换、选路处理和提供,并通过数字终端存储起来或以视觉、听觉的方式呈现在人们的面前。数字技术已经在电信网和计算机网中得到了全面应用,并在广播电视网中迅速发展起来。数字技术的迅速发展和全面采用,使语音、数据和图像信号都通过统一的数字信号编码进行传输和交换,为各种信息的传输、交换、选路和处理奠定了基础。

2. 宽带技术

宽带技术的主体就是光纤通信技术。网络融合的目的之一是通过一个网络提供统一的业务。若要提供统一业务就必须有能够支持视音频等各种多媒体（流媒体）业务传送的网络平台。这些业务的特点是业务需求量大、数据量大、服务质量要求较高，因此在传输时一般都需要非常大的带宽。另外，从经济角度来讲，成本也不宜太高。这样，容量巨大且可持续发展的大容量光纤通信技术就成了传输介质的最佳选择。宽带技术特别是光通信技术的发展为传送各种业务信息提供了必要的带宽、传输质量和低成本。作为当代通信领域的支柱技术，光通信技术正以每10年增长100倍的速度发展，具有巨大容量的光纤传输是"三网"理想的传送平台和未来信息高速公路的主要物理载体。无论是电信网，还是计算机网、广播电视网，大容量光纤通信技术都已经在其中得到了广泛的应用。

3. 软件技术

软件技术是信息传播网络的神经系统，软件技术的发展，使得三大网络及其终端都能通过软件变更，最终支持各种用户所需的特性、功能和业务。现代通信设备已成为高度智能化和软件化的产品。今天的软件技术已经具备三网业务和应用融合的实现手段。

4. IP技术

内容数字化后，还不能直接承载在通信网络介质之上，还需要通过IP技术在内容与传送介质之间搭起一座桥梁。IP技术（特别是IPv6技术）的产生，满足了在多种物理介质与多样的应用需求之间建立简单而统一的映射需求，可以顺利地对多种业务数据、多种软硬件环境、多种通信协议进行集成、综合、统一，对网络资源进行综合调度和管理。IP协议的普遍采用，使得各种以IP为基础的业务都能在不同的网络上实现互通，具体下层基础网络是什么已无关紧要。

光通信技术的发展，为综合传送各种业务信息提供了必要的带宽和传输高质量，成为三网业务的理想平台。软件技术的发展使得三大网络及其终端都通过软件变更，最终支持各种用户所需的特性、功能和业务。统一的TCP/IP协议的普遍采用，将使得各种以IP为基础的业务都能在不同的网络上实现互通。人类首次具有统一的为三大网都能接受的通信协议，从技术上为三网融合奠定了最坚实的基础。

四、三网融合的价值

对消费者来说，消费者有更大的空间选择最适合自己的网络。根据消费者的不同需求与不同选择，三网通过不断地完善服务和提高质量来争取用户，这是很好的竞争。待三网真正融合后，每个网都可以提供全功能业务，功能更多，价格更低，最终是老百姓获益。为了保障各网健康有序的发展，国家政策可能也会做些相应的调整。

对各参与方来说，三网融合能够让它们取长补短。广电在节目内容的制作、播出以及信号传输方面地位强势，它的优势在于传统视频内容领域的监管和分销；电信则强于覆盖面广，用户基数大，有长期积累的大型网络建设、运营和管理经验；拥有海量的内容则是互联网的最大优势，有调查显示，互联网已经超越报纸成为人们获取信息资料的主要来源，约40%的受访者表示，拥有更丰富的内容是他们访问互联网的主要原因，同时,互动性强、可点对点沟通,也是互联网的主要特征。可以想见,如果三网融合能够真正实现,每一个网络的运营商都将会成为多业务运营商,这意味着能够最大限度地盘活资源,实现融合各方和整个产业链的效益最大化。

国家对三网融合的支持加大,对国家媒体行业影响较大。时任国务院总理温家宝于2010年1月13日主持召开国务院常务会议,决定加快推进电信网、广播电视网和互联网三网融合。会议指出,推进电信网、广播电视网和互联网融合发展,实现三网互联互通、资源共享,为用户提供语音、数据和广播电视等多种服务,对于促进信息和文化产业发展,提高国民经济和社会信息化水平,满足人民群众日益多样的生产、生活服务需求,拉动国内消费,形成新的经济增长点,具有重要意义。目前,我国已基本具备进一步开展三网融合的技术条件、网络基础和市场空间,加快推进三网融合已进入关键时期。要着眼长远,统筹规划,确定合理、先进、适用的技术路线,促进网络建设、业务应用、产业发展、监督管理等各项工作协调发展,探索建立符合我国国情的三网融合模式。会议提出了推进三网融合的阶段性目标。2010年至2012年,重点开展广电和电信业务双向进入试点,探索形成保障三网融合规范有序开展的政策体系和体制机制。2013年至2015年,总结推广试点经验,全面实现三网融合发展,普及应用融合业务,基本形成适度竞争的网络产业格局,基本建立适应三网融合的体制机制和职责清晰、协调顺畅、决策科学、管理高效的新型监管体系。

五、三网融合的具体应用与前景

发达国家和地区早已启动了与国内三网融合相类似的工作,但较少采用"三网融合"这个名词,这也是由于国外在相关工作中有着较为宽松的产业环境和发达的商业机制,无须专门把三网原先的行业性质放在很高的位置来描述。美国、加拿大、英国、法国、日本等发达国家在10年前就已经跨过了重要的政策门槛,目前已经在相关领域取得重大突破。无论是在通信服务、卫星直播电视业务方面,还是在新兴的4G移动通信业务、宽带接入业务、有线数字电视业务和地面数字电视等方面都得到了长足的发展;同时,这些工作还带动了周边各种产业的发展,如网络数字内容制作、消费电子产品销售等。

目前,以欧美、日韩为代表的发达国家已实现从三网融合初期阶段向成熟阶段的转变,其特征是三网融合工作的重点从增加媒体内容提供为主向为社会各方面提供信息基础设施为主的转变,如受到国际社会广泛关注的物联网等已经开始通过电信网、互联网和广电网向不同用户群同时提供服务。

从骨干/城域交换网来看,传统电信网使用的是电路交换机或基于电路的分组交换机;互联网使用的是路由器;传统有线电视广播网不需要骨干交换机,网络数字化双向改造升级后需要什么样的交换机,国际上尚无定论,都还处在研究中。从接入网来看,网络在接入端上已经有双绞线、同轴电缆、五类线、光纤、电力线、无线等多种接入方式,不存在相互间的融合问题,也不可能有"大一统"的解决方案。原因包括4个方面:①以IP为基本架构的承载网络将长期存在。②网络带宽的需求无疑将会有巨大的增长。③网络融合技术发展势在必行。④业务将决定网络发展的方向,业务是驱动网络发展的核心动力。统计表明,如果网络中视频业务增加到5%,那么将消耗95%的网络带宽；如果新一代的数字广播电视网建成以后，传统的电话、上网、邮件业务在这里都将成为一种免费或者是包月的服务（很难成为新的业务增长点），电话按时间/距离计费的运营模式必将成为历史（见图2-14）。

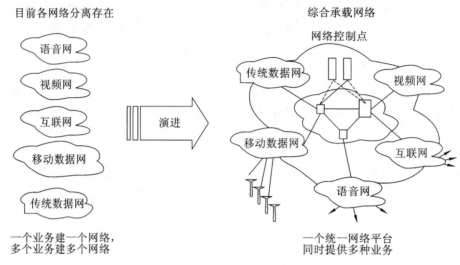

图 2-14　多网络融合演进示意图

在现有的三网融合的基础上加入电网，成为四网融合，并已有试点。在国家"十二五"规划中，明确提出了重点发展智能电网的规划，可见智能电网发展的前景很好。据胡红升介绍，在提出智能电网概念的初期，国家电网曾经提出四网融合的概念，即广播电视网、互联网、电信网和智能电网四网融合。尽管最终没能进入三网融合方案，但是国家电网的电力光纤入户概念即变身为"在实施智能电网的同时，服务三网融合、降低三网融合实施成本的战略"。

国家电网已经和包括中国联通、中国移动、中国电信等在内的运营商合作，推出各项服务，包括无线电力抄表、路灯控制、设备监控、负荷管理、智能巡检、移动信息化管理。以路灯控制为例，随着城市规模不断扩大，路灯管理和维护成为重要的问题，电信运营商无线路灯监控方案可实现终端自动报警，报警信息实时传送到负责人手机；控制中心系统遥测；路灯防盗报警；路灯根据天气、季节以及突发情况远程调控；电压、电流等参数采集等功能，可帮助市政部门有效提高道路照明质量，保证城市整体亮灯率和设备完好率，避免电能、人力物力的浪费。

网页（web）
网页技术第五标准（HTML5）
六位网络地址（IPv6）
基于位置的服务（location based service，LBS）

语义网络(semantic web)

流媒体(streaming media)

三网融合(convergence-media fusion with telecommunications networks & cable TV networks & Internet)

本章思考题

1. 简述 web 逐步演变中主要特质的变化。
2. HTML5 是如何实现视频嵌入网页中的?
3. 简述 IPv6 对智能终端普遍化的重大意义。
4. 如何区分语义网和以往网络?
5. 简述日常生活中位置服务技术的具体应用。
6. 简述流媒体的基本思想及其意义。
7. 简述三网融合如何向四网融合转变。

本章推荐阅读书目

[1] 李东博.HTML5+CSS3 从入门到精通[M].北京:清华大学出版社,2013.

[2] 廖丹,等.P2P 流媒体系统关键技术[M].北京:国防工业出版社,2014.

[3] Silvia Hagen.IPv6 精髓[M].2 版.北京:人民邮电出版社,2013.

[4] Grigoris Antoniou.语义网基础教程[M].3 版.北京:机械工业出版社,2014.

[5] 李勇,等.位置信息服务(LBS)关键技术及应用[M].北京:人民邮电出版社,2013.

[6] 王孝明,等.三网融合之路[M].北京:人民邮电出版社,2012.

主要参考文献

[1] 匡文波.新媒体理论与技术[M].北京:中国人民大学出版社,2014.

[2] 唐俊开.HTML5 移动 Web 开发指南[M].北京:电子工业出版社,2012.

CHAPTER 3 第三章 数字型新媒体技术

本章导言

1. 数字报纸
2. 数字广播
3. 数字电视
4. 数字杂志
5. 数字电影
6. 互联网云电视

本章引例

◆ 2014年9月18日,消息人士透露,广电总局就视频网站电视 App 问题下最后通牒,要求各互联网视频企业本周内所有视频网站电视 App 下架。消息人士表示,广电总局将在下周进行检查,不按要求整改的视频网站,将被取消互联网视听牌照,并停止服务器。对此,优酷土豆集团回应称,已获悉广电指令。在 OTT 业务上,集团一直采用广泛合作的方式,与国家正规牌照方合作,严格遵守国家政策规定,提供正版健康的内容和优质的用户体验。据了解,今年早期,腾讯视频、爱奇艺、优酷、PPTV 聚力、暴风影音、乐视网、凤凰视频等视频网站已接到通知,要求对相关应用做下架处理。另外,广电总局还指出,一些互联网科技公司推出的电视 UI 违规、违法,包括小米电视和盒子的 MIUI 以及乐视 TV 的 UI。总局表示,只有牌照方推出的 UI 才是合规合法的。同时,华数传媒被点名批评,原因是天猫魔盒的发售存在违规。

◆ 截至2016年底,广电总局对网络机顶盒行业实行监管,并规定只有具有相应牌照的企业才有出品网络盒子的资格。目前,国内有七大牌照方:央广银河(GITV)、中国网络电视台(CNTV)、华数、百视通(BesTV)、湖南广电、中国国际广播电视网络台(CIBN)和南方传媒(SMC)。

◆ 互联网电视盒子从2010年开始兴起,经过三年探索期之后,在包括乐视、小米等企业的推动下,于2013年迎来爆发式增长。随后,由于政策监管加强,互联网电视盒子市场也在不断降温。数据显示,2013年互联网电视盒子增长率高达236.7%,零售量高达1010万台,随后2014年增速下滑到28.7%,2015年出现负增长,为-6.7%,2016年虽有所复苏,但是整体发展势头依旧处于下滑趋势。2016年,互联网电视盒子零售量为1 371.8万台,其中上半年零售量是710.7万台,下半年零售量是661.1万台,品牌数量和新品数量也呈现明显的下滑趋势。据奥维云网线上数据显示,2016年,互联网电视盒子线上在售品牌数量是127个,同比减少57个。2016年,按季度互联网电视盒子线上零售市场品牌数量变化来看,从一季度到四季度,互联网电视盒子品牌数量呈持续下降趋势,2016年四季度,线上互联网电视合作品牌数分别为118、97、82、78。在售机型上,2016年,互联网电视盒子线上在售机型数量是706个,同比减少210个。按季度OTT(over the top)盒子线上零售市场在售机型数量变化来看,一季度在售机型数量下降最小,同比减少49个;三季度在售机型数量下降最大,同比减少174个。

请综合以上叙述,结合互联网云电视使用经历,思考我国互联网云电视未来发展趋势。

第一节 数字报纸

一、数字报纸基本含义与基本原理

数字报纸就是在保持纸质报纸原有版式的基础上,同时又融合了网络阅读新闻的方便和快捷的新型网络媒体。这是业界普遍采用的定义,出自中国出版科学研究所国家多媒体数字出版实验室。在互联网还存在另外一个定义:数字报纸是通过多媒体数字技术把信息内容转换成各种数字终端可以阅读使用的格式,并保留其传统纸质报纸的版式样式。

数字报纸也称数字报,是期刊的采、编、发一体化的解决方案平台软件,转换处理工具软件可针对主流排版格式,例如,飞腾、华光、Adobe InDesign的照排文件进行反解操作,转化生成Flash、HTML、PDF等格式的文件包,以满足用户不同格式数字报纸的需求;配合发布系统,如今的"数字报纸"不仅在页面设置上有了突破,更在概念上比传统电子版报纸有新的突破,如果说以前只是将当天报纸上的内容提供给网友,而今提供的是整个报纸的全貌,除了不能有纸张的触摸感,数字报纸的阅读过程体验和传统报纸高度契合,提供了原汁原味的报纸阅读效果。数字报纸管理后台系统包括针对已经发布的数字报纸的管理、统计以及调查等功能模块,方便用户对已经上线的数字报纸修改、监控、制作。

二、数字报纸基本特征与基本应用

数字报纸有以下六个基本特征。

(1) 再现报纸版面。

和过去的报纸电子版相比,"数字报纸"最吸引人的地方,就是可以在互联网上看见与纸质报纸一模一样的版式,再现了报纸的版面语言魅力。读者不需要改变传统的阅读习惯,轻轻一点鼠标,当天所有版面都在网页上清晰地显示,点击其中任何一篇文章,就可以开始阅读。

(2) 查找新闻快捷。

为了让读者更快速地获取所需新闻,"数字报纸"推出了多种导航功能,供读者自由选择。"版面导航"让读者可以任意点击一个版面序列,即可出现相应版面及主要新闻的标题,鼠标轻点标题,即可浏览相应文章或图片页面;使用"标题导航",当天报纸的全部文章标题便一览无遗。点击版面上方的"按日期查找",可随意查看往期报纸内容。

(3) 广告"七十二变"。

"数字报纸"可实现广告立体化宣传,根据客户要求,在网上实现音频、视频、动漫等立体演示。"数字报纸"还可以在版面中嵌入视频画面,成为真正意义上的多媒体报纸,实现了传统报纸、数字报纸、光盘出版以及全文数据库产品的一体化生产和出版。

(4) 报纸"全球发行"。

"数字报纸"提升了纸媒体传统的经营模式,在传统纸媒体发行的基础上大面积拓展了发行空间,让报纸无限量、无地域限制地发行,全世界的人都可以上线阅读"数字报纸"。

(5) 网民参与互动。

"数字报纸"提供了在线评论功能,网民可以对所阅读的新闻发表评论,实现新闻传播者与网民、网民与网民之间的互动。

(6) 订阅方式突破。

多媒体数字报纸完全通过互联网发布,使得报纸发行不受地域限制,读者不管在哪里,都能在第一时间阅读到当天报纸。另一方面,与普通电子版报纸不同的是多媒体数字报纸支持离线阅读,也就是可以下载到本地计算机里,在没有网络的环境下也能阅读,一天的报纸大小仅相当于几首 MP3 歌曲的大小。

目前,我国数字报纸技术的应用,主要有以下四类:一是基于版式文件的数字报刊技术。这类技术采用最早,是"原版原式"的数字报刊技术,基于 TIFF(标签图像文件格式)/JPEG(图片格式)的版面图和 PDF(便携式文档格式)/CEB(版式文件格式)的版式文件等版式浏览技术。这类技术基于标准的数据格式,文件制作方便,可通过报纸排版或输出软件转换生成,以文件的形式在网站上发布,通过集成 DRM(数字版权保护)技术,支持收费阅读和订阅。不足之处是阅读时,以版面缩放和鼠标拖动为主,互动技术和多媒体展现技术扩展性较弱,报纸版面广告的多媒体化与更新替换比较复杂,不利于增值运营。二是基于版面图的 HTML 数字报刊技术。这是我国数字报刊规范采用的技术。这类技术以 HTML 格式展现数字报刊,点击文章区域即可阅读相应图文内容,为了提高阅读体验,采用了图片热区链接技术,可加入视音频和 Flash 内容。这类技术的优势在于数据量较小,可以实现跨浏览器、跨操作系统运用,扩展性好,互动性强,多媒体表现力强,便于索引与检索,检索精确定位,运营成本可控,制作成本较低。因此,阅读体验良好。这类技术支持访问控制技术,可实现付费阅读和订阅服务,也有利于免费阅读加广告营销的业务模式。三是基于 Flash 等多媒体专有格式的离线数字报刊技术。这类技术借鉴了电子杂志技术,利用 Flash 等多媒体技术,可打包报纸期刊所有版面,加工数字报刊内容。它既可以提供以离线阅读为主的多媒体数字报刊,也可以提供阅读控件实现在线翻阅。不足之处在于数据量过大,阅读速度较慢、制作与运营成本较高。这类技术尚未成熟,可以在 DRM(数字版权管理)技术下实现。四是移动数字报刊技术,适用于电子报和彩信手机报。这类技术依靠电子阅读器,支持 DRM 技术,可实现数字报刊的收费发行,订阅下载后可随时随地阅读。但由于设备价格比较高,普及不易。但随着社会的发展,手机日渐成为"第五媒体",其发展前景越来越为大家所重视。

从 1997 年北大方正推出我国第一个用于报纸信息发布的电子报系统起,报刊数字化技术不断发展、创新。网页、版面图、PDF 与 CEB 版式文件等数字报刊技术不断完善。其中,方正一直是我国领先的数字报刊全程解决方案提供商。在我国广泛使用,影响最大的是方正鼎新数字报刊系统。我国超过 90% 的报刊采用方正的采编和排版系统,这一系统与传统的采编系统一脉相承,无缝对接。这一系统囊括了从传统版面反解、数据加工标引、生产发布、原版原式的页面展现、浏览检索、交互体验,到数字报刊的收费发行、广告运营等整个报业数字出版与商业运营的流程。方正一直在数字报刊技术的前沿探索,他们先后推出的 CEBX/A(面向归档存储领域)和 CEBX/M(面向移动阅读领域)都得到了广泛的应用。尤其值得一提的是方正的畅流系统。这是近年来传媒业最重要的一次技术革命。通过"畅流系统",可以生成版面 PDF 文件,采用自包含技术,将版面上的全部关联文件信息,按照一个版一个文件进行处理,避免了缺图、缺字体、缺广告等开天窗现象,可直接用于阅读和印刷,是版面信息完整保存的理想载体。

三、数字报纸应用前景

同新媒体的勃勃生机相比,传统报业面临着前所未有的困境:销售业绩下滑;受众流失;广告份额缩水;收入大幅减少,甚至严重亏损;"报纸消亡论"不断出现。面对新媒体的挑战,报纸媒体必须突破传播介质的束缚,积极利用数字化,主动向互联网、手机等新媒体渗透。"报网融合"正是报纸在数字化时代的生存之道。

1996 年 1 月,《纽约时报》建立了报纸网站,仅在当年 4 月,网站日均用户就多达 140 万,开启了"报网融合"的大门。目前,我国报纸媒体都拥有自己的网站,报网融合的形式多种多样。有些报纸的网络版在提供纸质报纸原有内容的同时,根据报刊的侧重点和定位提供相应的新闻、信息和其他服务。有些报纸的网络版中,纸质版的内容仅仅是其一个小的组成部分,所占比例不高,而五花八门的信息服务却占据了大量空间,其网络版旨在打造综合性的信息平台。

报网融合发展到今天,较为成熟的报纸网络版已告别了单纯照搬纸质版内容的旧模式,开始走上报网互动、深入挖掘网络版潜力的道路。但总体而言,报网融合之路才刚刚开始,其发展前景非常乐观。

网络的优势弥补了传统报纸的某些不足,但仅仅发挥上述优势是远远不够的。报网融合应朝着以下两个方向发展,才能在竞争中脱颖而出。首先,将网络报纸深入经营。由于受到版面的限制,纸质报纸不能面面俱到,网络报纸在充分发挥时效性、互动性和超大容量性等优势的基础上,应实现独立的采访与写作,按照报纸的市场定位,更全面、更深入地挖掘新闻。对新闻产品进行深加工,实现文字、图片、音频、视频的整合,利用超链接和多媒体技术将新闻事件生动地再现给受众。其次,实现网络报纸的个性化经营。如今,受众个性化的要求越来越明显,传统媒体难以满足分众和小众的要求,但网络却有着天然的优势。网络报纸可以在网站里设置不同的版面,以满足不同的需求,也可以通过读者订阅的方式,定期将电子报纸发送至订阅人的邮箱,实现个性化经营。

第二节 数字信号广播

一、数字信号广播基本含义与基本原理

数字信号广播(DAB)是指将数字化了的音频信号、视频信号,以及各种数据信号,在数字状态下进行各种编码、调制、传递等处理。同时,数字信号广播也是一项有别于传统所熟知的 AM(调幅)、FM(调频)的广播技术,它通过地面发射站,以发射数字信号来达到广播以及数据资讯传输目的。

随着技术的发展,数字广播除了传统意义上仅传输音频信号外,还可以传送包括音频、视频、数据、文字、图形等在内的多媒体信号。就世界范围看,数字广播已经进入了数字多媒体广播的时代,受众通过手机、电脑、便携式接收终端、车载接收终端等多种接收装置,就可以收看到丰富多彩的数字多媒体节目。因为大多数国家的政策法规不允许 DAB 从事视频节目播出,而传统的 FM 广播又已经得到用户的充分认可,因此,利用DAB 技术,提供非实时的推送式广播,则带给广大广播用户全新的收听体验,为 DAB 技术的推广开辟了一片全新的天地。

数字信号广播(DAB)采用先进的数字技术——正交频分复用技术(OFDM),能在极低的数据传输率及失真下传送 CD 质量的立体声节目,除可解决传统模拟广播接收不良及干扰问题外,还能进一步提供无障碍接收的数据服务。以 Eureka-147 为例,频率可视节目内容需求将频宽切割成多组声音信号及附加数据、压缩数据,经多任务处理,再通过 OFDM 调变,可于 1.5 MHz 的频宽内传送。Eureka-147 最大的特色是,利用保护频带(guardband)及交错码(interleave)方式,避免多重路径及多普勒效应所引起的选择性衰落及码间干扰(intersymbol interference),仅使用一个频率便可达到全区覆盖,也就是所谓的单频网络(single frequency network,SFN),即使用多个发射站在

同一频道同时广播相同节目,也能达到全区覆盖目的,而不会产生同频干扰。

1. 信源编码

在 DAB 中应用的是 MUSICAM 方法,即 MPEG-1 声音标准的第二层,适用于 32、44.1、48 kHz 的取样频率,将来 DAB 也可使用 MPEG-2 声音编码标准的第二层,即进行多声道环绕声或多语言的声音编码,或进行半取样频率低比特率编码。信源编码又称数据压缩,其任务主要是解决数据存储、交换、传输的有效性问题。即通过对信源数据率的压缩,力求用最少的数码传递最大的信息量。信源编码的一个主要目标是解决数据率压缩问题。

数据率压缩是基于以下原理:第一,声音信号中存在多种冗余度,编码时可以去除这些冗余,在解码时这些冗余可以重建。第二,利用人耳听觉的心理声学特性(频谱掩蔽特性和时间掩蔽特性)和人耳对信号幅度、频率、时间的有限分辨能力,凡是人耳感觉不到的成分不编码、不传送,即凡是对人耳辨别声音信号的强度、音调、方位不相关部分或无关部分,都不编码和传送。对感觉到的部分进行编码时,允许有较大的量化失真,并使其处于听阈以下,人耳仍然感觉不到。

2. 信道编码与调制

现代传播新技术与广播发展信道编码与调制即 COFDM(编码正交频分复用)技术,在 DAB 中,信道编码采用可删除型的卷积编码,编码率可变,根据数据的重要性不同以及应用条件不同,实施不同的差错保护(UEP),对同一种信息,实施相同的差错保护(EEP)。调制方法为 OFDM,许多频谱成正交关系相距很近的副载波构成一个宽带系统,每个副载波传送的数据经频率交织后分配在各个副载波上,进行差分编码后对各个副载波进行四相相移键控(4DPSK 调制),每个副载波形成一个窄带的子信道,许多载波构成的宽带系统占据 1.536 MHz 带宽,可同时传送 6 套以上能达 CD 质量的立体声节目及数据业务。

3. 同步网技术

同步网技术,即处在不同地点的许多 DAB 电台可以使用相同的频率块,频率和时间同步传送相同的节目,仅需要小功率的发射机就可以显著提高频谱利用率。在 Eureka-147 的传输技术中,其重点技术乃在编码正交频分复用,它使用了一个 1.536 MHz 的频宽通道,并提供 4 种广播,可以同时提供最多 6 组音讯及信息选台,每一个选台使用 2 304 kbit/s 的数据处理等级,利用分割技术处理音讯及信息的传输播送。此外,还可使用不分割虚拟的方式,透过 MUSICAM 来达到确保音质的目的,而信息则以封包或数据流方式传输。至于在信号发射部分,目前采用 BandⅢ以及 L-Band 两个频带,发射时利用保护频带及交错码方式,避免因多普勒效应所造成的选择性衰落与信息码干扰,所以不会像 FM 有同频干扰的问题产生。

二、数字信号广播基本特征与基本应用

(一)数字信号广播的基本特征

1. 音质好

DAB 音频广播质量,如信噪比、保真度、频率特性和立体声声像主观评价等参数与

激光唱片 CD 相同,而需传输的数码率仅是 CD 的六分之一,并能移动接收,在高速行驶的汽车里也能收到高质量的广播节目。广播方式主要有地面广播、卫星广播和地面卫星混合广播三种。DAB 具有灵活传送、多种节目的能力。在传送音频广播节目的同时,DAB 还能传送多种附加信息、与节目相关的背景信息,如广播传呼、交通气象信息、金融商业数据、静止图像及低比特率视频/音频等附加信息广播。

2. 覆盖面广

覆盖边缘地带接收可靠性达 95% 以上。

3. 频谱利用率高

DAB 的频谱利用率为调频广播的 3 倍,即 7 MHz 的带宽能容纳目前在 87～108 MHz 调频段播出的 21 MHz 带宽的节目。DAB 采用数据压缩技术,因而可充分利用频率资源。

4. 免受多路广播干扰

因为在 DAB 系统中所需传输的信息是分散在许多载波上的,通过时间上和频率上的交织并在数据符号之间插入保护间隔,对多径传播具有很强的抗干扰能力,解决了城市中密集的高层建筑所引起的多径传播的干扰。只要系统设计与频道内的延迟展宽相匹配,这种多径广播反射信号反而有利于接收信号的加强。在任何给定的同样的覆盖范围内,DAB 所需发射机功率比调频发射机小。在发射机之间的距离符合系统设计时,这种使系统免受多径干扰的机制还可以用来建立单频网络(SFN)。使 SFN 正常工作,原则上要满足三个基本条件:相邻发射机发出的信号在时间上必须同步;相邻发射机的载波频率必须同步;相邻发射机之间 DAB 复用信号内容必须一致。为此,用卫星来作为 DAB 信号的分配是一种比较经济的方式。

数字音频广播的主要不足是建立一个 DAB 广播电台所需的费用昂贵,DAB 接收机的价格也较贵。

(二)数字信号广播的基本应用

数字广播主要有 DAB、DMB(数字多媒体广播)和数据广播三大应用。DMB 和数据广播的出现,让数字广播有了挑战地面数字电视和电信业务的实力,这个原先的"替补队员"开始有了"做主力"的野心。凭借广电足够的带宽,数据广播可以实现实时信息接收,如财经资讯、交通和实用消费信息等,这和目前电信运营商提供的增值服务颇为相似。

1. 音频广播业务

DMB 的多媒体特性将会打破当前传统广播节目单一声音业务的模式。广播节目在播出声音的同时,还能够传送与节目相关的图文信息,如主持人的资料、图片、歌曲的背景资料和节目预告等,从而为听众提供了声音以外的视觉效果。DMB 技术良好的音频效果及其附属功能的应用,将会成为今后广播节目形式的主流,一旦接收机的价格接近大众的经济承受能力,DMB 将逐渐取代传统的 AM、FM 广播,占领音频服务市场,广播业者也将因此获得巨大的利润。

2. 视频业务

采用 DMB 技术在规定的带宽内传输电视节目,经高速移动接收测试,声音和图像质量接近 SDTV(标准清晰度电视)的水平。DMB 的移动接收电视功能,可以为在城市或郊外处于移动或静止状态中的人群提供与现有模拟电视图像质量相当的实时新闻、大型活动直播、各类信息和 MTV 等影视娱乐节目服务,从而突破电视只能固定接收的层面,并且频带占用率只是模拟电视的四分之一。这种新的电视广播方式,将拓展高速移动接收标准清晰度的电视节目市场,为地面电视广播开辟新的途径。

3. 交通导航

DMB 提供的城乡电子地图、实时路面交通情况和图文车辆调度信息等,可以为驾驶人士提供交通导航服务,开发交通信息服务市场。另外,还有移动的船只、列车和每天进出的流动车辆,这些都是 DMB 的服务对象。

4. 金融股市

DMB 传送的实时股票行情信息、金融信息和经济信息,以其声音和图文并茂、高传送速率和大信息量的优势占领了传统的经济信息寻呼机和移动电话市场,为户外的移动用户提供经济信息服务。

5. Internet 下载

采用 DMB 卡式电路板,移动计算机可以在固定或移动环境下接收到 DMB 的信号。由于 DMB 还可以提供互联网下载式的单向传输服务,所以用户可以在移动的状态下接收互联网的网络信息。

第三节 数字电视

一、数字电视基本含义与基本原理

数字电视又称为数位电视或数码电视,是指从演播室到发射、传输、接收的所有环节都是使用数字电视信号或对该系统所有的信号传播都是通过由 0、1 数字串所构成的二进制数字流来传播的电视类型,与模拟电视相对。其信号损失小,接收效果好。

数字电视是一个从节目采集、节目制作、节目传输直到用户端都以数字方式处理信号的端到端的系统,基于 DVB(数字视频广播)技术标准的广播式和"交互式"电视。采用先进的用户管理技术能将节目内容的质量和数量做到尽善尽美并为用户带来更多的节目选择和更好的节目质量效果,数字电视系统可以传送多种业务,如高清晰度电视(简写为"HDTV"或"高清")、标准清晰度电视(简写为"SDTV"或"标清")、互动电视、BSV 液晶拼接及数据业务等。与模拟电视相比,数字电视具有图像质量高、节目容量大(是模拟电视传输通道节目容量的 10 倍以上)和伴音效果好的特点。将电视的视音频信号数字化后,其数据量是很大的,很不利于传输,因此数据压缩技术成为关键。

实现数据压缩的技术方法有两种。压缩编码：IEEE的MPEG专家组已发展制定了ISO/IEC13818(MPEG-2)国际标准，MPEG-2采用不同的层和级组合即可满足从家庭质量到广播级质量以及将要播出的高清晰度电视质量不同的要求，其应用面很广，它支持标准分辨率16∶9宽屏及高清晰度电视等多种格式，从进入家庭的DVD到卫星电视、广播电视微波传输都采用了这一标准。改进编码：发展新的数字调制技术，提高单位频宽数据传送速率。例如，在欧洲DVB数字电视系统中，数字卫星电视系统采用正交相移键控调制；数字有线电视系统采用正交调幅调制；数字地面开路电视系统就采用更为复杂的编码正交频分复用调制。

二、数字电视基本应用

在数字电视中，采用了双向信息传输技术，增加了交互能力，赋予了电视许多全新的功能，使人们可以按照自己的需求获取各种网络服务，包括视频点播、网上购物、远程教学、远程医疗等新业务，使电视机成为名副其实的信息家电。

数字电视提供的最重要的服务就是视频点播(VOD)。VOD是一种全新的电视收视方式，它不像传统电视那样，用户只能被动地收看电视台播放的节目，它提供了更大的自由度，更多的选择权，更强的交互能力，传用户之所需，播用户之所点，有效地提高了节目的参与性、互动性、针对性。因此，可以预见，未来电视的发展方向就是朝着点播模式的方向发展。数字电视还提供了其他服务，包括数据传送、图文广播、上网服务等。用户能够使用电视进行股票交易、信息查询、网上冲浪等，赋予了电视新的用途，扩展了电视的功能，把电视从封闭的窗户变成了交流的窗口。

随着美国、欧洲、日本、韩国和中国陆续开播数字电视和强制规定模拟电视终结时间表，数字电视市场正在快速崛起，为了抓住这一千载难逢的发展机遇，中国主要的数字电视开发商和制造商都在全力设计个性化的高性能数字电视产品，他们的主要努力方向大概可归结为以下几类：支持多种数字电视标准、大屏幕、高清化、互联网DTV(数字电视)、DTV+PVR(个人视频录像)、支持更丰富的互联接口。

1. 标准电视

由于欧洲、北美、韩国和中国等大多数地区仍处于模拟电视与数字电视的转换过渡时期，因此市场上仍然有不少既能接收模拟电视节目又能接收数字电视节目的多功能电视机。数字电视开发商和制造商也不一定非要把这两项功能都放在一部电视机中，也就是所谓的数字电视一体机，他们也可以采用机顶盒+模拟电视的解决方案来实现。此外，美国市场要求从2007年3月1日起，所有新上市的模拟电视机和电视接收设备均必须安装数字调谐器，这意味着数字电视一体机将在美国市场占据统治性地位，而中国的数字电视的增量市场也对一体机有着巨大的需求。因此，未来数字电视一体机会占据越来越大的市场份额。

2. 大屏电视

随着现代人起居室的不断变大，用户市场对大屏幕数字电视的需求也在不断增长。总体上讲，LCD(液晶显示器)数字电视是业界的发展主流。但由于性价比的关系，一旦尺寸大到某一限度,LCD 屏幕的成本就会急剧上升。传统上,业界认为 40 英寸是液晶和等离子电视的分界点,液晶电视更专注于 40 英寸以下领域,而等离子电视则适合 40 英寸以上的显示需求。但随着技术的进步,50 英寸有望成为液晶和等离子电视新的分界点。

3. 高清电视

随着高清节目源的增多,图像水平清晰度大于 800 线的高清数字电视(HDTV)越来越成为数字电视的主流,相应的数字电视机顶盒以及编解码芯片也要适应这一发展的要求。

4. 互联电视

数字电视的下一个重要发展方向就是连接互联网,未来的消费者不必再为了检查邮箱、发送电子邮件、在线玩网络游戏、下载和播放网络视频、甚至收看流媒体视频(IPTV),而必须跑到书房去独自待在笔记本电脑前,将可以直接在客厅舒适的沙发上用无线鼠标或无线键盘体验上述 PC 的所有功能。从技术上讲,设计师可以考虑采用 Wi-Fi、WIMAX(全球微波互联接入)、百兆/千兆以太网、xDSL、EPON/GPON 等无线或有线技术实现数字电视与互联网的连接,当然他必须在数字电视中再增加一块应用处理器或多媒体处理器。

5. 互联接口

未来的数字电视还将支持更多的互联接口,如 USB3.0、USB On-The-Go、SD 卡、MMC 卡和 Wi-Fi 等,以实现与数码相机、数码摄像机、移动硬盘、PC、笔记本电脑、PMP(便携式媒体播放器)、智能手机、数码打印机等数字设备的无缝连接,共享相互之间的视音频信息。

6. DTV+PVR

PVR 也是未来数字电视的下一个重要发展方向,随着未来的数字电视集成 DSP(数字信号处理)或多媒体处理器,PVR 功能将逐步融合到未来基于硬盘或微硬盘的数字电视产品中。

第四节 数字杂志

一、数字杂志基本含义与基本原理

"杂志"一词,源于法文,本意"仓库",后指集束化的出版方式,1931 年被赋予期刊含义,在表现形态上被进一步解构。从本质上来说,"杂志"是一种信息的集束方式,超链接的互联网站也可被称作是数字杂志。而事实上,第一代数字杂志就是以超链接的网页形式出现的,发展到多媒体杂志,已经是数字杂志的第三代了。

也许您现在打开电子邮箱还能经常收到诸如"某某证券杂志"之类的邮件列表,诸多网刊及曾经非常有名的COLDTEA电子画刊等,都可归为第一代数字杂志。第一代数字杂志最著名的技术服务商当数至今还在运营的"邮件列表"专家——希网网络,"邮件列表"几乎成了第一代数字杂志的代名词。

第一代数字杂志因其实质就是一般的HTML网页,因此具有阅读上的便捷性,但人们概念中的"杂志"形态几乎无从体现,倒更像是"羊皮卷手抄本"。于是,HLP、CHM、PDF、EXE、PPT等电子书开始风行,网上就有人专门将国外电子图书馆里的资料拷贝出来,打包成EXE电子书供人下载,"电子书"堪称第二代数字杂志的代名词。其中,由著名的Adobe公司开发的pdf电子书技术,由于得到北大方正电子排版编辑系统的支持,媒体出版机构采用较多。但人们最为熟悉的恐怕还是HLP或CHM电子书,因为几乎每台电脑里都有HLP或CHM格式的帮助文档。

第二代数字杂志虽将文件"装订"到了一起,看上去不再七零八落,但差不多都是一幅静态的、僵死的面孔,且需要安装专门的软件或将杂志下载到本地后才能阅读。随后出现的第三代数字杂志技术,也就是通常被称作"多媒体杂志"的技术,彻底改变了数字杂志的面孔,奠定了数字杂志的基本形态。再加之近年来移动互联网的飞速发展,针对移动端的手机杂志也逐渐出现,阅读变得随时随地,比较优质的手机杂志有VIVA、ZAKER,还有国内的"悦无线",数字杂志越来越丰富了人们的生活。

多媒体杂志,是一种制作精美、内容丰富、信息集束、书刊效果的图文、数据、视音频综合运用的电子出版方式。其逼真的书刊效果,翻动页面还会发出唰唰的声音;动感十足的图文,点击书上的小人还能开口说话;曼妙的背景音乐、精彩的视频、生动的三维图像等,无不给人以惊艳的阅读体验。多媒体杂志还具有无刊号之困扰、无印刷之耗费,内容更新便捷、杂志流传迅速,可以与网站整合,可以与读者互动,图文资料可以让人方便地拷贝,也可以较好地进行版权保护,还能准确反馈阅读次数、读者层次,设置阅读权限等一系列的优势。"多媒体杂志"也就成了第三代数字杂志的代名词。

2006年初,短短两个月不到的时间里,国内20多家大型数字杂志发行平台蜂拥上线。Acer、联想、IDG、凯雷等风投机构纷纷出手,在数字杂志上投入十几个亿。电子杂志、互动杂志、数字杂志、数码杂志、网络杂志、多媒体杂志等名称,频繁地出现在各种媒体上。做一本酷酷的数字杂志,已不再是年轻网民的个别喜好,传统媒体纷纷推出电子版,企事业单位则将数字杂志技术广泛地应用于样本、图录、商刊、企刊等。

二、数字杂志基本特征

数字杂志具有以下七大特征。

1. 内容服务——即时而多样

内容始终是期刊的核心,在不断提高期刊自身质量的前提下,充分利用网络技术将会使信息得到更快和更广泛的利用。近几年,随着技术手段的进步,期刊内容数字化的速度越来越快,采用的方式也更加灵活多样,开放存取、RS推送、预印本提前上网、单篇文献上网等模式依次推出。

2. 编辑过程——全程网络化

随着网络技术的发展,网上投稿、网上审稿、网上查询、网上编辑加工直至出版发行均可在线完成。作者、读者和审稿人通过网站直接与期刊编辑部进行沟通与交流,大大简化了编辑流程,提高了稿件处理效率,缩短了出版周期,降低了办刊成本。国外的一些大型出版集团都实现了全程网络化,如 Elsevier Science 建立了完善的在线出版平台,所属期刊采用了网上投稿和网上审稿。我国的部分期刊也积极行动起来,有的编辑部自主开发研制了编辑系统。但是,从总的应用情况来看,期刊界的全程网络化还远未普及。据统计,湖北省期刊目前采用在线编审系统的期刊社共有 57 家,在有网站的 200 家期刊社中占 28.5%。即便在已建立的系统中,仍存在功能不完善、运行不稳定的情况,特别是网上在线编审系统还有待提高。因此,目前仍需大力推进期刊采编和审稿数字平台建设,以真正实现从投稿、审稿、编辑加工直至出版发行的全程网络化。

3. 信息利用——复合出版

在出版手段多元化的今天,单一的出版模式已不利于期刊生存。采用复合出版,可以使期刊信息分化和整合,从而产生增值。"一种信息、多种载体、复合出版"是出版单位将来的发展趋势。所谓复合出版,就是期刊以自身为基础,向多领域发展,采用声、光、电等多种表现形式,采用光盘、网络、短信等多种载体形式,一份内容,一次加工,多种媒体发布,通过独立的与集成的、国内的与国外的、综合的与专业的等多种途径,在版权得以保护的前提下,采用多种符号复合、多载体复合、多媒体形态复合、多制作技术手段复合等,从而使刊物信息的效用得到最大限度的发挥。数字杂志出版使原来信息流动的线性结构变成网状结构,对信息的加工也就具有了结构化、跨媒体、超链接的特点,从而可以快速地获取所需信息,使资源得到整合和增值。最典型的就是"中国知网"中所开发的"知网节"功能,它基于多种大型数据库,将文献根据内容进行关联、整合,所有文献均通过"知网节"关联为知识网络,使得进入 CNKI 数据库的读者不仅能查到各期刊的单篇文献的全部信息,同时可以获得单篇文献的各种扩展信息的服务,从而使其具有支持知识获取、发现、增值和管理的强大功能。

4. 交流范围——全球信息融合

数字化是扩大期刊影响和促进国际学术交流的有效途径。世界各大出版公司都非常重视期刊的数字化,并且积极吸收中国的学术期刊进入其数据库。如 Elsevier 提供 1998 年以来该公司收录的 1800 种电子期刊,其中 1500 种为全文上网;美国著名的学术出版公司 John Wiley & Sons 收录了 360 多种科学、技术、医疗及相关领域的专业期刊,并且也正在国内积极发展其网络数字化期刊。世界著名学术出版公司 Springer 在其在线出版平台 SpringerLink 上建立了中国在线科学图书馆,与国内的许多刊物签订了网络出版协议,从 2005 年到 2007 年,SpringerLink 中来自中国的论文数量增加了 5 倍。国内较多期刊的英文版分别进入了 Springer 或 Elsevier 的数据库。与此同时,国内的出版机构也开始与国外直接进行战略合作,创办新刊。Springer 目前与科学出版社合作出版期刊 17 种,与高等教育出版社合作出版了"Frotiers"系列刊物 24 种。华中科技大学学报编辑部合作承办了其中的医学分册和光电子分册,这些期刊中的内容将同时出现在 SpringerLink 在线出版平台和高等教育出版社学术期刊网中。

5. 沟通方式——动态而人性化

Web2.0 的推出为网上互动提供了必要的技术保障,使互动服务得到加强。在期刊出版比较发达的西方国家,绝大部分期刊都有详尽的读者资料,特别是消费类杂志,都建有以品牌或刊名命名的网站,并以其丰富多彩的网上互动交流及优质高效的服务吸引了越来越多的关注,与读者交流成为一项常规业务。例如,美国《国家地理》杂志自推出新的互动服务以来,网站的访问量直线上升。湖北省的知音网在这方面也起到了非常好的示范作用。他们将自己打造成为中国情感门户网,依靠杂志品牌建立网络社区,在为读者提供一个更为方便、快捷的交流平台的同时,也拉近了编辑与读者之间的距离,成为联系二者的有力纽带。在信息读取方面,随着技术的不断进步,一方面发展了更适合于网络的浏览方式,如搜索工具、超链接、交叉浏览功能和多媒体制作;另一方面,也正在探索一些符合人们传统阅读习惯的方式,如能像印刷版一样翻阅的电子杂志及便于携带的电子纸。

6. 网站布局——个体与集约结合

不同层次的网站具有不同的特点,编辑部的独立网站注重个性化与交流功能,集群网站突出行业或部门信息服务功能,大型门户网站在数据深加工和规模化方面占据主导地位,三者各有优势,难以相互替代。因此,这三者将在很长的一段时间内并驾齐驱,共同托起期刊数字化的未来。

7. 经营理念——互利共赢

互利共赢包含两个方面的内容:赢得社会效益,也赢得经济效益;让期刊出版者获利,也让信息运营者获利。而我国目前无论在期刊经营者还是数据运营商,都还有很大的提升空间。

第五节 数字电影

一、数字电影基本含义与基本原理

自从卢米埃尔兄弟发明电影以来,在相当长的时间里,胶片成为电影图像和声音的唯一载体,电影银幕所展现出的色彩斑斓、声情并茂的影像令全世界亿万电影观众如痴如醉。数字电影诞生20世纪80年代,是信息技术所带来的产物。随着计算机技术的飞速发展,许多传统电影制作做不到的镜头需要借助电脑完成,或者运用了电脑技术会使影片更完美,于是传统电影引入数字技术。数字电影技术已经很成熟,创作人员已从过去单纯地运用数字特技逐步转化为将其与传统摄制、传统特技融为一体的表现手法。

国家广电总局《数字电影管理暂行规定》第二条明确指出:数字电影是指以数字技术和设备摄制、制作存储,并通过卫星、光纤、磁盘、光盘等物理媒体传送,将数字信号还原成符合电影技术标准的影像与声音,放映在银幕上的影视作品。制作完成之后,数字信号通过卫星、光纤、磁盘、光盘等物理媒体传送,放映时通过数字播放机还原,使用投影仪放映,从而实现了无胶片发行、放映,解决了长期以来胶片制作、发行成本偏高的问题。

数字电影是以数字方式(即"0"和"1"方式)制作、传输和放映的。以数字技术和设备摄制、制作存储,并通过卫星、光纤、磁盘、光盘等物理媒体传送,将数字信号还原成符合电影技术标准的影像与声音,放映在银幕上的影视作品。

西方国家对数字电影技术的研究主要以美国电影电视技术工程师协会 SMPTE (society of motion picture and television engineers)为代表。该协会专设了数字电影 DC28 组织,下分为 8 个小组,负责研究和制定全球性地取代 35 毫米电影发行和放映的不同方面数字技术标准以及技术模式。

数字电影的整体技术可以划分为四个阶段。第一阶段是把数字电影后期制作阶段的影像信号制作成数字电影母版。第二阶段是委托专门的数字技术服务公司对母版信号进行数字压缩、加密和打包,然后通过卫星或网络传送到当地的放映院,也可以直接将母版信号刻录成 DVD 只读光盘或录制到磁带等载体上,通过传统的特快专递等服务发送到当地影院。第三阶段是在当地各影院或地区数字信号控制中心对数据信号进行接收和存储,获取和发送放映授权以及解密等。第四阶段是通过数字放映实现数字信号的放映。

二、数字电影的基本特征

相比传统的胶片电影,数字电影的优势主要体现在节约了电影制作费用,革新了制作方式,提高了制作水准。通过高清摄像技术,实现了与高清时代的接轨;数字介质存储,永远保持质量稳定,不会出现任何磨损、老化等现象,更不会出现抖动和闪烁;传送发行不需要洗印胶片,发行成本大大降低,传输过程中不会出现质量损失。如果使用了卫星同步技术,还可附加如直播重大文体活动、远程教育培训等活动,这一点是胶片电影所无法企及的。具体来说,数字电影具有十个基本特征。

1. 降低制作和发行成本

由于采用数字化的拍摄方式,数字电影的后期制作加工变得十分方便,它减少了胶片和数字的转换环节,使电影制作成本降低。此外,数字电影采用数字化发行,不需要印制大量拷贝,也不需要"跑片",从而可以大幅度降低发行成本。

2. 有利于后期再加工

数字电影采用数字方式进行后期加工为后期再创作、再加工提供了方便。

3. 发行灵活

数字电影可以采用卫星、磁盘、光盘等更加灵活的发行方式发行电影节目,使电影节目更加丰富多彩。数字电影可通过卫星实现一对多点"广播式"同时发行电影节目,可以使观众迅速地看到最新的影片,从而大大节约了发行时间,提高了效率。

4. 高质量无损伤传输

以数字方式传输节目,整部电影在传输过程中不会出现质量损失。也就是说,采用数字信号传输,无论多少放映场,也无论什么放映场所,都可以使不同地区的观众欣赏到同一个高质量的数字节目。

5. 影像的空间稳定性和时间稳定性好

数字电影的影像质量优良,无抖动、无闪烁、无重影,画面空间稳定性高,具有恒定不变的放映质量。数字电影由于不使用胶片,不存在划伤、脏点、霉点和灰尘的积累,不存在因放映光源的照射出现褪色现象。无论放映多少场次,其影像质量永远不变,不随时间推移而降低影像的质量。

6. 有利于版权保护

数字电影以数字文件的形式发行和放映,可以很方便地利用加密技术保护节目不被非法使用,也可以利用水印技术保护节目内容不被非法复制。

7. 有利于院线开展增值服务

利用数字传输和放映技术,改变了胶片电影放映的单一模式,使之向多功能、多渠道、多方位的经营模式转变。为院线和放映点提供增值服务,扩展新的经营领域提供了可能性。增值服务包括大型活动的现场直播、体育比赛、演唱会、远程教育、大型会议、插播广告等等。

8. 有利于环保

数字电影不采用胶片,在生产过程中无废液、废气排放,因而是完全环保的。数字电影节目的发行不再需要洗大量的胶片,既节约发行成本又有利于环境保护。

9. 拍摄现场及时回放,提高工作效率

为拍摄大大解除了后顾之忧,大幅度提高工作效率。

10. 档案存储永久不损伤、不褪色

数字电影避免了胶片老化、褪色的现象,影片永远光亮如新,确保画面没有任何抖动和闪烁,使观众看不到任何画面的划痕磨损现象。

第六节 互联网云电视

一、互联网云电视的基本含义

互联网云电视(network television,NTV)是一种利用宽带有线电视网,集互联网、多媒体、通信等多种技术于一体,向家庭互联网电视用户提供包括数字电视在内的多种交互式服务的崭新技术,以宽带网络为载体,以视音频多媒体为形式,以互动个性化为特征,为所有宽带终端用户提供全方位有偿服务的业务。互联网云电视是在数字化和网络化背景下产生,是互联网络技术与电视技术结合的产物,在整合电视与网络两大传播媒介过程中,既保留了电视形象直观、生动灵活的表现特点,又具有了互联网按需获取的交互特征,是综合两种传播媒介优势而产生的一种新的传播形式。

二、互联网云电视的基本特征与行业现状

互联网云电视具有以下三大基本特征。

1. 电影博物馆的功能

观赏电影已经成了都市人休闲娱乐的重要方式,互联网电视在家里就可以体验电影院的震撼视听效果。互联网电视连上网线,就能够直接下载网上高清大片,速度丝毫不亚于电脑的下载速度。随着网上不断出现的海量高清大片,借助互联网电视,犹如连接了一座应有尽有的"电影博物馆"。

2. 家庭互联

互联网电视的互联功能,能够让电视与电脑组成一个内部家庭局域网,省去了通过U盘转接的麻烦,电视可以自动搜索,查找电脑里的照片、电影、音乐、视频。

3. 在线自动升级

互联网上的新技术新应用飞速发展、层出不穷,互联网电视具有开放升级系统,可以自动实现软件升级。在日后应用环境成熟时,互联网电视会帮助用户实现在线网络游戏、在线音乐欣赏、适时天气查询、适时股票查询、新闻快报等更加丰富和实用的功能。

互联网电视的应用发展,已经逐步成为电视产业发展的趋势。谷歌、苹果、百度、阿里巴巴、爱奇艺、小米、海尔、TCL、创维、联想,加之上海文广集团等,其中不仅有互联网公司,传统的电视厂商、IT制造公司、中国移动等电信运营商以及广播电视公司也都加入到了互联网云电视领域。最早的企业推动,如苹果Apple推出基于互联网影视的AppTV业务发展到运营商参与;韩国Hanaro电信推出融互联网TV、IPTV和下载等互动服务;美国Comcast提出"电视无所不在"计划。新电视业务,以电视机为终端,已经不仅是借助IP网络存储,更多的是借助互联网平台的内容聚合效应。互联网电视在国外发展具有商业基础,用户有付费的意愿,内容商版权收入有保证,相关准入政策有法可依。而在中国,现实环境严重束缚了产业发展。

在国内,与向互联网机顶盒硬件领域进军的乐视网、小米科技及电视厂商不同,优朋普乐并不做硬件。同样主打互联网云电视概念的,比较知名的还有百视通和华数传媒。目前来看,用户如果要实现客厅电视的智能化、互联网化有两个选择。第一个选择比较经济实惠,在电视上加个"盒子"。可供选择的产品有"小米盒子"、"乐视盒子"、阿里巴巴和华数传媒联手打造的"华数彩虹",还有优朋普乐、百视通、PPTV,以及百度最新推出的"百度影棒"。第二个选择是直接将电视升级换代为互联网电视。市场上主要有乐视TV、TV+、酷开等。

目前,互联网云电视的视频用户的观看习惯正在从PC端、手机移动端向电视屏转移,传统电视行业面临着客厅的娱乐化转型。借鉴智能手机的商业模式,通过内容、应用、广告推送、附加值获取利润。软硬合作将会成为互联网云电视产业发展的强大助力,推动产业生态体系的建立与完善,同时为多屏融合奠定基础。硬件厂商与互联网公司的合作涉及平台的合作,如云平台、应用开放平台等;内容的合作,如视频、游戏等;

应用服务的合作,如支付、购物等。

本章关键概念

（中英文对照）
数字报纸（digital newspaper）
数字广播（digital broadcast）
数字电视（digital TV）
数字杂志（digital magazine）
数字电影（digital movie）
互联网云电视（network television）

本章思考题

1. 结合本章所学,谈谈你对数字报纸发展中存在问题的认识。
2. 你经常阅读的数字杂志有哪些,对其中三种进行比较分析。
3. 你使用过哪些厂商的互联网云电视机顶盒比较满意,对其中两种进行比较分析。

本章推荐阅读书目

[1] 萧盈盈.互联网时代:电视的变革与迁徙[M].北京:知识产权出版社,2016.
[2] 刘戈三.电影科技:数字电影技术应用研究[M].北京:中国电影出版社,2015.

主要参考文献

[1] 唐绪军.中国新媒体发展报告(2016)[M].北京:社会科学文献出版社,2016.

第四章 移动型新媒体技术

本章导言

1. 移动电视
2. 移动通信技术
3. 微信
4. 二维码
5. 蓝牙
6. App
7. Wi-Fi

本章引例

◆ 在大多时候,我们不仅仅只是想语音通话,我们需要看到彼此的样子,看到对方在做些什么以及周围的环境,进行更细致的交流。但在 3G 时代及之前,可能很少有人用过可视电话这项业务,虽然它在 3G 商用之初被标榜为标志性应用,但由于连接时间长、稳定性差,且画质不清晰,因此鲜有问津。不过进入 4G 时代,新一代的高清视音频技术出现了,这一技术解决了 3G 可视电话的弊端,视频电话的接通时间更短,音质更优,画面更清晰,我们不费吹灰之力就可以实现一边高清视频通话,一边在线浏览网页、收发邮件。

◆ 现在,网上购物是许多人热衷的一种购物方式,其便捷性不言而喻,它的快速发展,也离不开支付方式的一步步革新与发展。从前的网上支付,需要网上银行,需要密码、密保卡甚至 U 盾,操作过程复杂,而且必须通过电脑才能完成支付。相对比较简单的支付方式是通过支付宝或者网上银行的快捷支付功能,但也需要身份证号、手机验证码等途径来完成整个支付过程。进入 3G 时代后,随着智能终端的普及与二维码技术的发展与成熟,使用手机、平板电脑等智能终端上的应用程序,扫描支付页面的二维码,输入密码即可完成支付,小额支付甚至无须输入密码,大大提高了支付的速度,改善了用户体验。

新媒体技术

◆ 你迎来了一周中最开心的时刻——周末,你用手机调到空调模式打开并调节空调;在家里和家人通话也不需要钱了;到了晚上和朋友聚会,和朋友秒传有趣的视频;第二天你打印东西,在手机直接发送到打印机等等。正如狄更斯所言:"这是一个最好的时代,这是一个最坏的时代;这是一个智慧的年代,这是一个愚蠢的年代;这是一个光明的季节,这是一个黑暗的季节;这是希望之春,这是失望之冬;人们面前应有尽有,人们面前一无所有;人们正踏上天堂之路,人们正走向地狱之门。"

请阅读以上三个案例,分析情境中所应用的新媒体技术有哪些?

第一节 移动电视

一、移动电视的基本含义与基本原理

数字移动电视(见图4-1)就是采用了先进的数字电视技术,可以在移动状态中收看的电视。数字移动电视是国际公认的新兴媒体,是全新概念的信息型移动户外数字电视传媒,是传统电视媒体的延伸,它被称为"第五媒体"。它以数字技术为支撑,通过无线数字信号发射、地面数字接收的方式进行电视节目传播。它最大的特点是在处于移动状态、高速行驶的交通工具上,能保持电视信号的稳定接收和画面清晰播放。观众可以在数字移动电视有效的覆盖范围内,在任何安装了接收装置的巴士、出租车、轮船、轨道交通等移动载体中轻而易举地收看到如DVD般清晰的移动电视画面,数字移动电视当然也能在非移动的情况下收看。狭义上,移动电视是指在公共汽车等可移动物体内通过电视终端,移动地收看电视节目的一种技术应用。广义上,移动电视是指一切可以以移动方式收看电视节目的技术应用,这就包括了狭义上的移动电视、手机电视等。

图4-1 数字移动电视

二、移动电视的基本特征与基本应用

1. 基本特征

(1)强制性收视。

传统的电视传播中,受众拥有相对主动性,可以选择何时看、看什么,随时选择频

道,特别是在广告播出时段更换频道。移动电视传播环境下的受众处于相对被动地位,具有对某一预设好的传播内容的"必视性"和"必听性",除非你闭眼不看、塞耳不听。移动电视的强制性视听,剥夺了观众手中的"遥控器",避免了观众随时更换频道或关闭声音的情况,有利于培养社会大众群体性收看同一节目的自觉性,这对于某些预设好的内容来说,传播效果更好。

(2) 内容的易获性。

移动电视系统是由移动传媒电视公司投资建设的,公共载体接收终端播放的节目基本免费收看。受众基本上无须增加个人投资和消费成本,只需付出"注意力资源",更容易为受众接受。从这一点来说,移动电视的普及完全是一种既能获利又具有社会公益性质的事业。

(3) 资讯利用最大化。

如何让已有的资讯为最广大的人群服务并产生最大的经济和社会效益,一直是传媒人所关注和思考的问题。传统电视媒体对信息资讯的利用远远没有发挥其应有的价值。移动电视的开展,投资建设者可以成立专门的移动电视频道,整合各台的新闻、信息资源,通过移动电视系统为更广阔的受众群体服务,达到资讯利用最大化、利润创收最大化。同时,能够利用已有的频道带宽资源、传统电视媒体、人力和节目资源创造出更大的效益。

(4) 传统电视媒体的补充和延伸。

移动电视是国际公认的新兴媒体,是全新概念的信息型移动户外数字电视传媒,是传统电视媒体的补充和延伸,被称为"第五媒体"。受众在家里或其他固定场所可以选择收看传统电视媒体,当出行、外出办事或闲暇等移动状态中想获得资讯而又无法收看传统电视媒体时最好的选择便是移动电视,移动电视弥补了传统电视媒体"有缝"覆盖的缺陷。

2. 基本应用

移动电视能在移动设备上看电视节目,移动电视的终端可以是手机、PDA、MP4、数码相机、笔记本电脑等。它最大的特点是在处于移动状态、时速120公里以下的交通工具上能保持电视信号的稳定和画面清晰。其应用模式有:手机电视、车载电视、户外电视、楼宇电视等。目前较成熟的移动电视标准包括欧洲的 DVB-H/T、美国的 Media FLO、韩国的 T-DMB、日本的 ISDB-T 等。而我国的移动电视技术中以 CMMB(China mobile multimedia broadcasting,中国移动多媒体广播)应用最为广泛,包括芯片、编码器、复用器、发射机、调制器、增补放大器、测试仪器、接收终端在内的设备产业链已初具规模。

三、移动电视的应用形式与应用前景

目前,我国数字移动电视受技术、建设成本、适用设备等方面的影响尚属起步阶段,广泛普及还需时日,但数字移动电视有着巨大的市场潜力和美好的发展前景。

(1) 公交移动电视。

1998年2月,新加坡在城市公交车上开始了地面数字移动电视的试验,成为世界上最早运行数字移动电视的国家,随后日本、韩国相继投入运行。欧美也较早试运行了地面数字移动电视。1998年9月至11月,英国、美国就分别进行了地面数字移动电视服务的试运行,随后西班牙、挪威、法国相继投入运行。中国香港地区在巴士上也应用了移动电视技术,开展此项服务的"路讯通"采用的是VCD技术。虽然这项技术的实时性较数字信号传输技术差,但在商业发达和客流量大的香港,移动电视运营商"路讯通"通过成功的运营成了"没有负债的上市公司"。2000年,国家计划委员会宣布在上海、北京、深圳三个城市进行地面数字移动电视试验,上海率先响应。2003年7月,广电总局批复了移动地面电视的试验项目。上海市广播电视研究所开发了全国首套公交数字移动电视系统,填补了内地此项空白。2003年1月1日,中国内地第一个移动电视频道——上海东方明珠移动电视正式开播,到2004年底,上海安装在轮渡码头、浦江游轮、地铁车站、出租车上的移动电视接收台数达7000个,日受众人数300多万。2004年5月,移动电视在北京公交车上亮相,2004年底,北京已有73条线路的4000多辆公交车、3000辆出租车安装了移动电视,每天可以影响343万乘客。继上海、北京之后,在我国的大中城市刮起了一股移动电视旋风,国内主要省会城市和发达城市都相继成立了数字移动电视公司。2006年3月,广电总局为规范公交移动电视,给开播机构设置了诸多条件:首先,必须是有实力、有条件的地市级以上广播电视播出机构;其次,开展移动数字电视试验的城市,其城市公交车数量应不低于2000辆;最后,移动数字电视集成发射平台的建设符合总局地面数字电视频率规划的要求。

以公交移动电视(见图4-2)为代表的移动电视为整个社会提供了一个新的信息传播渠道和信息服务平台。公交移动电视填补了户外收视的空白,促进了广电传媒的发展。目前公交移动电视在中国各省市陆续开播,其规模和覆盖范围各不相同,技术标准差异明显,移动电视本身存在的技术问题极大地影响了公交移动电视的传播效果。同时,对于目前移动电视受众特点的研究还十分欠缺,节目编排也有待调整和完善;移动

图4-2 公交移动电视

电视尚未形成完整的产业链,其盈利模式有待继续探索。

(2) 手机移动电视。

全国手机用户有3亿多用户,这是一个巨大的消费对象,手机有望成为数字移动电视(见图4-3)的一种终端。目前,很多手机生产商已开发了具有移动电视接收功能的新产品。当电视节目的制作与传输实现数字化后,手机用户无疑成为广告媒体行业提供了极具增值财富的新目标。不过目前手机电视存在电池效率低、资费较贵、网络带宽不够等诸多瓶颈,制约了手机电视的发展。

图4-3　手机移动电视

(3) 楼宇移动电视。

楼宇移动电视(见图4-4)将数字信号接入宾馆、商厦、餐厅、高级公寓、商务楼等电梯内外的液晶显示屏,用来播出即时性的新闻、财经资讯、体育、娱乐等节目,将提升楼宇液晶电视的主动性收视,广告将更有空间,投资效益极其可观。

图4-4　楼宇移动电视

(4) 列车移动电视。

列车移动电视(见图4-5)作为一种新兴媒体,汇聚了最具消费能力的中青年主流群体,中国每年铁路旅客的数量为几十亿人次。随着技术获得突破,列车移动电视的发展空间更加广阔,其节目播放时间比较长,可以有效宣传列车形象并给以乘客优良而轻松的旅途环境,必将得到广大乘客的高度认可。

图 4-5　列车移动电视

第二节　移动通信技术

一、3G 技术

1. 3G 技术的基本概念

3G 是第三代移动通信技术（见图 4-6），国际电联也称 IMT-2000（international mobile telecommunications 2000），是指支持高速数据运输的蜂窝移动通信技术。3G 服务相对于普通版本具有同时传送声音数据信息的功能，3G 技术的开展是一项浩大的工程，实施并逐步推进 3G 技术是一项牵涉面相对复杂的工作，因而过渡技术就顺势而生。比如，市场上推行的 2.5G 移动通信技术就是衔接技术，实现 2G 向 3G 的演变。也正是通过这些不断演变、不断衔接的技术使 3G 技术在不断地完善和提高，使其具备了老移动通信技术所不具备的特点。

图 4-6　3G 通信标志

（1）高速传输性。

采用 HSDPA 等新技术，提高无线接口数据业务的速率，支持高速率数据传输，在 WCDMA 中信道带宽可达 5 MHz。

(2) 无缝隙全国漫游。

支持与 GSM、UMTS CS、PSTN 互通,双模终端将在 GSM 网络和 UMTS/ITM-2000 网络之间提供无缝隙的切换和漫游。同时,这也体现了 3G 技术的高兼容性。

(3) 业务多样灵活性。

在 3G 技术中,可以同时处理多种业务,如在 WCDMA 中允许每个 5 MHz 载波 8 kbit/s~2 Mbit/s 的混合业务。在同一信道上,可以进行电路交换业务也可以进行分组交换业务,多个电路交换业务和分组交换业务能在一个终端上进行,从而实现真正的多媒体业务,这一技术支持处理图像、音乐、视频流等多种媒体形式,使人们随时随地可以享受高速上网的乐趣,大大丰富了人们的生活。

(4) 容量更大。

在 WCDMA 中差不多是窄带 CDMA 的两倍,在上/下行链路中可以使用更大的宽带。

(5) 高安全性。

3G 技术使用的是五元组 AV,它实现了网络和用户之间的双向认证,加密和完整性保护在 RNC 中实现,增加了信令的完整性保护,以及同步消息认证机制,这样使得通话的安全性提高,不易被窃听。

2. 3G 技术的应用领域

(1) 3G 技术在生活方面的应用。

宽带上网:宽带上网是 3G 技术的一项重要功能,人们可以随时随地通过手机收发邮件、写微博、观看视频、QQ 聊天、搜索下载,3G 技术让手机成为一个个人掌上小电脑。

视频语音(见图 4-7):当今社会人们更加追求视觉上的冲击力和快速直接的特性,3G 技术打破了只能语音通话的传统,现在人们可以通过视频通话实现面对面的通话。

手机购物:高速的 3G 技术让购物更容易、更轻松,高质量图片和视频交流使人们可以方便、快捷、直观地进行购物。

手机阅读和手机电视:人们在出差、旅游的途中或闲暇的时候可以随时用手机看书、看电视。不用再为想看一个节目却没在电脑或电视旁而发愁。

手机游戏:3G 时代的到来,使用手机玩网游的想法成为现实,它携带方便,网游爱好者可以更好地利用零碎时间。

图 4-7 3G 视频通话

(2) 3G 技术在企业方面的应用。

3G 技术在创建数字图书馆方面的应用。3G 技术在此方面的广泛推广不仅能使传统意义上的图书馆移动起来,方便读者,还能加强图书馆内部管理自动化,方便办公。

首先,图书管理员可以通过 3G 手机不受时间地点的限制适时、高效处理图书馆待办事务。例如,图书馆系统需要 24 小时面向社会公众进行服务,如果出现故障,管理员通过 3G 手机系统就能及时获得异常提醒和错误代码信息,并及时做出处理。图书采购员还可以利用 3G 手机系统对图书的 ISBN 进行拍摄,实时异地传送进行检索、查重,有效识别各类图书馆藏情况,并用电话联系厂家补充缺额。其次,3G 图书馆更是利民的项目。读者可以利用 3G 移动快速定位、准确获取文献资料具体方位;可以适时咨询,在 3G 环境下管理员与读者实现视音频通话沟通。

(3) 3G 技术在社会中的应用。

3G 手机在防汛指挥中亦可发挥重大作用。通过 3G 手机摄像功能,巡查工作人员将现场图像、文件以数据形式及时传回防汛指挥总部的信息采集系统。通过移动视频通话功能,前方工作人员及时与后方防汛指挥专家交流,可实现灾害现场与指挥专家就重大灾害事故的视频会商。

3. 3G 技术发展趋势分析

(1) 视频业务。

视频业务将会是 3G 技术的标志性业务。3G 网络具备良好的控制机制和更高性能的宽带,能够支持高视频业务的迅速发展,因此,移动视频业务必将会成为 3G 标志业务。

(2) 移动互联网业务。

移动互联网会成为主流业务。3G 手机是通信行业与计算机行业的结合,移动网与互联网的融合顺应历史潮流,随身携带的互联网将成为 3G 业务主流。人们可以在手机上进行网络远程教育、远程医疗等。

(3) 个性化服务。

在经济与科技快速发展的今天,创新是被频繁提及的话题,创新是企业的灵魂,产品个性化服务要求更加明显。人们日常生活讲究不仅人性化也讲究个性化,3G 网络、3G 终端的迅速发展为个性化发展提供了有利条件。在 3G 技术日趋成熟后,可以根据个人的个性化需求为其提供专门的 3G 服务。

(4) 融合化。

现在看来,运营工作的关键在于移动业务和固定业务是否可以成功融合。从通信业务方面来看,融合就是指用户能够随时接入网络签订协议,为其提供最便利的网络服务。此外,三网融合也将会是一种趋势,即当电信网、计算机网和有线电视网三大网络通过技术改造成功融合,无论怎么样对于 3G 技术来说都是一次业务和服务的全面提升,会给人们的生活带来更大的惊喜。

3G 技术在不断地丰富着人们的生活,它将会使我们的生活实现一个大跨越。我们对 3G 技术充满了美好期待。3G 良好的发展前景、发展潜力是有目共睹的。相信随着网络通信技术的不断研发,在 3G 环境下通信业务必将迎来其技术发展的巅峰,让手机应用技术为高科技生活提供更完善的服务。

二、4G 技术

1. 4G 通信的基本概念

4G 通信,即第四代移动通信的简称(见图 4-8)。到目前为止对 4G 的定义、它的技术参数、国际标准、网络结构乃至业务内容依然没有完全确定下来。但不管人们对 4G 通信怎样定义,有一点能够肯定,4G 通信将是一个比 3G 通信更完善的新无线世界,它将可创造出许多消费者难以想象的应用。4G 通信技术是以传统通信技术为基础,并利用一些新的通信技术手段来不断提高无线通信的网络效率和功能。如果说现在的 3G 能提供一个高速传输的无线通信环境的话,那么 4G 通信将是一种超高速无线网络,一种不需要电缆的信息超级高速公路,这种新网络可使电话用户以无线与三维空间虚拟现实连线。

图 4-8 4G 通信技术标志

2. 4G 通信的特点

与传统的通信技术相比,4G 通信技术最明显的优势在于通话质量及数据通信速度,同时具有更高的数据率、更好的业务质量、更高的频谱利用率、更高的安全性、更高的智能性、更高的传输质量和更高的灵活性,我们已进入 4G 时代(见图 4-9)。它还能支持非对称性业务,并能支持多种业务。4G 通信有以下特点。

图 4-9 4G 时代

（1）从传输速率上看，第一代模拟通信仅能提供语音服务；第二代数位式移动通信系统传输速率也只有 9.6 Kbps，最高可达 32 Kbps，如小灵通；第三代移动通信系统数据传输速率可达到 2 Mbps；而第四代移动通信系统可以达到 10 Mbps 至 20 Mbps，甚至达到 100 Mbps 的速度传输无线信息。

（2）从网络频谱看，每个 4G 信道将占有 100 MHz 的频谱，相当于 WCDMA（3G）网络的 20 倍。

（3）从频率资源上看，3G 使用 1.8～2.5 GHz 的频率，其频谱效率只有 2 bps/Hz，频率资源不够丰富，而 4G 使用 2～8 GHz 的频率，其频谱效率能达到 5 bps/Hz，能够满足手机用户的日益增长的需求。因此，4G 灵活性要比 3G 强得多，能自适应地进行资源分配。

（4）从覆盖性能上看，目前 3G 的地区覆盖方面存在着许多技术问题，而 4G 可在不同接入技术之间进行全球漫游与互通，实现无缝通信。此外，4G 还可以在 DSL（数字用户线路）和有线电视调制解调器没有覆盖的地方部署，然后再扩展到整个地区。

（5）从 IP 网络兼容性看，3G 系统不是基于 IP 的，如 CDMA2000 基于美国国家标准局-41，WCDMA 基于 GSM-移动应用层。而 4G 则支持下一代的 Internet 和所有的信息设备，将能在 IPv6 网络上实现语音和多媒体业务。

由于技术的先进性确保了成本投资的大幅减少，4G 通信费用也要比以往的通信费用低。但是第四代无线通信网络系统是一个非常复杂的技术系统，在具体实施的过程中会出现大量令人头痛的技术问题，这些问题可能需要花费好几年的时间才能解决。问题主要表现为标准难以统一，市场难以消化，设施难以更新，技术难以实现和容量受到限制等五个问题。例如，如何保证楼区、山区及其他有障碍物等易受影响地区的信号强度，如何使手机很容易地从一个基站的覆盖区域进入另一个基站的覆盖区域时和网络保持联系等问题。

3. 4G 技术的应用和发展前景

之前日本的 NTT 公司于 2010 年推出 4G 通信服务，网络的下载速度可以达 100 Mbps，上传速度为 20 Mbps。美国 AT&T 公司也推出了 4G 通信网络的试验，可以配合目前的 EDGE 技术进行无线上传，并通过正交频分复用技术达到快速下载的目的。2008 年 2 月，欧洲的四家移动设备生产商——阿尔卡特、爱立信、诺基亚和西门子组成了世界无线研究论坛，以研究 3G 以后的发展方向为宗旨。4G 技术在 2010 年开始投入应用。这一代通信技术可以将不同的无线局域网络和通信标准、手机信号、无线电通信和电视广播，以及卫星通信结合起来，这样手机用户就可以随心所欲地漫游了。国际电信联盟无线电通信部也已达成共识，将把移动通信系统同其他系统结合起来（见图4-10），在 2010 年之前使数据传输速率达到 100 Mbps。

高智能终端：4G 手机的功能已不能简单划归到"电话机"的范畴，4G 手机应该算得上是一台小型电脑。并且 4G 手机从外观和式样上，将有更惊人的突破。4G 通信将使人们不仅可以随时随地通信，更可以双向下载传输资料、图画、影像，当然更可以和从未谋面的陌生人网上联线对打游戏。第四代移动通信的智能性更高，不仅表现在 4G 通信的终端设备的设计和操作具有智能性，如对菜单和滚动操作的依赖程度将大大降低，

图 4-10　4G 高清视频回传正在成为移动警务类应用的基本功能需求

更重要的是 4G 手机可以实现许多难以想象的功能。例如,4G 手机可以将电影院票房资料,直接下载到 PDA 上,这些资料能够把目前的售票情况、座位情况显示得清清楚楚,大家可以根据这些信息在线购买自己满意的电影票;4G 手机可以被看作是一台手持电视,用来看体育比赛之类的各种现场直播。

高质量的多媒体通信:尽管第三代移动通信系统也能实现各种多媒体通信,但 4G 通信能满足第三代移动通信尚不能达到的覆盖范围,支持高速数据和高分辨率多媒体服务的需要。第四代移动通信系统提供的无线多媒体通信服务将包括语音、数据、影像等大量信息透过宽频的信道传送出去,为此第四代移动通信系统也称为"多媒体移动通信"。

无论在什么地方,无论使用何种屏幕,都能够得到同样无缝的体验和服务,回家路上用手机观看球赛,进家门便可直接转到电视上观看。任何人在任何时候和任何地点都能和其他所有人进行通信。长期以来,这都是人们的美好想象,现在 4G 技术使之成为可能。虽然 4G 系统的发展道路是坎坷的,但是随着新技术和新需求的不断出现,4G 必然会成为未来移动通信领域的主导者,使未来通信前景更美好。

三、5G 技术

1. 5G 技术的概述与趋势

移动通信技术随着用户需求的飞速膨胀,也在不断地更新换代。全球 4G 布局建设方兴未艾,5G(见图 4-11)也随着新型技术和网络架构的研究开发在全球拉开大幕。5G 是面向 2020 年以后移动通信需求而发展的新一代移动通信系统。根据移动通信的发展规律,5G 将具有超高的频谱利用率和能效,在传输速率和资源利用率等方面较 4G 移动通信提高一个量级或更高,其无线覆盖性能、传输时延、系统安全和用户体验也将得到显著的提高。5G 移动通信将与其他无线移动通信技术紧密结合,构成新一代无所不在的移动信息网络,满足未来10年移动互联网流量增加1000倍的发展需求。5G移动通信系统的应用领域也将进一步扩展,对海量传感设备及机器与机器(M2M)通信的支撑能力将成为系统设计的重要指标之一。未来5G系统还需具备充分的灵活性,具有网络自感知、自调整等智能化能力,以应对未来移动信息社会难以预计的快速变化。

图4-11　5G概念图

2. 5G技术的特点

(1) 5G研究在推进技术变革的同时将更加注重用户体验。网络平均吞吐速率、传输时延以及对虚拟现实、3D、交互式游戏等新兴移动业务的支撑能力等将成为衡量5G系统性能的关键指标。

(2) 与传统的移动通信系统理念不同,5G系统的研究将不仅把点到点的物理层传输与信道编译码等经典技术作为核心目标,而且把更为广泛的多点、多用户、多天线、多小区协作组网作为突破的重点,力求在体系构架上寻求系统性能的大幅度提升。

(3) 室内移动通信业务已占据应用的主导地位,5G室内无线覆盖性能及业务支撑能力将作为系统优先设计目标,从而改变传统移动通信系统"以大范围覆盖为主、兼顾室内"的设计理念。

(4) 高频段频谱资源将更多地应用于5G移动通信系统,由于受到高频段无线电波穿透能力的限制,无线与有线的融合、光载无线组网等技术将被更为普遍地应用。

(5) 可配置的5G无线网络将成为未来的重要研究方向,运营商可根据业务流量的动态变化实时调整网络资源,有效地降低网络运营的成本和能源的消耗。

3. 5G的发展前景

5G作为未来通信发展的趋势,要应对不断增长的需求,不仅要创新,还要有极强的兼容性。根据5G技术的发展走向,未来的5G技术应该可以兼容2G、3G、4G中所有的通信协议,并且在现有接入技术的基础上,集成多种新型接入技术,形成真正的无缝融合网络。因此,在5G时代,全球将有望共用一个标准。针对未来复杂网络架构的运营维护,这种统一的标准无疑是大有裨益的。5G系统的演进和技术的创新,将会促使它逐渐走向智能化和虚拟化,从而将公众带入一个更加人性化和方便的高速通信时代。

第三节 微信

一、微信的基本含义与基本原理

1. 主要概念

2011年1月21日，腾讯正式推出微信。微信是一款基于智能手机，可以实现通过网络快速发送语音、短信、视频、图片和文字，支持多人群聊的移动通信软件。其图标如图4-12所示。其中，"语音短信"、"免费"、"移动"、"便捷"等特点迅速受到市场热捧，这些都使得微信成为迄今为止增速最快的手机应用软件。

微信类移动通信软件是指类似于腾讯微信的，能够跨平台提供语音短信、视频、图片等多样化服务的移动通信软件。目前，国外用户规模较大的包括TalkBox、Line、Kik、KakaoTalk等，国内则有腾讯公司的微信、小

图4-12 微信标志

米公司的米聊以及三大电信运营商推出的"飞聊"、"翼聊"和"沃友"等。微信类移动通信软件以智能手机终端为主要平台，提供语音、短信、视频、图片等多样化的聊天方式，创新多元化社交方式（基于手机通信录为核心，辅以地理位置信息服务等），实现了跨网络、跨终端平台的交流沟通。

2. 微信涉及的传播方式

微信涉及的传播方式大致可以分为三种：好友之间传播、朋友圈传播以及信息接收（信息源包括系统广播、公众号和微博动态）等方式。

第一种传播方式是指通过微信互相添加为好友的用户之间的点对点双向传播。好友的来源是手机通信录、QQ好友以及部分陌生人的账号。一般而言，数量限于几百人。传播方式与手机短信类似，是一种点对点的聊天方式。

第二种传播方式是指微信用户在增加了朋友圈插件后，可通过手机接收到自己的朋友圈好友动态，也可通过手机拍照发送到朋友圈。传播范围跟自己的好友数量相关。微信"朋友圈"被定义为一种私密性的图片分享，限定在相互关注的"朋友"范围内。基于私密性，微信朋友圈的传播功能有"点赞"和"评论"，但不支持转发，难以形成大规模传播。

第三种传播方式是指微信用户作为信息接收端，可以在安装有关插件的前提下，接收来自腾讯网站推送的新闻广播、接收来自公众账号的推送信息、接收来自腾讯微博更新的信息，并可向自己好友转发。具体来说，微信可以将腾讯网站的新闻以系统广播功能，面向所有中文用户推送，用户可以在绑定手机号或QQ号的前提下转发到朋友圈

或腾讯微博或好友。个人账号接收到信息后,可以向朋友圈和自己好友分享;分享给好友,是一种点对点的传播方式。分享到朋友圈的内容,可以进行简单的讨论和点赞的交流,但是由于没有转发功能,所以微信传播无法形成微博那样的多级链条传播。

同微信相比,微博具有即时化的个人媒体与大众传播机制更为明显。在微博上添加"关注"行为所形成的是一种不对称人际关系,这种过程很容易将人际关系从熟人的圈子扩展到陌生人,因而使得个人社交范围大大拓宽,粉丝可高达数十万乃至上千万。松散的社交关系使微博具备了一对多的大规模群体交流的能力,从而使微博大众化传播成为一种现实。微博一对多的发布模式,借助转发使影响力几何级增大,能赢得规模性的话语权,并且进一步反作用于传统媒体。

从微博影响力逻辑模型可以看到从次级评论转发开始,微博内容开始爆发式传播。由于朋友圈的设计并不支持再转发,同时信息已经在亲密圈子内公布,再次传播只能延续点对点的转发方式,或出现向其他平台扩散的方式。

3. 微信传播能力、渠道、范围

微信虽然有三种传播方式,用户获取信息的途径多元化,但是各种传播方式在传播频率、传播范围上存在一定限制,导致了微信对大规模群体交互有先天局限性。

首先,从传播频率上看,微信上的公众号具备简单的广播能力,微信提供了公共号的关注功能,有些"大V"的粉丝较多,可达千万级粉丝,可以实现简单的广播功能。但是,这些"大V"的传播量受到限制。因此,可以说,微信公众号难以实现像微博一样高度互动的大众传播。

其次,微信可以将腾讯网站的新闻以系统广播的方式,面向所有中文用户推送,用户可以在绑定手机号或QQ号的前提下转发到朋友圈或腾讯微博或好友。但是,腾讯新闻作为插件应用,每天只发送两条新闻,大大限制了其作为媒体的功效。

最后,从传播范围上来看,微信群75%为3~5人的小型群组,可见,群组传播直接覆盖人群相对有限。

二、微信的基本特征与基本应用

1. 微信传播特点

1)微信准实名性

微信的准实名性体现在如下方面:一是个人的社交关系。微信的好友来源可以有三种途径:手机通信录、QQ好友和陌生人。其中,手机通信录是微信好友的核心来源,微信更多应用于通信录好友之间的交流,带有典型的准实名制特征。二是号码绑定。微信账号可以与手机号码和QQ号码打通并绑定,手机号码已经符合实名制要求,QQ号码中积累了非常多的个人资料和个人网络痕迹,其中会有很多资料能够体现个人身份。三是微信软件中鼓励实名交友,提供了个人信息(包括头像、名字、性别、地区等)和扫一扫名片,方便用户之间进行真实身份比对。由于移动社交的发展所依靠的是基于熟人"强关系"的新的互动沟通方式,所以实名化的应用有力地推动了移动社交网络环境的改善。

2) 个人私密性

微信的信息内容具有个人私密性的特点。简单来说,个人私密性,主要指普通账号发送的所有信息,好友可以看到,非好友则完全看不到,很好地保护了自己的人际关系。从产品基本功能来看,作为一款应用于个人社交通信场景的产品,微信天然属于强关系链产品,主要是熟人间聊天交流的工具,因此用户隐私得到了严密的保护。从微信的创新功能来看,微信也可以用于构建弱关系链,即陌生人交友。与微博相比,微信完全是具有不同基因属性的产品。微博有更强烈的传播和媒体属性,而微信有更强的黏性,更好的交流体验,是一条较为私密的沟通纽带。

3) 微信的大众传播能力薄弱

微信着眼于点对点的精准定位,这一点决定了微信在产品功能上也做出了限制信息分享的功能限制,导致微信的大众传播能力较弱。第一,限制信息的大规模传播。微信语音、视频不能复制粘贴,除了加入收藏之外不能转发给别的好友,不利于大规模的信息传播。微信信息停留在传受双方的移动终端上,只有传受双方可以看到听到,其他用户无法在自己界面获知。微信目前的功能设计中没有转发功能,因而无法形成微博式长链条的多级传播。朋友圈实际是一个封闭的讨论圈,由于缺少转发功能,难以形成圈子与圈子之间的传播。第二,降低了信息积累,增加了信息溯源难度。微信以聊天为主,积累信息的深度不如微博。相比微博而言,信息缺乏可挖掘的能力,如无法搜索,无法进行量化分析。第三,重视个人隐私的保护。在个人隐私保护和不良信息处理方面,微信也注重了私密性,设计上更尊重个人意志。例如:微信、QQ 空间及腾讯微博的分享按钮都是默认关闭的,朋友圈的照片没有分享功能,发起视频需要消息回复等。

2. 应用形式

1) 基本应用

聊天:支持发送语音、短信、视频、图片(包括表情)和文字,是一款聊天软件,支持多人群聊(最高 40 人、100 人和 200 人的群聊)。

添加好友:微信支持查找微信号、查看 QQ 好友添加好友、查看手机通信录(具体步骤:点击微信界面上方的"＋"—添加朋友—搜号码,然后输入想搜索的微信号、手机号或 QQ 号,之后点击查找即可)和分享微信号添加好友、摇一摇添加好友、二维码查找添加好友、雷达加朋友、关注公众号等八种方式。其流程如图 4-13 所示。

2) 微信支付

微信支付是集成在微信客户端的支付功能,用户可以通过手机快速完成支付流程。微信支付向用户提供安全、快捷、高效的支付服务,以绑定银行卡的快捷支付为基础。支持支付场景:微信公众平台支付、App(第三方应用商城)支付、二维码扫描支付。

3) 其他应用

朋友圈:用户可以通过朋友圈发表文字和图片,同时可通过其他软件将文章或者音乐分享到朋友圈。用户可以对好友新发的照片进行"评论"或"点赞",用户只能看相同好友的评论或赞。

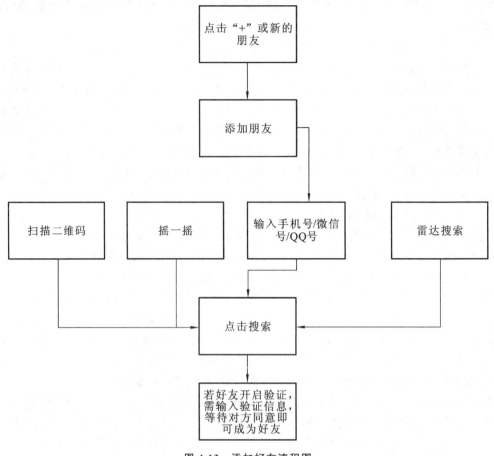

图 4-13 添加好友流程图

微信公众平台：通过这一平台，个人和企业都可以打造一个微信公众号，可以群发文字、图片、语音三个类别的内容。

QQ邮箱提醒：开启后可接收来自 QQ 邮箱的邮件，收到邮件后可直接回复或转发。

微信摇一摇：微信推出的一个随机交友应用，通过摇手机或点击按钮模拟摇一摇，可以匹配到同一时段触发该功能的微信用户，从而增加用户间的互动和微信黏度。

游戏中心：可以进入微信玩游戏（还可以和好友比高分），如"飞机大战"。

2014 年 1 月 15 日晚，微信发布了货币型基金理财产品——理财通，被称为微信版"余额宝"。

三、微信未来的应用趋势

（1）由于微信具有互动性、即时性的特点，其作为个人通信交际的作用越来越普及，将不断为人们提供更加便捷的信息及服务。现如今不仅个人把微信作为通信交往的工具，企业也把微信作为内部沟通交流的便捷渠道，学校也把微信作为师生沟通的一个桥梁。随着科技的不断发展，微信对传统移动通信市场及互联网业务的侵蚀会越来越强。无论是语音业务还是短信、彩信数据,游戏购物等,微信对移动互联网业务都会形成越来越强的分流趋势。但也正因为微信在社交特性方面的弱化和通信功能的不断加强,才使得它有可能成为更加基础的业务领域。由于微信更加贴近基础通信业务,更加接近人和人之间沟通的本能需求,微信业务必然为更多人所接受,前景广阔。

(2)微信将促成中国互联网树立全球性竞争战略。由于微信具备低流量、即时性、互动性、广泛性、界面简洁、功能多元等特点,微信将即时性、社交性融为一体,注定了微信可以突破时间与地域的限制,横纵双向扩大现代社交矩阵,并使其在国际移动互联网中备受欢迎。

(3)正处于高速成长期的微信,有潜力成为新一代全球化平台。互联网实验室联合浙江传媒学院互联网与社会研究中心于2013年1月发布了《微信类移动通讯软件行业发展报告》。该《报告》指出,与成熟期的全球化平台对比,目前微信用户增长速度,远超国内外其他同类软件的发展速度,有望发展成为具有全球影响力的移动社交平台。

随着政府支持力度的加大,以及企业持续增强的创新能力,微信完全可以成为继Google、Facebook、Twitter、YouTube等之后的又一重要的通信工具。

第四节 二维码

一、二维码的基本含义与基本原理

1. 基本含义

二维码,又称二维条形码。二维条形码最早发明于日本,它是用某种特定的几何图形按一定规律在平面(二维方向上)分布的黑白相间的图形记录数据符号信息的,在代码编制上巧妙地利用构成计算机内部逻辑基础的"0"、"1"比特流的概念,使用若干个与二进制相对应的几何图形来表示文字数值信息,通过图像输入设备或光电扫描设备自动识别以实现信息自动处理。二维码是一种比一维码更高级的条码格式。一维码只能在一个方向(一般是水平方向)上表达信息,如图4-14所示。而二维码(见图4-15)在水平和垂直方向都可以存储信息。一维码只能由数字和字母组成,而二维码能存储汉字、数字和图片等信息,因此二维码的应用领域要广得多。

它具有条码技术的一些共性:每种码制有其特定的字符集;每个字符占有一定的宽度;具有一定的校验功能等。同时,还具有对不同行的信息自动识别功能及处理图形旋转变化等特点。

图 4-14　一维条码图形

图 4-15　二维码图形

2．基本原理

二维码是使用若干个与二进制相对应的几何形体来表示文字数值信息，将信息换算成二进制的几何形体，并生成一个矩阵图。二维码生成之后，要用专门的解码器解码，现在都采用红外线探头来抓取图形，一般分为硬解码和软解码。硬解码是探头抓取图形之后用软件直接解码，软解码是通过抓取图形之后传送到二维码库里去对比解码。

二、二维码的基本特征与基本应用

1．基本特征

（1）高密度编码，信息容量大：可容纳多达1850个大写字母或2710个数字或1108个字节或500多个汉字，比普通条码信息容量高几十倍。

（2）编码范围广：该条码可以把图片、声音、文字、签字、指纹等可以数字化的信息进行编码，用条码表示出来；可以表示多种语言文字；可表示图像数据。

（3）容错能力强，具有纠错功能：这使得二维条码因穿孔、污损等引起局部损坏时，依然可以正确得到识读，损毁面积达50%仍可恢复信息。

（4）译码可靠性高：它比普通条码译码错误率百万分之二要低得多，误码率不超过千万分之一。

（5）可引入加密措施：保密性、防伪性好。

（6）成本低，易制作，持久耐用。

2．基本应用

二维码具有储存量大、保密性高、追踪性高、抗损性强、备援性大、成本低等特性，这些特性特别适用于表单、安全保密、追踪、证照、存货盘点、资料备援、资源下载等方面。

表单应用：公文表单、商业表单、进出口报单、舱单等资料之传送交换，减少人工重复输入表单资料，避免人为错误，降低人力成本。

保密应用：商业情报、经济情报、政治情报、军事情报、私人情报等机密资料之加密及传递。

追踪应用：公文自动追踪、生产线零件自动追踪、客户服务自动追踪、邮购运送自动追踪、维修记录自动追踪、危险物品自动追踪、后勤补给自动追踪、医疗体检自动追踪、生态研究（动物、鸟类……）自动追踪等。

证照应用：护照、身份证、挂号信、驾照、会员证、识别证、连锁店会员证等证照之资料登记及自动输入，发挥"随到随读"、"立即取用"的资讯管理效果。

盘点应用：物流中心、仓储中心、联勤中心之货品及固定资产之自动盘点，发挥"立即盘点"、"立即决策"的效果。

备援应用：文件表单的资料若不愿或不能以磁盘、光碟等电子媒体储存备份时，可利用二维码来储存备份，携带方便，不怕折叠，保存时间长，又可影印传真，做更多备份。

网络资源下载：可以应用到网上的资源下载，比如电子书，游戏，应用软件等等。

三、二维码的应用形式与应用前景

1. 二维码应用形式

目前，比较广泛的应用包括以下几点。

（1）身份识别，主要是一些名片的制作。网易也推出了二维码名片，方便记录，快速识别，其中包括一些会议签到类的应用。

（2）产品溯源，一些产品的基本信息，还有目前物流运用二维码来进行物流跟踪。

（3）电子票务，如电影票、景点门票，采用二维码定制，除去了排队买票验票时间，无纸化绿色环保。

（4）电子商务上的应用，包括二维码提货，二维码优惠券等，一些海报上商品展示也已出现二维码购物。

（5）其他娱乐应用，包括一些广告、音乐视频图片的链接，都加在二维码里面，可供识别之后下载。

2. 应用前景

二维码的应用前景主要包括以下几个方面。

（1）通过二维码做成电子名片，以后可以告别纸质名片时代，发一个二维码，直接扫描，就能获得联系方式、联系地址、职务等基本信息。

（2）电子商务网站线下推广营销可以对应每个产品放置二维码链接地址，当用户扫描二维码的时候直接可以链接到网站的产品介绍页面，不仅给网站带来了流量，还可以方便用户直接购买，提高转化率。

（3）微信二维码好友链接，想必大家不再陌生，里面还可以自制一个标志增加二维码的美观，扫描一下就可以加为微信好友，目前微信是中国移动互联网为数不多的优质产品，未来发展前景一片大好。

（4）通过二维码可以传递很多文字信息，因为容量大，这样就可以避免了一些第三方看到机密或者隐私内容，轻轻一扫，就能让对方知道里面的秘密。

（5）二维码还可以应用到电影行业，当一个新电影需要宣传的时候，可以在海报里面添加二维码链接，当粉丝扫描二维码之后就可以链接到下载页面，下载电影片花等，可增强互动性。

（6）二维码未来可以应用于各行各业。二维码未来将会是网络营销必备的工具，如果能够提前占领二维码行业制高点，将在未来的营销中占据一定的优势。

一、蓝牙技术的基本含义

蓝牙(bluetooth)，是一种新式的无线传送协议，最初由爱立信创制，后来由蓝牙特别兴趣组制定技术标准。1999年5月20日，索尼爱立信、IBM、英特尔、诺基亚及东芝等业界龙头创立蓝牙特别兴趣组，制定蓝牙技术标准。"蓝牙"这一名称来自10世纪的丹麦国王哈拉尔德(Harald Gormsson)的外号。出生于海盗家庭的哈拉尔德结束了北欧四分五裂的局面，成为维京王国的国王。由于他喜欢吃蓝莓，牙齿常常被染成蓝色，而获得"蓝牙"的绰号，当时蓝莓因为颜色怪异而被认为是不适合食用的东西，因此这位爱尝新的国王也成为创新与勇于尝试的象征。1998年，爱立信公司希望无线通信技术能统一标准而取名"蓝牙"。

蓝牙用于不同的设备间的无线连接，连接计算机和外围设施，如打印机、键盘等，又或让个人数字助理(PDA)与其他附近的PDA或计算机进行通信。目前，市面上具备蓝牙技术的手机选择非常多，可以连接到计算机、PDA甚至连接到免提听筒。

二、蓝牙技术的基本原理

蓝牙以无线LANs的IEEE802.11标准技术为基础，采用分散式网络结构以及快跳频和短包技术，支持点对点及点对多点通信，工作在全球通用的2.4 GHz ISM(工业、科学、医学)频带。其数据速率为1 Mbps。采用时分双工传输方案实现全双工传输。ISM频带是对所有无线电系统都开放的频带，所以会遇到不可预测的干扰，如一些家电、无绳电话、微波炉等，都可能产生干扰。为此，蓝牙特别设计了快速确认和跳频方案以确保链路稳定。跳频技术是把频带分成若干个跳频信道(hop channel)，在一次连接中，无线电收发器按一定的码序列(伪随机码)不断地从一个信道"跳"到另一个信道，只有收发双方是按这个规律进行通信的，而其他的干扰不可能按同样的规律进行干扰；跳频的瞬时带宽是很窄的，但通过扩展频谱技术使这个窄带成百倍地扩展成宽频带，使干扰可能的影响变得很小。

蓝牙系统一般由天线单元、链路控制单元、链路管理单元、软件(协议)单元等4个部分组成。天线部分体积小重量轻，便于微型化。链路控制单元目前主要由3个集成芯片组成，此外还使用了较多的独立调谐元件，其作用是处理基带协议和其他常规协议。链路管理单元能够自动寻找其他同类单元并与之通信。软件(协议)单元是蓝牙技术的主要部分，主要用于语音和数据的传输。蓝牙协议可分为4层：核心协议层，是蓝牙协议的关键部分；电缆替代协议层；电话控制协议层和采纳的其他协议层。这里介绍核心协议层包括基带(baseband)层协议、链路管理协议(LMP)、逻辑链路控制与适应协议(L2CAP)、业务搜寻协议(SDP)等四部分。

(1) 基带层协议。

蓝牙基带协议是电路交换与分组交换的结合。在被保留的时隙中可以传输同步数据包,每个数据包以不同的频率发送。一个数据包名义上占用一个时隙,但实际上可以被扩展到占用5个时隙。蓝牙可以支持异步数据信道、同步话音信道,还可以用一个信道同时传送异步数据和同步话音。每个话音信道支持64 Kbps同步话音链路。异步信道可以支持一端最大速率为721 Kbps而另一端速率为57.6 Kbps的不对称连接,也可以支持432.6 Kbps的对称连接。

(2) 链路管理协议。

链路管理负责蓝牙组件间连接的建立。它具有下列功能:主从网络管理、链路设置和安全功能。通过连接的发起、交换、核实,进行身份鉴权和加密等安全方面的任务;通过协商确定基带数据分组大小;它还控制无线单元的电源模式和工作周期,以及微微网内蓝牙组件的连接状态。

(3) 逻辑链路控制与适应协议。

逻辑链路控制与适应协议位于基带协议层之上,属于数据链路层,是一个为高层传输和应用层协议屏蔽基带协议的适配协议。L2CAP负责高层协议复用、提取MTU、组管理,以及将服务质量信息传递到链路层次。其完成数据的拆装、基带与高协议间的适配,并通过协议复用、分用及重组操作为高层提供数据业务和分类提取,它允许高层协议和应用接收或发送长过64 KB的L2CAP数据包。

(4) 业务搜寻协议。

业务搜寻协议是极其重要的部分,它是所使用模式的基础,提供应用发现可用的服务,以及确定可用的服务特点的方法。通过SDP,查询设备信息、业务及业务特征,并在查询之后建立两个或多个蓝牙设备间的连接。SDP支持3种查询方式:按业务类别搜寻、按业务属性搜寻和按业务浏览。

三、蓝牙技术的基本特征

(1) 采用跳频技术,数据包短,抗信号衰减能力强。

(2) 采用快速跳频和前向纠错方案以保证链路稳定,减少同频干扰和远距离传输时的随机噪声影响;(将2.402~2.48 GHz;频段分成79个频点,相邻频点间隔1 MHz。蓝牙设备在某个频点发送数据之后,再跳到另一个频点发送,而频点的排列顺序则是伪随机的,每秒钟频率改变1600次)。

(3) 使用2.4 GHz ISM频段,无须申请许可证。

(4) 可同时支持数据、音频、视频信号。

(5) 采用FM调制方式,降低设备的复杂性。

(6) 蓝牙模块体积很小,便于集成。

(7) 开放的接口标准:为推广蓝牙技术的使用,将蓝牙的技术标准全部公开,全世界范围内的任何单位和个人都可以进行蓝牙产品的开发,最终通过SIG的蓝牙产品兼容性测试,就可上市。

四、蓝牙技术的基本应用

1. 替代电缆

(1) 电脑外设的无线连接利用蓝牙技术使电脑配件(键盘、鼠标、耳机、传声器、游戏操纵杆等),电脑输出输入设备(打印机、扫描仪、外置 modem、移动硬盘、zip 驱动器等)和电脑多媒体组件(耳麦、话筒、摄像头、扬声器、超低音音箱、数码相机等)均可采用无线方式接入电脑主板。

(2) 无线耳机利用蓝牙技术可以制作成一种无须连线而带话筒的耳机(无线耳麦)。随身听、MP3 网络电话等亦可采用蓝牙技术去掉耳机的连接线。

(3) 台式电脑、笔记本电脑、移动电话的无线互联。在以上设备中嵌入蓝牙模块即可保持相互之间无线连接,从而实现操作和资源共享。

(4) 多媒体无线传送在数码相机上增加无线发送功能,可以将数码相机拍摄到的照片数据无线传输到打印机上进行打印输出,或者传送到笔记本电脑或台式电脑中保存进行编辑处理。同时,通过 MPEG4 技术进行压缩后,蓝牙可以实现动态图像实时传送。

(5) 家电的无线互联与遥控利用蓝牙技术可以实现信息家电的网络无线连接,可以将各类家电的遥控器集为一体。

2. 无线联网

利用蓝牙技术,可以形成无线个域网。通过相互独立的、以特定方式连接起来的个域网即构成分散网络从而使移动工作与移动办公、网络会议、布线困难的场所,需要经常改变布线的场合有了一种低成本高可靠快速的无线解决方案。

3. 无线上网

如果你随身携带的电子设备具有蓝牙功能,那么无论你是在办公室、车内,或是在商场、车站、机场、码头等,你都可以通过设置的蓝牙接入点访问互联网。蓝牙技术使"随时、随地、随意"上网的梦想成为现实,且成本低廉,上网费用极低(主要通过有线网络)。

五、蓝牙技术的应用形式

(1) 手机及其周边产品。目前,具有蓝牙功能的手机可以说是市场上数量最多的蓝牙应用产品,各个公司都相继推出了带有蓝牙功能的手机,而对于具有蓝牙功能的手机,耳机是其重要的配套产品,爱立信公司已经推出了两款蓝牙耳机。摩托罗拉公司最近则发布了一款新型的蓝牙耳机。

(2) 笔记本电脑及其周边产品。各大公司推出带有蓝牙功能的笔记本电脑、用于笔记本电脑的蓝牙、蓝牙 USB 适配器,该适配器与 PC 或笔记本电脑相连后,就可在 PC 或笔记本电脑之间通过无线方式传输文件。

（3）PDA（个人数字助理）及其周边产品。

（4）办公用品：蓝牙笔蓝牙打印机蓝牙白板。

（5）信息家电：主要有蓝牙技术数字摄像机，用户若使用随摄像机发售的蓝牙专用适配器，可在10米范围内以无线方式向电脑传输摄制的静止图像。

（6）网络接入点（network access point）。东芝公司曾经展出了蓝牙的接入点（access point，AP）和投影仪，AP只要接上家庭或办公室的电话线，并与笔记本电脑中支持蓝牙的PCM CIA卡连接，就可实现无线拨号通信。

爱立信推出了家庭基站 HomeBase ABP-10，在信息时代，很多人都会花费大量时间在移动电话上。但在家里，家庭基站可以为他们节约话费开支。把ABP-10插入到室内的电话线上，用户的蓝牙手机只要来到家庭基站的附近（大概10米），移动电话的线路就会自动切换到室内电话线。您的移动电话就可以用作室内电话了。

六、蓝牙技术的应用前景

车载蓝牙技术变得越来越先进。在2005年度3GSM世界大会上，LG展示了一款采用蓝牙技术的后视镜。当手机有电话呼入时，该后视镜可显示呼叫方的身份验证信息，并且它还允许司机通过按一下后视镜上的按钮来接听电话。

蓝牙应用的范围很广泛，它可以应用于无线设备（如PDA、手机、智能电话）、图像处理设备（照相机、打印机、扫描仪）、安全产品（智能卡、身份识别、票据管理）、消费娱乐（耳机、MP3、游戏）、汽车产品（GPS、ABS（防抱死制动系统）、动力系统、安全气囊）、家用电器（电视机、冰箱、烤箱、微波炉、音响、录像机）、医疗健身、建筑、玩具等各个领域。

启用蓝牙无线技术的产品使得构建个人局域网成为现实。今天，我们可以通过蓝牙无线技术进行同步、连接、共享和收听操作。

在工作中：蓝牙PDA，将与您办公室的个人计算机进行无线同步；启用了蓝牙技术的个人计算机可无线连接蓝牙打印机，让您能将打印机置于方便的地方，而不必置于PC近旁；有了内置相机的蓝牙手机和数码相机/摄像机后，数码摄像会走进更多人的生活之中。蓝牙无线键盘和鼠标会使您家中办公室或家庭工作站更整洁，更具有灵活性。具有蓝牙功能的个人计算机也能无线连接至蓝牙打印机进行无线打印，而无须将它们通过电缆连接。您可随时通过启用蓝牙手机在蓝牙PDA或个人计算机上访问重要信息，即在任意地方快速访问互联网。

在家中：蓝牙手机正渐渐取代家中的有线电话。蓝牙无线耳机配合蓝牙手机使用，可在您忙于家中其他事务之时，进行免提通话，解放您的双手。

游戏：蓝牙技术可让我们与竞赛对手密切联系。它可随时随地为您提供娱乐和竞赛。蓝牙技术将个人游戏推向一个新的层次，现在，两个玩家可以将各自的游戏机，通过蓝牙技术相连，一起玩联机游戏。

在上班途中，回家途中或在机场候机时，蓝牙技术都会在您身边，随时给您帮助。汽车内有它，您无须触及蓝牙手机，即可应答及进行呼叫，或查看电话簿。通过蓝牙耳机，您可随时随地自由通话而不需将手离开方向盘。通过蓝牙全球定位系统（GPS）接收器连接蓝牙PDA或个人计算机，在您迷失方向时，提供简单的导航工具。播放音乐从来没有如此容易,通过立体声 MP3 播放机或其他立体声收听设备播放的音乐现在可以通过蓝牙无线耳机播放。

我们深信随着蓝牙技术的进一步成熟,蓝牙互操作性等问题的解决,蓝牙芯片成本的进一步降低,蓝牙产品必将大规模的投入生产,投入应用,蓝牙将大大地改变人们的生活与工作方式,使我们的生活变得更加美好。

第六节 App

一、App 的基本含义

图 4-16　苹果手机的 App Store 图标

App 是英文 application 的简称,是指智能手机的第三方应用程序,统称"移动应用"或"手机客户端"。随着移动终端软硬件近年来的迅速发展,智能手机的第三方应用程序已经成为移动互联网的重要入口之一,众多的移动互联用户通过各类 App 进行基于无线网络的信息交流、科普学习、娱乐观赏等活动,目前,App 已经是工作和生活中很重要的工具,App 能满足用户各方面的个性化需求。App 已经成为移动互联网中的一项重要产业,吸引了更多人的关注。越来越多的企业将产品移植到各种移动操作平台上。苹果手机的 App Store 标志如图 4-16 所示。

二、App 的基本原理

随着智能手机和 iPad 等移动终端设备的普及,人们逐渐习惯了使用手机客户端上网的方式。而目前国内各大电商,均拥有了自己的 App,这标志着 App 的商业使用,已经开始初露锋芒。

App 已经不仅只是移动设备上的一个客户端那么简单,如今,在很多设备上已经可以下载厂商官方的 App,对不同的产品进行无线控制。例如,在音频厂商中,日本天龙与马兰士已经推出了 Android 与 iOS 的官方 App,可以对各自的网络播放机或功放机等产品进行无线播放或控制。

不仅如此,随着移动互联网的兴起,越来越多的互联网企业、电商平台将手机客户端作为销售的主战场之一。数据表明,目前手机客户端给电商带来的流量远远超过了传统互联网(PC 端)的流量,通过 App 而盈利也是各大电商平台的发展方向。事实表明,各大电商平台向手机客户端的倾斜也是十分明显的,原因不仅仅是每天增加的流量,更重要的是由于手机客户端的便捷,为企业积累了更多的用户,更有一些用户体验不错的应用程序使得用户的忠诚度、活跃度都得以了很大程度的提升,从而对企业的创收和未来的发展起到了关键性的作用。

三、App 的基本应用与前景

目前用户基数较大、用户体验不错的几类客户端,本地服务的有:大众点评、豆角优惠、今夜去哪儿、丁丁优惠、艺龙在线等。网购的有:淘宝、京东商城、当当网、乐蜂网等等。以分享为主的有:美丽说、蘑菇街等。社交即时通信工具有:微信、陌陌、E 都市、易信、来往等。当然,游戏、阅读等热门应用更是层出不穷,iOS 的用户的下载渠道相对比较明确,直接在 App Store 或者 iTunes 直接下载就可以,安卓用户只能在各大下载市场去下载了。

对于 App 的开发应用而言,由于存在平台的基础性,因此需要不断地开发新应用,才能够有良好的发展基础。对于目前市场上的平台竞争,安卓应用平台给 App 带来了很大的冲击。但是,就目前的发展状况而言,App 的市场占有率依然很高,采用的付费下载应用也比较丰富。但是,随着技术的发展,会有更多的平台应用技术进入人们的视野,从而得以发展与完善。因此,App 的技术开发应该从多角度进行分析,解决当下存在的问题,并且进行充分的市场调研,明确未来的客户需求以及市场走向,从而能够应对未来市场可能出现的挑战。

第七节 Wi-Fi

一、Wi-Fi 的基本含义

Wi-Fi,中文名称为无线保真,是一种可以将个人电脑、手持设备(如 iPad、手机)等终端以无线方式互相连接的技术,如图 4-17 所示,事实上它是一个高频无线电信号。

二、Wi-Fi 的基本原理

无线网络在无线局域网的范畴是指"无线相容性认证",实质上是一种商业认证,同时也是一种无线联网技术,以前通过网线连接电脑,而无线保真则是通过无线电波来联网。常见的就是一个无线路由器,那么在这个无线路由器的电波覆盖的有效范围都可以采用无线保真连接的方式进行联网,如果无线路由器连接了一条 ADSL 线路或者别的上网线路,则又被称为热点。

Wi-Fi 是一个无线网络通信技术的品牌,由 Wi-Fi 联盟所持有,目的是改善基于 IEEE 802.11 标准的无线网络产品之间的互通性。有人把使用 IEEE 802.11 系列协议的局域网称为无线保真,甚至把无线保真等同于无线网际网路(Wi-Fi 是 WLAN 的重要组成部分)。

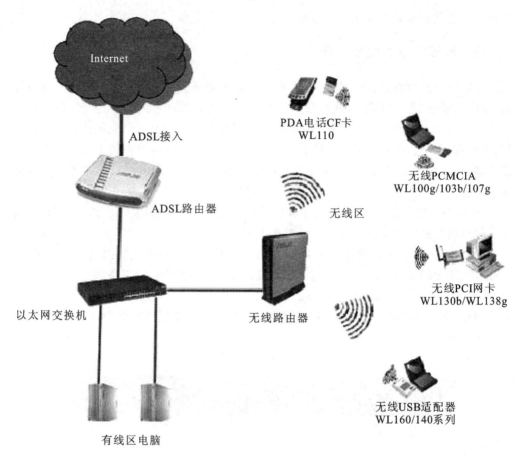

图 4-17　Wi-Fi 组成部分

三、Wi-Fi 的基本特征

无线技术的流行，使 Wi-Fi 也成了"巨星"。Wi-Fi 可谓是"金盔铁甲"，从 8 个方面全面包装自己。下面分别从带宽、信号、功耗、安全、融网、个人服务、移动特性、客户端全方位地剖析 Wi-Fi 的独到之处。

（1）更宽的带宽。

虽然 IEEE 启动了两个项目打算将 802.11 系列标准数据速率提高到千兆或几兆，但至今也还没有形成初稿。更实际一点的是 802.11n 标准将数据速率提高了一个等级，可以适应不同的功能和设备，所有 802.11n 标准无线收发装置支持两个空间数据流，发送和接收数据可以使用两个或三个天线组合，苹果最新的 iPod Touch 就含有一颗博通（Broadcom）的无线芯片，支持 802.11n 标准。很快将会有芯片支持三四个数据流，数据速率可以分别达到 450 Mbps 和 600 Mbps。2009 年初，Quantenna 通信表示它已经研制成功 4×4 芯片，可以承载高清数字电视信号流。无线保真设备供应商 Ruckus 无线的联合创始人及 CTO William Kish 说："虽然不会有很多客户端设备支持 4 个空间流，只要正确设计访问点，将可以利用 600 Mbps 物理层数据速率，实现高速无线骨干网。"你可以通过802.11s标准将这些高端节点连接起来,形成类似互联网的具有冗余能力的Wi-Fi网络。

(2) 更强的射频信号。

11n中更多可选的性能特性将会出现在无线芯片中,无线客户端和无线访问点利用这些芯片可以使射频(RF)信号更具弹性、稳定和可靠,换句话说更像一个电线。无线芯片制造商Atheros公司的CTO(首席技术官)William McFarland说:"新的11n物理层技术将使Wi-Fi功能更强大,在给定范围内数据传输速率更高,传输距离更长。"这些性能特性包括:低密度奇偶校验码,提高纠错能力;发射波束形成,它使用来自Wi-Fi客户端的反馈,让一个访问点集中处理客户端的射频信号;空间时分组编码(STBC),它利用多重天线提高信号可靠性。

(3) Wi-Fi功耗更低。

802.11n在功耗和管理方面进行了重大创新,不仅能够延长Wi-Fi智能手机的电池寿命,还可以嵌入到其他设备中,如医疗监控设备、楼宇控制系统、实时定位跟踪标签和消费电子产品。可以不断地监测和收集数据,可基于用户的身份和位置进行个性化。网络世界(Network World)博主Craig Mathias写到,"其他现代射频技术不能做到的,现在Wi-Fi都能做到了"。嵌入式Wi-Fi无线数据通信厂商首脑会议宣布的802.11a无线通信以各种插件形式提供,让设备使用不拥挤的5 GHz波段,GainSpan提供的11b/g无线设备带有一个IP软件堆栈,电力消耗非常低,一块标准电池可以运行几年,Redpine Signals提供了一个单流嵌入到11n无线通信中。

(4) 改进的安全性。

互联网最具破坏性的影响是通过盗窃身份证明,拒绝服务攻击,侵犯隐私,刺探以及缺乏相应的信任手段对用户造成的伤害,移动网络使这一情况变得更糟,如果用户信任当前打开的Wi-Fi连接,有可能使他们面临毁灭性的风险。IEEE已经批准了802.11w标准,它保护无线管理帧,使无线链路更好地工作。

四、Wi-Fi的基本应用与前景

(1) 网络媒体。

由于无线网络的频段在世界范围内是无须任何电信运营执照的,因此WLAN无线设备提供了一个世界范围内可以使用的、费用极其低廉且数据带宽极高的无线空中接口。用户可以在无线保真覆盖区域内快速浏览网页,随时随地接听拨打电话。而其他一些基于WLAN的宽带数据应用,如流媒体、网络游戏等功能更是值得用户期待。有了无线保真功能我们打长途电话(包括国际长途)、浏览网页、收发电子邮件、下载音乐、数码照片传递等,再也不用担心速度慢和花费高的问题。无线保真技术与蓝牙技术一样,同属于在办公室和家庭中使用的短距离无线技术。

(2) 掌上设备。

无线网络在掌上设备上应用越来越广泛,而智能手机就是其中一分子。与早前应用于手机上的蓝牙技术不同,无线保真具有更大的覆盖范围和更高的传输速率,因此无线保真手机成了2010年移动通信业界的时尚潮流。

（3）日常休闲。

Wi-Fi 2010 年无线网络的覆盖范围在国内越来越广泛,高级宾馆、豪华住宅区、飞机场以及咖啡厅之类的区域都有无线保真接口。当我们去旅游、办公时,就可以在这些场所使用我们的掌上设备尽情网上冲浪了。厂商只要在机场、车站、咖啡店、图书馆等人员较密集的地方设置"热点",并通过高速线路将因特网接入上述场所。这样,由于"热点"所发射出的电波可以达到距接入点半径数十米至百米的地方,用户只要将支持无线保真的笔记本电脑或 PDA 或手机或 PSP 或 iPod touch 等拿到该区域内,即可高速接入因特网。

在家也可以买无线路由器设置局域网然后就可以痛痛快快地无线上网了。无线网络和 3G 技术的区别就是 3G 在高速移动时传输质量较好,但静态的时候用无线保真上网足够了。在网络迅猛发展的今天,运营商可以通过尝试 Wi-Fi 商业模式的创新来探索 Wi-Fi 发展新的经营之道。目前,国内的 Wi-Fi 商业模式主要是广告,根据这一模式国内领先的 Wi-Fi 服务商 WiTown 开发出了一套 Wi-Fi 营销系统,将中小企业的闲置 Wi-Fi 改造成商用营销型 Wi-Fi;不仅有企业级的路由功能,还可以通过 Wi-Fi 展示企业品牌零成本全天候推送广告等功能,相信不久会在国内的中小企业中刮起一股旋风。随着 Wi-Fi 网络建设的加速,热点会越来越多,基于无线上网的 Wi-Fi 创新应用也一定会有更大的市场空间。

本章关键概念

移动多媒体(mobile multimedia)
移动电视(mobile TV)
移动通信(mobile communication)
微信(WeChat)
无线通信(wireless communication)
条形码(bar code)
App(应用程序)
蓝牙(bluetooth)
Wi-Fi(无线网)

本章思考题

1. 简述移动多媒体(电视、通信等)对日常生活的影响有哪些。
2. 蓝牙与 Wi-Fi 是否能够互相替代?理由是什么?
3. 简述 4G 技术是如何实现普遍化应用的。
4. 简述移动通信的发展演变过程。

5. 简述日常生活中 App 的具体应用。
6. 简述二维码识别过程。
7. 设想下一代移动通信技术会有哪些突破与创新。
8. 如何提高 Wi-Fi 的稳定性?

本章推荐阅读书目

[1] Amitabh Kumar.移动电视:DVB-H、DMB、3G 系统和富媒体应用[M].北京:机械工业出版社,2009.

[2] 傅小贞,等.移动设计[M].北京:电子工业出版社,2013.

[3] 钱志鸿,等.蓝牙技术原理、开发与应用[M].北京:北京航空航天大学出版社,2006.

[4] 韩斌杰,等.GSM 原理及其网络优化[M].北京:机械工业出版社,2009.

主要参考文献

[1] 黄媛媛.数字移动电视的现状与发展前景[J].影像技术,2007(3).

[2] 李飞鹏.3G 移动通信技术及其应用[J].信息通信,2011(4).

[3] 尤肖虎.未来移动通信技术发展趋势与展望[J].电信技术,2003(6).

[4] 李明锋.4G 移动通信技术的特点及应用探讨[J].河南科技,2013(14).

[5] 张玉龙,李志峰,赵勋.对 4G 移动通信技术应用与发展的展望[J].信息通信,2013(1).

[6] 高莹.微信的传播模式分析[D].郑州:郑州大学,2014.

[7] 杨军,刘艳,杜彦蕊.关于二维码的研究和应用[J].应用科技,2002(11).

[8] 徐玲,蒋欣志,张杰.手机二维码识别系统的设计与实现[J].计算机应用,2012(5).

[9] 何荣森,王宏宝,张跃.蓝牙技术及其硬件设计[J].电子技术,2001(4).

[10] 符鹤,周忠华,彭智朝.蓝牙技术的原理及其应用[J].微型电脑应用,2006(7).

[11] 黄放.浅谈"App store"商业模式[J].价值工程,2011(14).

[12] 黄晟.基于用户体验的 App 设计研究[D].西安:陕西科技大学,2012.

[13] 周蔚文,俞东慧,孙美艳.Wi-Fi 全球商用发展及分析[J].电信科学,2008(5).

[14] 陈文周.WiFi 技术研究及应用[J].数据通信,2008(2).

[15] 王娟,郭家奇,刘微.WIFI 技术的深入探讨与研究[J].价值工程,2011(6).

第五章 户外新媒体技术

本章导言

1. 户外新媒体技术
2. 楼宇媒体技术
3. 车载电视技术
4. 新媒体艺术技术
5. 触摸媒体技术

本章引例

◆ 出租车多功能广告头枕

"出租车多功能广告头枕"是细分户外新媒体市场的又一新型专利广告载体,是网络化户外广告发展的必然产物。其功能有三:功能一是有语音功能——该头枕内设络语音 IC 模块,内嵌式扬声器。乘客上车后座定 5~15 秒后,扬声器自动发声,语音内容有安全提示、文明用语、广告名片等简短话语,时长 20 秒左右。功能二是该头枕设计有专门配套的电动按摩器(驾驶员座),驾驶员在开车疲劳时可以打开按摩器享受按摩器带来的舒适、提神,从而提高行车安全性。功能三是该头枕后面有一块 LED 光源的广告牌,该广告牌制作精美,画面材料采用灯箱片,在语音扬声器发声的同时,内藏式的 LED 同时发亮,可以填补夜间乘客无法看到广告牌的缺陷。由于有以上功能,使此媒体形式有很强的生命力,它兼顾了出租车管理部门、出租车司机和广告客户三者的利益,把公益性、实用性和商业性完美地结合起来,使之推广变得更加容易。因为"出租车多功能广告头枕"所具有的特性,它的存在是必然结果。公益性、实用性和商业广告的完美结合,出租车公司和行政主管部门、出租车司机和广告客户都乐于接受。加之它的全国网络一体化的运营模式,将成为继"楼宇液晶广告电视系统"之后的又一新广告专利媒体。

◆ 麦当劳互动广告

瑞典的麦当劳在市区安装了一块创意互动的 LED 广告牌,行人只要拿着自己的智能手机到互动广告牌附近,连上麦当劳游戏网站,选好自己喜爱的麦当劳小点心,然后就可以与广告牌进行互动,玩挡球的小游戏,游戏过程中广告牌就充当了游戏屏幕,手机则变成遥控器,消费者可通过手机控制游戏中的挡板,只要通过控制挡板让球在保持 30 秒不掉,就可在附近的麦当劳免费兑换自己所选的麦当劳小点心。这种形式的广告通过消费者动态的介入,带给消费者娱乐和审美的体验,从而能对产品产生深刻的印象及好感。在互动体验中,消费者可以充分发挥自己的主观能动性,选择自己感兴趣的产品信息,满足了人们的参与欲望和追求新异事物的心理。

◆ 多屏同步+Wi-Fi 入口+移动场景

世界杯期间,分众的玩法是楼宇广告直播比分。譬如 6 点钟球赛,8 点钟结束。到 8 点 15 分时,比分就在分众遍布全国的液晶屏上能看到了。当然了,直播比分是要卖钱的,这个效果实在太吸引眼球了——许多没时间熬夜的上班族等电梯时都会看一眼比分,所以企业们打破了头在抢!最后"彩票宝"就做了这个产品的冠名赞助商。同步直播比分+Wi-Fi 下载 App 送彩票。同时,分众还建立了一个免费 Wi-Fi,只要路过的人经过就可以免费连。登录页面直接显示,下载"彩票宝"手机 App 就再送 50 块钱手机彩票!生怕大家不知道,干脆在屏幕下方贴上告示。

◆ 互动装置艺术

2011 年,在台湾地区某美术馆的《艺术超未来》互动装置艺术展上,日本当代青年媒体艺术家猪子寿之(Inoko Toshiyuki)就推出了名为"TeamLab 相机"的电子互动屏幕。这个"自助式"平台提供了背景裁切、面孔辨识、漫画效果、背景合成、自由换装和 360 度全景摄影等多种功能。观众站在电子看板前,就可以把自己变成漫画世界的人物,也可以加工成怀旧的风格。该装置与推特、脸书等社交网站相互合作,用户可以直接上传自己的漫画照片到社交媒体网站与朋友分享。

请综合以上描述,结合自身的新媒体使用经历,思考户外新媒体技术的盈利模式和未来发展趋势。

第一节 户外新媒体技术

一、户外新媒体技术的基本含义与基本原理

(一)基本含义

狭义上来说,户外新媒体技术主要是指在建筑物外部等户外场地设置的发布广告

的信息媒介场所进行广告宣传的传播技术;广义上来说,户外新媒体技术是指利用存在于公共空间的一种传播介质来进行传播的技术。此外,根据传播介质的不同,户外新媒体技术还可以进一步分类,例如平面户外铜字、铁字、有机玻璃字、实木牌匾、霓虹灯、公共空间的企业形象雕塑、LED电子户外屏、户外LCD广告机、户外电子阅报栏、户外触摸LCD等,都是户外新媒体技术在实际生活当中的运用。

户外新媒体技术的使用必须具备两个基本要素:一是户外新媒体存在的空间;二是一种传播介质,适用于其传播的特定人群。从其所具备的功能来讲,它具有营销功能,具有强化企业形象、提高品牌知名度、增强品牌价值认同感的作用。此外,它还具有一定的社会功能,能够树立价值观、引导消费观。但是同时它也面临着法律法规、销售网络不完善,媒体经营无序化的问题。①

(二)基本理念

1. 表现形式

国内户外广告大都是平面作品和移植,只是用了更大字体的广告语,更加明显的品牌标记,或更加一幅醒目的图片。无论是看板还是大立柱,普遍是四方的图形设计。在欧洲的大街上,在街边和拐角处时常可见广告立柱,一般在2~3米高,有圆柱形的、三菱形的等,顶部的设计更是花样众多,与周围的建筑风格相得益彰。还有利用公共汽车车门和轮胎的运动特性,使广告具有动感的作品,以及广告物品或代表物伸出广告牌以外造成立体效果的作品,很是引人瞩目。在中国广告节广告作品评比中,唯一的一面户外广告金奖伟海拉链,也是打破了高立柱路牌广告千篇一律的长方形设计,突出拉链的特点,在广告牌上部的中间向两边拉开,运用夸张的对比手法,制作一个人或吊在拉链的拉环上,或站在上面把拉链向上拉,生动展现了拉链的可靠性,在众多的路牌广告中脱颖而出,具有极强的视觉冲击力(见图5-1)。

图 5-1 伟海拉链户外广告

---

① 宫承波.新媒体概论[M].2版.北京:中国广播电视出版社,2012.

2. 表现内容

大多数人在考虑户外广告的创意时,更多地看到的是它的局限性。比如受发布空间和地点的限制,传达的信息量有限,强制性差,很难引起受众的主动关心,以至于大多数户外广告,形式千篇一律,内容枯燥单一。表面上看这是强化品牌形象,追求视觉效果统一。但这里忽视了户外新媒体和户外广告的环境因素,而这恰恰是户外广告区别于其他媒体广告的根本所在。在一个只有5秒钟停留和一个5分钟停留的环境中,在一个拥挤嘈杂的和一个清静幽雅的环境中,坐在行进车辆上和站在购物场所前,人们的心境是完全不同的,对广告的关注程度和接受程度也有着巨大的差别。因此,我们在广告的诉求上应该有的放矢,有简有繁。有的只能用大字标语强化品牌,有的则可以图文并茂介绍产品,有的还可以详细阐述诉求加深理解。这需要广告人深刻理解广告产品的特性,揣摩受众的心态。

3. 表现手法

高新科技的发展给户外广告的表现手法提供了广阔空间,光电艺术的巧妙结合,使户外广告的视觉冲击力发挥得淋漓尽致。在许多大城市,霓虹灯和电子广告牌使用得很多,装点着城市的夜空,但表现手法比较陈旧和呆板,乏善可陈。但也有亮点,比如矗立在伦敦街头的健力士啤酒广告,则利用昼夜交替,使两面上的啤酒杯,由空杯变满杯,充满诱惑,让人遐想,给啤酒消费的黄金时段推波助澜。创新的表现手法,应该借助于各种环境因素,使广告活起来。宜家家居在大连的首家店开幕的时候,由于当地对宜家的品牌认知度相对较低,因此,要求开幕前的营销必须打破常规,宜家采取了将传统的户外广告体验化的做法,与大连热闹的都市、交通完美结合,取得了良好的传播效果,其中包括高达7米的巨型宜家椅子夸张现身闹市,在公交候车厅、快轨中转站出现了宜家布置的温馨"家",路人可以直接体验使用,对于奔波在路上的人,切中要害地暗合了他们心底对家的想念;卡车也成为媒体,载着透明的宜家样板家在市内穿梭,是一道风景,更是一次流动的绝佳宣传。过去很多户外广告更多是静态的表现方式,但是宜家却赋予了户外广告创意的机会,让广告融入体验感,生动地将品牌文化传递给了消费者,让消费者记忆深刻。

4. 媒体运用

户外广告涵盖范围很广,常见的有灯箱、路牌、霓虹灯、招贴、交通工具和橱窗等,不同的户外新媒体,有不同的表现方式和特点,应该创造性地加以利用,整合各种媒体的优势。在一些城市,广告牌越做越大、密度越来越高,既破坏了城市的空间感和协调性,也污染了城市的环境。因此,必须合理规划户外广告的设置地点、间隔密度、大小比例,充分考虑到城市的周围环境和行人密度,起到美化和装点城市的作用。应当借鉴国外的一些做法,如设置在城市建筑物维修围蔽上的大型喷绘广告,令人印象深刻。为了确保安全,减少污染和不影响整体环境,在建筑物维修期间,必须用围蔽将修缮的部分整个遮挡起来。在围蔽上,有的用电脑会按原艺术建筑整个喷绘出来,几乎可以乱真;有的也在其中喷绘广告作品,并且可以喷得很大。这不仅是一种文明的施工方式,也提供了一个巨大的户外广告空间,非常值得我们借鉴。

5. 媒体运营

户外新媒体的展现形式多种多样,分布在我们生活中的每一个角落。作为广告用户,在传统形式上需要自己走出去寻找合适的媒体资源。当合同签完以后最合适的投放时机已经过去多时,让人在扼腕叹息的同时又深感无力加快成交时间,降低成交成本,无法及时确定户外广告信息的真实性。

互联网的出现,让户外新媒体彻底告别了传统运营时代,上网找媒体已经渐渐地在各个广告主之间流行起来。而且各大媒体也开始注重在网上发布自己的媒体信息。互联网让户外新媒体重新焕发生机,各类广告公司不断发展壮大,从业人员日益增多,占国民经济的比重正在回升。

同时,由于互联网户外新媒体模式刚刚兴起,市场尚处于发育阶段,媒体买卖双方都各自为战,难以形成一个统一的市场模式,这样下去不仅使户外新媒体刚刚兴起的大好形势走下坡路,也容易让媒体买卖双方形成隔阂,难以真正地去相信彼此。长此以往,户外新媒体不仅没有摆脱传统的弊端,而且滋生了不少新的漏洞。在这样的形势下,户外新媒体市场就迫切地需要一个高质量、高品质、高品牌的中间桥梁。[①]

二、户外新媒体技术的基本特征与传播特点

(一)基本特征

1. 到达率和精准度高

通过策略性的媒介安排和分布,户外广告能创造出理想的到达率。据调查显示,户外新媒体的到达率目前仅次于电视媒体,位居第二。

由于受众对户外新媒体的关注度逐渐增加,很多客户越来越偏好使用户外新媒体,户外新媒体的关注度和使用率呈逐年上升的趋势。特别是在房地产、邮电通信、金融、服务和家电行业的投放额的比例逐年增加。

户外新媒体的无限性,一方面来自它自身的无孔不入,几乎任何户外的地方都可以发布大小、形式不一的广告,另一方面则来自人们户外活动的规律性。这就给户外广告被接触频率提供了一个优越的先天条件。人们每天的生活总是有规律可循的,简单地说,一个人的普通生活就是若干"点"与"线"的组合。"必经之路"便成了户外广告"守株待兔"的最佳位置。例如,人们每天总要接触若干次回家途中的户外广告。当广告人发现消费者相关活动的规律后,便能大大提升户外广告的效能了。

新媒体户外广告具有很强的针对性,广告主可以根据自己的需要选择新媒体的形式,投放的时间、地点等。例如,楼宇液晶电视广告主要投放于写字楼,其产品也与都市白领有关,多为汽车、金融、房产等;而卖场液晶电视广告多是食品、洗漱用品等。随着市场的发展,电子屏户外广告也有了更加精准的细分,如医疗电子屏、列车电子屏等细分形式不断涌现,可以为广告主带来更精准的传播。

---

① 孙玉双,张佳满.论户外新媒体的现状及发展趋势[J].现代视听,2010(4).

2. 视觉冲击力强

综合运用广告的大小、形状、载具形式、色彩等各方面要素，为广告的创作提供创造的灵活性，表现力强。优秀的广告人能很巧妙地运用这些元素，同时借助高科技材料和技术的综合效果，形象生动地表现广告主题，卓越地表现出强势的视觉冲击力以吸引受众。

基于设计灵活性的特点，广告设计者常结合广告客户自身形象、发布区域、时间等量身定制富有个性化的广告。借助户外新媒体特殊载具和新技术、新材料的特点，而设计发布的一些形式个性化的广告，能很好地突破户外广告没有的形式，展示运动感和时空性。在一些城市的地铁隧道墙上，经常可以发现一连串不同的广告画面巧妙借用地铁运动演绎一幅动态画面的广告。同时，一些运用视频、数字、移动等新材料、新技术的户外新媒体也逐渐成为一种趋势。户外新媒体给人的印象已不是简简单单的平面单一信息传达，目前数字电子技术的应用使户外新媒体开始"动"起来，有了动态大屏幕、数字视频网络播放系统、公交车中的 CD。有了三维成像展示台，很多户外新媒体开始走向多元化，这也正是户外新媒体生命力所在。很多知名的户外广告牌，或许因为它的突出创意，成了这个地区的远近闻名标志，令人印象深刻。凯迪拉克 CTS 在新天地太平湖上的一个户外广告宣传是近些年来少有的让人眼前一亮的户外展示形式，一辆崭新的 CTS 驻停在水波之中，与新天地周边的高端建筑相映成趣，在上海最时尚的地标中心点，赚足了眼球。凯迪拉克很少在户外广告上动用真车。这一次 CTS 悬停在水波之上，白天和夜晚的景象各具特色，令人印象深刻（见图 5-2）。国外小卡车玩具户外广告，那个小孩直接把整条马路都当成了自己的游乐场，马路上的所有车辆都当成自己的玩具，通过手指和玩具车演绎出汽车的魅力（见图 5-3）。

图 5-2　凯迪拉克 CTS 户外广告

3. 发布时段长

许多户外新媒体是持久地、全天候发布的，在客户要求的发布期内，它们每天 24 小时地矗立在那儿，这一特点基本上随时可被受众看见。

图 5-3 国外小卡车玩具户外广告

4. 千人成本低

户外新媒体的价格虽各有不同,但它的千人成本(即每一千个受众所需的媒体费)相对较低,与其他媒体相比价格优势很明显:射灯广告牌为 2 美元,电台为 5 美元,杂志则为 9 美元,黄金时间的电视则要 1020 美元。

5. 受众覆盖率高

针对特定的目标人群,通过选择正确的发布地点、发布形式、发布内容以及使用正确的户外新媒体,可以在理想的范围接触到多个层面的人群,可以与受众的生活节奏配合得非常好。

6. 单一媒体分散但数量巨大

多种户外媒体载具组合运用,且配合其他媒体攻势,整合传播效果明显。

联合式户外广告包括媒介联合(户外媒介联合、户外与其他媒介联合)、品牌联合两种形式。户外媒介联合,即将户外新媒体中各类形式综合性的组合运用于一个广告运动。例如:一个广告主题既用交通类广告,又用大型广告牌、街道媒体、人体媒体等同时发布广告;户外新媒体与其他媒体的组合是指一次广告运动中同时用到户外、电视报纸等媒体。又如 CDMA 的户外广告的画面用的是电视广告的主画面,这便放大了电视广告的效能,达到了整合传播的目的。

除了以上户外新媒体形式的优势之外,户外新媒体的不足之处主要体现在宣传区域小,不适合承载复杂信息,因为传递时间短被称为"三秒钟的竞争",信息更新相对滞后及广告发布不规范等。但这些缺陷很大程度上能依靠广告人独特的创意和新材料与技术的运用得以弥补,并且我国的户外广告管理机制也在不断走向规范化和法制化。可以说,只要我们在户外媒介的运作中充分利用它的特点和优势,扬长避短,一定能将户外广告演绎得更加精彩。

(二)传播特点

在广告传播方面,户外新媒体技术兼具接近性、持久性、直观性、隐蔽性等特点,具体内容如下。

1. **接近性**

户外广告媒体灵活性较强。广告主可以按实际需要来选择户外广告的具体地域，自主性强。户外广告媒体一般选择在繁华地段、主要街区和社区等人流集中的地段，对目标受众可达到高频率暴露的效果（见图5-4）。

图5-4　主要街区户外广告

2. **持久性**

户外广告媒体的使用周期一般以半年或一年计算。一幅户外广告作品完成后，在其有效期内持续不断地传播广告信息，不断增强和扩大广告发布的知名度和到达率。

3. **直观性**

户外广告媒体独具创意的视觉符号拉近了受众与广告作品的距离。广告无处不在，但许多人假装看不见它们的存在。为了吸引街道上往来的行人那不易停留的目光，广告人费尽心思去改善户外广告的视觉效果和创意传达，增强了广告信息的直观性表达，也就涌现出越来越多设计巧妙令人拍案叫绝的户外广告作品。IBM的户外广告乍一看，以为这只是三个广告牌，它们其实还是一个板凳，一个遮风挡雨的屋檐和一个方便上行的斜坡，IBM用这些对城市细节的小改进告诉人们，IBM会尽最大的努力，用技术让城市变得更聪明（见图5-5）。

4. **隐蔽性**

这是户外广告媒体最显著的特点。它并非强制性进行信息灌输，而是利用人们的心理空白点进行渗透，在潜移默化中将产品形象根植于受众脑海中。其广告效果也非短期内可以见效的，但长期建立起来的广告知名度会持续发挥作用。只要相似的广告创意都会让受众记起以前看过的户外广告。这个现象也被称为"户外广告的潜在威力"。

户外新媒体广告形式非常多样，具有无限的创意空间，可以充分利用广告的各种元

新媒体技术

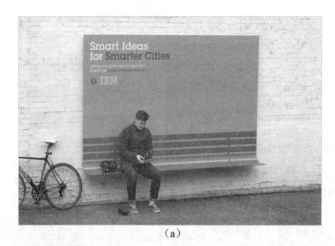

(a)

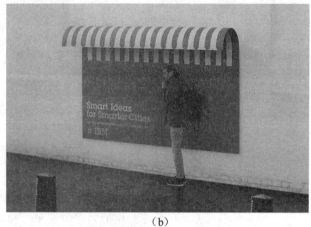

(b)

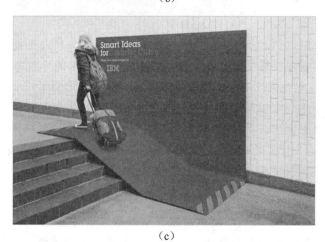

(c)

图 5-5　IBM 户外广告

素，其他媒体所具有的文字、声音、图像等都可以在户外展现，除此之外，还可以运用各种具象事物进行传播，取得多感官、立体式的传播效果。比如热气球、飞艇以及各种利用户外空间有创意的广告形式都是其他媒体不能实现的。比如泰国曼谷的一大特色就是电线电缆裸露,飘柔洗发水就抓住了电线电缆和头发的相似点,一把飘柔的大梳子放在电缆上,表明了飘柔能使头发柔顺得像电线电缆一样,这种创意也只有在曼谷才能实现。

三、户外新媒体技术的应用形式与应用前景

(一)应用形式

早期,在电子技术还没有发展起来的年代,户外平面广告的形式一般都是以大幅画面为主,如 20 世纪红极一时的画报式广告。不可否认,在今天看来,这样的户外平面广告形式其品牌传播价值和品牌宣传功能都不能与现在的户外平面广告同日而语。但是这种画报式的户外广告形式却一直沿用至今,甚至现在最为常见的还是海报式的户外广告,足见这种广告形式的生命力。

如今,随着电子技术的发展,广告业随着广播、电视、互联网的出现,形成了多种新的广告形式,对于户外平面广告的市场空间挤压较为明显。想要在激烈的竞争中存活下来,并继续保持发展态势,单一的广告形式已经很难满足广告主的要求。总体来看,当前的户外平面广告无论是从创意还是技术方面都在与时俱进,广告商们或是利用自身产品进行创意发挥,或是利用环境优势进行创意再造。这些富有创意的户外平面广告不仅能使消费者眼前一亮,也能使其更加深刻地记住这个品牌。例如,为抓住北京年轻潮人的眼球,凯伦传媒在 2009 年 12 月至 2010 年 2 月选择了北京时尚购物中心三里屯太古里,利用楼体投影技术将"维他命获得"的动态影像投影在楼体外部,整个画面有 250 平方米,充分利用了楼体本身的外部特征,室外现场配以大型音响设备播放音乐,制造出一个个窗格随着音乐伸缩、变幻的神奇动态效果,成功吸引眼球,许多路人纷纷停下脚步拍照、录像。这是商业投影广告在三里屯的首次成功运用(见图 5-6)。

图 5-6 "维他命获得"动态影像投影

户外平面广告近年来另外一个重要的转变就是与新技术的融合,越来越多的广告愿意去尝试新技术,以达到更好的效果。其中,一些影像技术、传感技术、视频技术尤为受到广告主和代理商的青睐。例如,来自于纽约的创业公司 Immersive Labs 在其生产的数字广告牌上安装了一款软件和网络摄像装置。该广告牌通过人脸识别技术,可以识别观看者的体貌特征、看广告的时长等信息。如果你站在这个广告牌前,你的性别、年龄以及与同伴的关系都会被广告牌分析和定位。假如观看广告的如果是一位年轻男性,那么广告牌会显示剃须润肤露的广告,而非显示卫生棉等女性用品广告(见图 5-7)。日本电气股份有限公司(NEC)早在 2010 年就开发了一种嵌入人脸识别技术的交互式数字广告牌。这种广告牌根据人脸识别技术,判断广告观众的性别和年龄,定位观众的

消费兴趣,投其所好播放广告。当年轻女性从广告牌前走过时,大屏幕就会自动播放香水或女装广告;而当一位小朋友驻足广告牌前时,大屏幕播放的将是玩具或冰激凌广告。

图 5-7　Immersive Labs 数字广告牌上的人脸识别技术

　　随着互联网技术的快速发展,媒体渠道的全面打通已是不争的事实,仅仅利用单一渠道已经很难被人接受。实际上,户外平面广告与其他媒体的联合并用越来越频繁,现在最为常见的就是在户外平面广告中贴上二维码,让消费者能通过网络,将户外平面广告上的内容与互联网联合起来,达到更好的效果。因为贴二维码这种措施,实施起来无技术难度,所以形成了现在户外平面广告二维码泛滥成灾的现象,但是并非都能达到跨媒体链接的作用。很多户外广告在二维码使用中存在用户体验性不强、不具有可扫性等不足之处。德高集团推出"夏日嘉年华"一系列延伸活动,直接将二维码做成一个大型 3D 立体模型,在夺人眼球的同时,方便消费者对其进行扫描(图 5-8)。

图 5-8　德高"夏日嘉年华"二维码互动

（二）应用前景

1. 力求精准投放

精准投放是很多广告主的夙愿，随着现在大数据时代的到来，越来越多的广告主希望自己的广告能做到精准投放，既可以减少费用成本，又可以更加深入地与目标受众接触。

户外广告也不例外，前面讲到的应用人脸识别技术的数字广告牌就是一个例子。除了在根据站在广告前面的人来选择性地向其投放相应的广告，甚至还可以根据数据库信息判断出什么季节适合播放新马泰七日游的广告，一天中哪个时段适合播放可口可乐的广告。

这应该就可以算是户外平面广告的精准投放初试水，利用这样的技术达到在某一特定地域的精准广告投放。

但这只是非常小的一部分，现在更多的户外平面广告是大众投放，通过投放在人群流动密集的地方，用整体数量上的提升来拉动目标受众的数量。现在，随着大数据技术的进一步开发，使得广告主和代理商对于消费者行为掌握得也越来越精准，这也使得未来户外平面广告的精准投放成为可能。

2. 互动性增强

这也是现在广告的发展趋势之一，与消费者之间的互动能更好地促进消费者与品牌建立感情联系，从而增强消费者对于品牌的好感度。

在户外平面广告上，也许现在更多的仍是单向的信息传递模式，但是从一些户外广告上，我们还是可以看到广告主对于消费者互动这一块愈加重视。为配合MINI Countryman 新车发布，博视得（Posterscope）公司在英国各地购物中心策划了一场体验式活动，通过一个名为"一辆 MINI 能坐进多少人"的游戏，和消费者进行互动。消费者可以对着现场的一块玻璃板挤压他们的脸部，将面部表情扫描并投影到展车的窗玻璃上，还可以通过一个按键传输到 Facebook 上进行分享（见图5-9）。

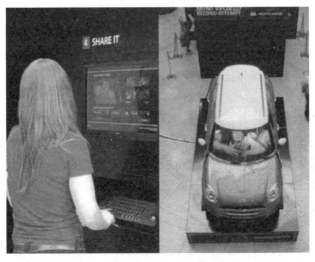

图5-9 MINI Countryman 新车发布体验式活动

3. 数字户外是行业的未来

跳脱出平面广告"平面"二字的二维世界,在现实生活中的三维空间里,可以有更多的发展空间和创意思维得到释放。较之过去,人们对户外传播的作用有了更多更深入的认识,户外更加数字化,并出现了更多的互动体验。就全球而言,现在正是户外传播的好时机,我们有比过去更好的产品,有更多的人把更多的时间花在户外。

数字户外是行业的未来,在美国、中国和英国(全球有超过一半的屏幕),广告主预算中的相当一部分投在了数字户外新媒体。如果把所有的户外数字媒体形式都作为一个整体来分析,不难发现其他媒体形式基本没有变化,传统大型媒体呈下降趋势,而数字户外新媒体却是主要的增长推动力。这其中也有室内数字媒体的增长,以及传统大型媒体被数字 LED 取代的推动作用。

4. 与环境深度融合

户外广告形式多样,很多都是在充分利用现场环境和公共设施的基础上进行的创意,这种创意使广告与环境充分结合,成为环境的一部分,起到了美化环境的作用。比如荷兰一个健身房在候车亭所做的广告,站牌上的广告显示屏连接着候车亭座椅,一旦乘客坐上去,显示器上便会显示出乘客的重量,提醒乘客该去健身房健身了。这种方式既增加了乘客等车时的乐趣,也为大家提供了实用价值,实现了点对点的传播。Google 在推广自己的声控搜索 App 时,就充分利用了各种环境因素,如在保龄球上消费者会看到"Google,保龄球上有几个洞?",在糖果店橱窗上会有"Google,第一支棒棒糖诞生在什么时候?"等字样。这些街头巷尾的无形的广告激发了人们的好奇心,帮助人们进行知识的探索,而这正是 Google 能为人们做的。

5. 用高科技增强广告表现力

随着新媒体技术的发展,户外广告有了越来越广阔的创意空间,而户外广告对新技术容纳度高的特点又使得新技术在户外广告的领域有着巨大的发挥空间。著名男士日用洗护品牌"凌仕"就在维多利亚机场利用 AR(增强现实技术)推出了名为"天使坠落"的香水互动广告。当乘客站在指定区域内,一个虚拟的"凌仕天使"就会从天而降,乘客则可以通过大屏幕与天使进行互动,天使也可以通过表情和肢体语言做出仿真的回应。户外广告应该充分了解新媒体技术的发展,充分运用新媒体技术来为户外广告的创作提供新的思路。

户外新媒体广告是伴随着新媒体技术的发展而成长起来的广告形式,在我国户外新媒体广告的发展时间还比较短,很多地方还只停留在 LED 屏、楼宇电视等表面形式的应用,并没有完全发挥户外广告的优势。要创作一则优秀的户外广告,应该结合新媒体技术、环境、交互性、材料工艺等多方面进行思考,只有多方充分结合,才能展现户外广告的特色,引发受众的关注。

第二节 楼宇媒体技术

一、楼宇媒体的基本含义与基本原理

楼宇媒体,是指在新媒体的概念下,围绕着楼宇展开的一系列广告活动的媒体技术。其中包括楼宇户外超大液晶屏、电梯等候区的楼宇液晶电视、电梯内部的框架广告等。

楼宇媒体是以楼宇视频媒体为主,楼宇视频媒体是一种安装在高级写字楼电梯口或电梯内的液晶显示屏,这是一种新兴媒体,早前曾被称为"楼宇液晶电视机(或电视屏)"。楼宇视频媒体在一年多时间里已覆盖上海、北京、深圳、广州、大连、杭州等16座大型城市,并开始向国内二线城市扩展。楼宇视频媒体覆盖的受众年龄平均为29岁,49.6%具有大学以上学历,49.5%具有大专学历,个人平均月收入达4215元。从这一调查结果不难看出,楼宇视频媒体锁定的人群正是具有高学历、高收入、高消费特征的"三高人群"。除了特殊的受众人群外,楼宇视频媒体的播放环境相对于传统媒体也十分特殊。据介绍,写字楼、高级公寓等场所被广告干扰极少,人们在等候电梯或给汽车加油时,并不排斥甚至会主动观看其播出的内容。而相对于普通静态的户外广告,楼宇视频媒体由于动态的画面加上高清晰度的品质,大多给人良好的感受,再加之其播放内容不断更新变化,也不会给人过于乏味的感觉。新生代市场调查机构的一份调查报告显示,有60.7%的人在等候电梯时会经常性地看视频媒体广告,液晶电视的平均每日受众接触时间长达5.05分钟,液晶电视广告关注度达78.8%。楼宇视频媒体的市场潜力可想而知。有关统计数据显示,未来5年内中国整个广告市场规模将达1000亿~1500亿元。而根据全球排名第四、在华规模最大的媒体购买公司——实力传播集团的市场调研估计,未来5年中国楼宇视频媒体所带来的广告收入有望达到15亿~20亿元。

楼宇视频的主要载体为楼宇电视,楼宇电视是指采用数字电视作为接收终端,把楼、场、堂、馆、所等公共场所作为传播空间,播放各种信息的新兴电视传播形态。其中由于出发点不同,其分类和称呼也有差异,又被称为楼宇液晶电视、城市电视、楼宇广告电视、楼宇数字电视等。楼宇电视利用标准液晶显示器或液晶电视机,通过硬盘、CF卡、路由器、光缆、电话网、地面广播等形式,实现局域网、广域网、互联网的信息发布,通过互联网和多媒体系统控制等方式,实现信息显示和视频广告播放。以播出电视广告和其他节目为表现手段,在商业楼宇、卖场超市、校园、会所等场所内设置的新媒体终端接收系统,实现户外楼宇广告媒体发布。传播载体是一种小范围的大众传播,是一种一点对多点的传播方式,然而与以往的大众传播不同之处在于,它的传播特性、传播范围、传播载体及传播方式的与众不同。

楼宇电视系统通常由多媒体信息机、控制台计算机、服务器、网络设备和电缆组成。

多媒体信息机是一体化的专用嵌入式计算机，用作多媒体信息发布系统终端，拥有强大的多媒体信息处理能力，包括实时的视音频解码，视音频播放，兼容多种图像、动画、视音频格式，支持网络集中受控。服务器架构采用通用流服务体系，实现分布式域管理技术和负载均衡技术，既可对众多播放器进行集中式管理，也可以分级、分区分布式管理。系统在播放器端采用智能管理模块，实现对播放器的远程管理和控制，对远程终端实现灵活管理。

二、楼宇媒体的基本特征与基本应用

楼宇电视的接收终端通常设在商业楼宇、高档住宅、办公大楼等场所的大厅和电梯口，针对特定环境下处于等候状态的人群，抓住有效时间，满足这部分受众需求，重复播出内容，强化播放效率，其传播特点总结如下。

（一）楼宇电视传播具有强制性

从空间上看，楼宇电视通常设置在电梯口，相对于户外环境来说，这些场所的环境更为安静，同时，人群被动地集结于一个较为封闭的空间，有利于"强制"受众接收信息。从时间上看，在等候电梯这样的特定时间里，人们产生一种特别的"等候经济"需求，而楼宇电视正好符合也能满足这种特别需求。由于时间和空间上的相对封闭，自然形成对受众的强制性收视效果和收视心理。另一方面，目前家庭电视一般有几十个到数百个频道可供用户选择收看，而楼宇电视的传播渠道通常只有一个或几个，并且用户只能被动接收、无法自由选择这种传播，进一步构成了收视内容上的强制性。

从心理学的角度看，由于人们在等候电梯或在大厅等人时通常无所事事，广告画面和声音正好符合特定时空环境下受众的需要，使受众得以转移注意力并抚慰烦躁的心理。楼宇电视所处的空间也相对比较封闭和具有强制力。受众必须处于转换间隙的空间中，或者等电梯或者等人，或者购物或者等待到达目的地，这种强制力也使得楼宇电视无须再绞尽脑汁以种种花样去吸引受众的注意力。根据调查显示，有 40.5% 的和 33.2% 的人分别表示比较喜欢和非常喜欢楼宇电视广告，因此其传播效果比较好。

（二）楼宇电视传播具有分众性

楼宇电视的目标受众明确，有效锁定企业主、经理人和白领受众人群，其终端设置区域充分覆盖都市高学历、高收入、高消费的青年人群，他们是领先消费群体，对高档产品具有很强的消费能力，能够带来较高的广告效益。楼宇电视同时具有强烈的电视社区终端渗透能力，根据楼宇性质细分联播网区划，日渐形成覆盖以写字楼、商务楼为核心的商务白领人士联播网，由航班电视、机场巴士和机场安检、候机厅、宾馆组成的商旅白领人士的联播网系统，覆盖购物中心、KTV、酒吧、健身房等休闲娱乐场所的针对时尚人士的联播网系统等，具有高度的针对性，受众群被精准细分。正是这种精准的受众市场细分，使楼宇电视成为分众媒体的典型代表。

目前，楼宇电视在国内的一线及二线城市已经基本覆盖，楼宇电视不仅覆盖面大，且能精准命中目标，广告投放效率高。这种低成本、高关注度的传播方式，具有很好的宣传效果，受到广告商的青睐。

（三）楼宇电视传播的内容生动性

楼宇电视以数字科技与液晶电视相结合，集合了传统户外新媒体（路牌、海报、灯箱等）和传统电视媒体的优点，不仅有着户外新媒体强烈的诉求、环境适应性强等特点，同时又兼具电视媒体图文并茂的冲击力，很强的说服力等特点，强化了受众的感知，体现出楼宇电视在影像传播上的优势。

（四）楼宇电视传播的有效性

媒体产品的价值在于集聚受众的注意力资源，楼宇电视恰恰是集聚受众注意力的一个有效形式，其真正的价值不在于播放的信息本身，而是其注意力资源。楼宇电视打造的是一个电视广告发布平台，楼宇电视的受众就是广告商品信息的接收者，媒体和广告信息合二为一，内容与渠道合二为一。一旦渠道扩大，其受众（广告信息接收者）数量就会相应增加，广告信息的传播率、影响率和有效率就会提高，最终广告客户也会增加，形成一个完善的媒体产业链。

首先楼宇电视具有抗干扰性，相对于户外彩屏的环境来说，楼宇电视的传播环境更为安静和封闭，更有利于受众接收信息，在等电梯或者乘坐电梯的特定时段，受众是不受其他类型媒体的干扰的。

（五）楼宇电视传播的实时性

其有能力承担城市应急系统的功能，及时发布政府权威信息，正确引导公众的舆论和行为。这主要体现在对突发事件的紧急播报，及时播报政府信息，对重大事件的全程播报等等。

（六）楼宇电视传播的自发性

一般的媒体都是广告主细分产品市场，锁定目标市场，然后针对这一市场的受众进行细分，选择合适的媒体投放广告，达到销售额和利润上涨的商业目的，而楼宇电视媒体是在市场需求下诞生的自发为特定广告主定制的媒体，本身就是市场细分后的产物，所以它的受众人群相对固定，是高级商务楼宇工作的白领阶层。

三、楼宇媒体面临的挑战

（一）便携式移动终端对"无聊时间"的抢占

便携式移动智能终端主要包括智能手机和平板电脑等，它们在拥有智能终端的多媒体功能、可上网、多任务性、移动性、实时性等特性的基础上，更便于携带。尤其是近几年，智能手机越来越普及，人们可以在手机上浏览新闻、看视频、聊天、购物、办公……智能手机几乎"无所不能"，功能强大的智能手机开始"占领"了人们的碎片化时间。智能手机和平板电脑对人们碎片化时间的填充，无疑对商业楼宇、公寓电梯等地的信息传播效果有一定的冲击。智能终端填充了人们碎片化的"无聊时间",无论是浏览新闻,还是刷朋友圈、逛淘宝,智能手机使人们成了"低头族",不停重复播放广告的显示屏不再能吸引来来往往的人们的注意。

(二)生活圈媒体的过度开发

凡是有人停留的地方都可能形成一个新的媒体。分众传媒正是将这一理念下"捕捉特定人群,抓住无聊时间"的生活圈媒体发挥到了极致,再加之不断涌现地企图在分众传播行业中分一杯羹的竞争者,城市人们的生活轨迹,每一个接触点都被广告商挖掘出来做广告,就连生活圈媒体的投放已近饱和。电梯里、出租车上、大街上广告叫卖无处不在,这样的话,楼宇传播上的精准广告营销,却不知不觉在牺牲受众的信息私有权,城市居民再难得在公共场所找一方"净土"。生活无时无刻不被铺天盖地的广告所包围,加之不能即时更新信息,反复雷同的广告一轮又一轮的"轰炸"无异于噪音,消费者难免会产生审美疲劳,甚至产生逆反情绪,这时候分众传播企业无孔不入的广告战略,就有可能适得其反,难以达到预期的广告效果。

四、楼宇媒体的应用形式与应用前景

1995年,加拿大Captivate Network公司在北美首次成功地创立了高档场所电视显示媒体,并与很多知名企业建立了长期合作关系,业务覆盖数千商务楼宇,拥有数百万收视人群。

2002年末,楼宇电视传入中国,并迅速在上海形成商务楼宇液晶电视网。采用17英寸多功能高清超薄液晶电视机,安置于消费能力较强的白领聚集办公楼宇,以及人流量密集的商厦电梯或等候厅,自动循环播放高档的商业广告、娱乐信息、公益宣传片等。大多采用DVD机循环多次播放广告,无人值守自动播放,可定时启动与停止,并配备无线同步追踪技术,以确保互相之间的同步运行。商务楼宇液晶电视网在上海初步成形,以在高端商业楼宇和大卖场中安装液晶显示屏广告为主,提供集中化影像宣传为盈利点。

2003年初,中国最大的楼宇电视公司分众传媒创建,迅速获得创业投资青睐,创造出国内传媒私募融资新纪录,推动分众传媒的中国商业楼宇联播网的建设与运营。2005年,分众传媒收购框架传媒,并在纳斯达克成功上市,成为我国楼宇电视发展史上标志性事件。

2005年7月,上海公共视频信息平台、北广传媒城市电视信息平台也开始进入楼宇电视领域,依托传统电视媒体资源和数字技术,通过无线数字信号发射,播放空间选择楼宇内的公共场所,以大尺寸液晶电视屏为终端,实时播放信息资讯。目标受众为城市流动人群,传播内容由电视台和专业制作公司提供,除了转播电视台新闻节目,还辅以日常实用信息,适应城市电视的收视需求。传播技术上则采用了先进的DVB-T数字电视地面广播技术。

2006年1月,分众传媒高价收购国内最大的竞争对手"聚众传媒",占领了楼宇液晶广告市场最大份额,国内楼宇电视产业被高度垄断,销售业绩一路看涨。分众传媒已

经拥有商业楼宇视频媒体、卖场终端视频媒体、公寓电梯媒体、户外大型 LED 彩屏媒体、电影院线广告媒体、网络广告媒体等多个针对特定受众,并可以相互有机整合的媒体网络。目前,分众传媒所经营的媒体网已经覆盖 100 余个城市、数以 10 万计的终端场所,日覆盖超过 2 亿的都市主流消费人群,成为中国都市最主流的传媒平台之一。

(一)应用形式

1. 楼宇广告机的应用

随着广告机行业的持续发展,楼宇广告机也在越来越多的商务楼内出现。楼宇广告机以其自身特有的优势受到了广告商们的热捧。

1)楼宇广告机受众广,传播效果佳

楼宇广告机几乎覆盖了写字楼、商场、高档楼盘、酒店等各大公共场所,联播网点之多不容忽视。每天内容循环播放 60 次以上,月受众量达 840 多万人次。专业人士认为,楼宇广告网络抓住了人们在家庭以外的各种频繁进出的空间——在较狭窄的电梯等候厅;抓住了一个全新的电视广告的时间——等待的枯燥无聊的片段时间。因此,这个特定的新型广告传播方式具有强制性的收视效果。

2)楼宇广告机播放时段更具针对性

楼宇广告是一种新型的媒体,运用音频、视频等多媒体播放技术,播放精彩绚丽的广告画面和美妙的音乐,吸引人们驻足。从受众角度上讲,这种新型媒体播放形式解决了商务楼内的人群的"无聊",不仅可用于打发时间,还可以舒缓工作中压抑的情绪。看看楼宇广告机播放的片段,特别是看到情人节热吻大赛、搞笑瞬间、社会即时新闻等,可以调节因紧张工作而带来的烦躁心情。

3)楼宇广告机目标群体更加精准

从受众来看,楼宇网络广告基本锁定企业主、经理人、公务员、中高收入白领阶层,它通过地点来区分人群,锁定了对传统电视广告收视率较低的社会白领及高消费阶层。据调查显示,出入高档楼宇的人中,充分覆盖 20～55 岁的高学历、高收入的人群,他们是领先消费群体和意见领袖,是可直接击中的目标受众。商务楼宇电视广告锁定的是城市财富的主要创造者和消费者,已经成为白领身边的媒体,成为高消费阶层频繁接触的媒体,这与传统电视广告的受众有非常大的差别。商家对楼宇广告机的广告资金投入相对于高昂的电视广告、报刊广告而言,相对要少很多,而且目标客户的针对性更强。

目前,楼宇电视在国内的一线及二线城市已经基本覆盖,逐渐向三线城市延伸。中国大部分的楼宇电视除了设置在城市的高级写字楼、高级酒店、高级公寓、健身中心、高尔夫球场、机场等人群聚集的场所,以中国都市人群为核心目标人群,覆盖中国最广泛的高收入群体。现在覆盖范围已逐渐扩大到超市、医院等人群聚集的场所,甚至延伸到普通居民楼,利用人们等待(等电梯)的时间创造经济价值。楼宇电视的受众从具有高收入、高学历、高职位的"三高"人群,逐步走向普通化、平民化,争取更多的受众群,锁定并精确细分目标受众群,必将成为楼宇电视扩大影响力和实现目标价值的途径。

(二)应用前景

1. 盈利模式面临挑战

有不少商家开始看好楼宇视频媒体市场,一些汽车、时装、名表等的广告已经开始出现在楼宇视频媒体的屏幕中。但与此同时,一些商家也对楼宇视频媒体表示怀疑,认为这种媒体一是影响力、覆盖面有限,二是缺乏原创,反复播放的内容会很快令消费者感到乏味。

传媒的物质特性决定了其传播特性,因此,任何传媒都必须有针对性地根据自己的受众来决定传播内容。对于楼宇视频媒体这种新生事物,一是要加强其服务的个性化,比如可以根据不同楼宇中人流的特点,提供不同的服务内容;二是加强内容的原创性设计,播出新鲜的、能够吸引人们注意力的内容,如果只是做电视或者报纸的"传声筒",难免会有被淘汰的命运。

楼宇视频媒体的发展面临三道槛,一是规模,二是资金,三是服务水准。楼宇视频媒体只有通过一定的规模形成网络,才能达到盈亏平衡点。另外,除了通过"圈楼"扩大地盘外,还需在服务水准上多动脑筋,如定期更换广告牌,与报纸、电视台等其他媒体进行内容合作等。

2. 与多媒体技术相结合

1) 多媒体信息发布系统的概念

简单地说,多媒体信息发布系统就是通过专业的软件将图片、视频、PPT、文字、网址、客户端可执行程序等多种市场上出现的各种格式的媒体文件系统地以各种分屏形式展现在大众的面前。在日常生活中,我们会看到许多LED屏幕上播放各种各样的媒体文件,如何让这些媒体文件很好地结合在一起,集中、系统、美观地呈现在我们的眼前,这就是多媒体信息发布系统的作用,也是我们对多媒体信息发布系统的基本要求。

2) 智能化大厦多媒体控制播放系统

数字化、信息化、专业化将是办公楼宇建设的必然趋势,这将极大地提升企事业单位的整体形象,同时也意味着即时、全面、丰富的资讯报道,优质、高效的信息服务以及全新的办公文化氛围。

楼宇多媒体信息发布系统以独有的分布式区域管理技术真正实现了不同终端区分受众的传播模式,用户可以轻松地构建一个集中化、网络化、专业化、智能化、分众化的大型智能化楼宇大厦多媒体信息发布平台,提供功能强大的信息编辑、传输、发布和管理等专业媒体服务。

智能化楼宇大厦多媒体信息发布系统针对办公楼宇的信息传播需求,以前瞻性、拓展性、先进性、实用性为设计目标,采取集中控制、统一管理的方式将视音频信号、图片和滚动字幕等多媒体信息通过网络平台传输到显示终端,以高清数字信号播出,能够有效地覆盖楼宇大堂、会议室、办公室、会客区、电梯间、通道等人流密集场所。对于新闻、公告、天气预报、服务资讯、现场直播节目等即时信息可以做到立即发布,在第一时间将最新鲜的资讯传递给受众,并根据不同区域和受众,做到分级分区管理,有针对性地发布信息。

3) 多媒体信息发布和信息传播的原理

信息的发布和传播是指信息从发送者到接收者的传递过程,这个过程有三个基本要素:发送者、接收者和传播渠道。从传播渠道看有两种方式——单向和双向,单向的传播是发送者单纯地将信息发送和传递出去,不关心接收者是否收到和是否有反馈;双向的传播是接收者对信息的反馈会传递给发送者,双方会有交流和互动。作为信息发布系统,除了具有多媒体、云计算等高科技的特性,从传播学角度来看,该系统作为信息的传播渠道应该是一个双向的沟通网络。

3. 商业性楼宇电视与公共服务性楼宇电视融合

面对公共服务性楼宇电视和广告渠道多样化的挑战,商业性楼宇电视可以朝着与公共服务性楼宇电视融合的方向发展。公共服务性楼宇电视是未来楼宇电视的发展方向之一,广电部门应该适度放开对楼宇电视播放视听节目的审批限制,使商业性楼宇电视与公共服务性楼宇电视融合。通过获取广电牌照滚动播出即时新闻资讯,增强楼宇电视的吸引力。商业性楼宇电视获得视听节目播放许可证后,广电部门可以参照对传统电视节目的监测手段,加强对楼宇电视的监管。商业性楼宇电视不能只固守某个角落,与公共服务性楼宇电视的融合可以使商业楼宇电视更好地服务于目标受众。

第三节 车载电视技术

一、车载电视的基本含义与基本原理

所谓车载电视,是指接收端一般安装在公交车、出租车、火车、轮渡、飞机等交通工具上的移动电视。车载电视,简单地说就是数字电视的移动接收终端,主要包括机顶盒、液晶显示屏、天线、车载电源等。为了方便安装使用,已经开发出了诸如台式车载电视、挡板式车载电视和顶吸式车载电视等多种款式。

移动数字信号采用当今世界最先进的数字电视单频网技术,即地面数字电视广播方式系统,是数字电视传播的三种方式之一,通过无线数字信号发射、地面接收方法进行电视节目的传播。凡移动中的交通工具或人流集散场所,只要安装相应的接收设备,依靠适宜尺寸的液晶显示屏,均可接收到为移动电视特供的各类数字电视资讯信息。

二、车载电视的基本技术特征

现在的车载电视大多为车载液晶电视,车载液晶电视顾名思义是采用液晶屏作为显示载体的车载电视。相对于传统的CRT车载电视,车载液晶电视有着非常明显的技术优势,随着2008年液晶屏价格持续走低,目前车载液晶电视已经完全取代传统的CRT车载电视。

车载液晶电视主要具有体积小、重量轻、完全平面、耗电低、无闪烁、无失真等突出

特点。

(一) 点距

点距一般是指显示屏相邻两个像素点之间的距离。在屏幕大小一定的前提下，点距越小屏幕越清晰细腻。点距是由可视面积除以分辨率得出来的数据。对一般液晶屏来说，0.279 mm 的点距就能产生很细腻的画面了。对于车载电视来说，通常采用 CF 卡播放器、车载硬盘机来进行播放，车载液晶电视的点距完全可以满足要求，因而这是一个无须关注的指标。

(二) 分辨率

分辨率是所有车载液晶电视最重要的选购技术指标之一，分辨率越高，显示的效果越好。由于车载液晶电视的尺寸都比较小，分辨率能达到 720×480 就是很好的液晶屏了，画面的清晰度也极高。

(三) 亮度

通常由背光源来决定，目前液晶屏的亮度值一般都在 250～500 cd/m^2 之间。液晶显示器的亮度越高，画面越亮丽，但价格会越贵；亮度低，会觉得屏幕发暗。低于 250 cd/m^2 以下的屏，通常不予选择。

(四) 对比度

车载液晶电视的对比度也很重要，对比度越高，色彩就会越鲜艳饱和，还显得更立体，相反对比度低，颜色就会显得单调。通常对比度在 250∶1 以上比较合适，高的大致为 400∶1。而对比度低于 150∶1 就不要选择了。

(五) 可视角度

可视角度就是人眼能够观看到屏幕上显示内容的最大角度，这个数值是越大越好。如果可视角度比较小的话，用户视线稍微偏一点（也就是说没有正对屏幕）的话，画面就会失真，甚至根本无法观看。比较理想的车载液晶电视的可视角度应在 60 度以上，垂直下视角在 70 度以上，出于成本的考虑，液晶屏通常会设计成上视角为 75 度，下视角为 55 度。如果不进行技术处理，这样的车载电视上视角被浪费，下视角又无法满足要求，因此车载液晶电视需要进行倒屏处理，即将上下视角翻转过来，以满足车载环境的使用。

(六) 响应时间

这个指标比较重要，因为它关系到画面是否会出现拖尾现象。反应或响应时间是指液晶由明转暗或者由暗转明所需的时间。一般来说，响应时间越短越好。时间越短，在看移动的画面时就不会感到类似残影或者拖沓的痕迹。按照人眼的反应时间，响应时间如果超过 100 毫秒，就会出现运动图像的迟滞现象。目前出厂的液晶屏标准响应时间大部分处于50~80毫秒之间,不过也有少数高档液晶屏的反应时间大多在25~30毫秒。LCD的响应时间如果在80毫秒左右,在观看视频时基本不会出现拖尾。但要注意的是,反应时间包括上升时间和下降时间,部分厂家在"反应时间"处只标明上升或下降时间,误导消费者。

(七)色彩

自然界的任何一种色光都是由红、绿、蓝三种基本色组成的。液晶屏的每个独立的像素色光是由红、绿、蓝(R、G、B)三种基本色来控制。大部分厂商生产出来的液晶显示器,每个基本色(R、G、B)达到6位,即64种表现度,那么每个独立的像素就有$64×64×64=262144$种色彩。绝大多数液晶屏的真正色彩只有26万色(262144色)左右,包括一些数万元的顶级液晶屏也同样如此。厂家所标记的32位色(16777216色)都是通过插值或抖动算法得到的,与真正的32位色相比有相当大的差距。只要液晶屏能达到26万色,就能展现出良好的色彩。

以上是液晶屏一些比较重要的参考数据,当然还有更多的参考数据和办法来判断液晶屏的质量。

三、车载电视的传播特点

(一)传播环境的封闭性

车载移动电视的传播环境主要是公交车、地铁、火车、轮船等交通工具,具有一定的封闭性。车载移动电视只有单一频道,受众处于"强迫收视"的被动接收状态,失去了主动选择不同节目的可能性。无论受众是否将注意力集中在车载移动电视上,都会在一定程度上接触到节目的画面或者声音。

(二)传播受众的指向性

车载移动电视的受众构成是开放的、流动的。由于受众的开放性,车载移动电视拥有潜在、庞大、流动的受众群体,信息覆盖面较广,市场开发潜力巨大。但是,开放、流动的受众导致了传播效果的不可预测性,交通工具上的乘客是异质群体的短暂聚合,具有匿名性和随机性。从另一个角度来说,车载移动电视针对的是特殊群体,包括乘坐公交车、地铁、火车、飞机的人群,因此指向性较强。

(三)传播内容的时效性

由于车载移动电视的受众是短暂停留的人群,流动性大,如何以丰富的内容、鲜明的特色去吸引受众成为车载移动电视内容传播的关键。车载移动电视的节目内容包括新闻资讯、生活服务、体育娱乐及公益性节目等。节目设计和编排要体现"短、快、新、活、全"的原则,节目总体定位应以新闻资讯为主,以生活服务为辅,以体育娱乐为依托。车载移动电视通过发挥电视直播的优势,受众在短时间内可以看到较为完整的节目,能够随时随地了解最新动态,具有时效性。

（四）传播渠道的伴随性

车载移动电视支持移动接收，受众在移动过程中通过接收终端可以看到电视节目。该功能可以在乘坐公交车、出租车、火车、轮船、飞机等的各类流动人群中广泛使用，不仅扩展了传统电视的有效传播范围和影响区域，更突破了传播时空的局限性，使受众可以随时随地获取各类信息，满足了人们的资讯、娱乐需求。例如，美宝莲借助触动传媒在出租车上的数字传播渠道，设计了有创意的互动广告，让消费者可以通过预先创意的互动程序以及屏幕上的互动按钮与媒体进行互动，来了解化眼妆的各个步骤，在经历了1个月的广告活动，在北、上、广、深四地的出租车上，超过47%的乘客在点击了屏幕上的按钮之后体验了互动化妆游戏，有1200多万乘客通过出租车内的互动程序获取了更多的产品相关信息，美宝莲成功地收集到了52241个乘客提供的手机号码。

四、车载移动电视的优势

车载移动电视传播环境的封闭性和强制性，形成了特殊的广告传播优势，广告传播的到达率高、有效率高。因为收视环境的制约，受众在车载移动电视中接收到的广告内容通常是不完整的，但是车载移动电视节目的周期短、重复率高，能够有效地弥补这一缺陷。

车载移动电视的受众开放性大、流动性强，其庞大的数量是不可忽视的广告资源。车载移动电视应充分利用自身优势，抓住特定的受众及其收视心理，使每个时段都成为广告的黄金时段，从而体现出与传统电视的差异性和自身优势。车载移动电视同时也是一种地域性媒介，广告发布还要针对特定地域范围内的特定消费人群，选择点对点、精准定位的广告投放方式。

传统电视的观众可以自选频道，而车载移动电视的收视具有一定的强制性，这一点在公交车、长途车上尤其明显。车载移动电视一般采取"黄金一小时"的节目编排原则，即以一个小时为一个重复单元；全天的节目则采用"周循环错位滚动式"，使每天在固定时段乘车的受众可以看到不同的节目，而一周内乘客在同一时段可以看到本周内的不同节目。根据移动人群的特点来编排节目，牢牢抓住观众的眼球，使节目和广告达到最好的传播效果。

五、车载移动电视的劣势

（一）移动技术设备和收视环境有待改进

以公交移动电视为例，从技术角度看，目前我国各个城市运行的公交移动电视基本都采用DTMB信号发射播出技术。作为一项新兴的技术，移动电视画面的稳定性以及信号接收的可靠性都存在许多问题。如车辆在启动、转弯和遇到高楼遮挡时，会出现画面抖动的情况。另外，由于移动电视和报站器共用一个声道，当公交车报站时，移动电视的声音就会被吞没。加上我国移动电视的标准至今尚未出台，各城市采用的移动电视显示屏、编码器、机顶盒等设备,由于研发厂家不同和具体技术不同,很难相互兼容。这些技术层面所引发的一连串问题,使传播效果受到了影响,也妨碍了公交移动电视的产业化进程。

(二)电视节目创新不够,对年轻乘客缺乏吸引力

在车载移动电视播出的节目中,来自传统电视节目的数量占多数,而目前的传统电视节目以中老年观众为主。相较丰富多彩的网络视频,传统电视节目对年轻观众的吸引力在不断下降。从这个角度来说,车载电视节目,尤其是自办节目,应更多地吸引年轻乘客的关注。

(三)移动新媒体的普及分散注意力

2014年,中国智能手机用户超过5亿。移动用户和移动终端的快速发展,拓展了移动互联网的巨大市场。中国互联网业务移动化迁移已经全面展开,移动终端正成为各大互联网企业争夺的战略高地。在移动新媒体和移动互联网快速发展的大背景下,人手拥有一部智能上网手机已成为常态。随着很多城市公交车载 Wi-Fi 的应用和普及,公交乘客移动上网将会越来越便捷,在此状况下,公交乘客的注意力越来越难以集中在收看电视节目上,这些都会对车载移动电视的发展构成威胁。

(四)私家车的普及对公交移动电视发展形成威胁

2013年1月23日,中国社会科学院社会学研究所、社会科学院文献出版社以及梅赛德斯-奔驰(中国)汽车销售有限公司在中国社会科学院学术报告厅联合发布了2012—2013年度《汽车社会蓝皮书》。数据显示:2012年中国正式进入汽车社会,每百户家庭汽车拥有量超过20辆。私家车的不断普及将会对公交移动电视的发展构成一定的威胁。这一点在一些发达国家已经得到了印证,最早开通公交移动电视的新加坡已经停止使用。

六、车载电视的应用形式与应用前景

(一)应用形式

在车载电视的应用方面,从大型客车、中型旅行车到高档及家用轿车,车载显示器从5英寸到15英寸,车载影碟机从单碟 DVD 到10碟 VCD、VCD 全系列。在适用性方面,有代表了最新技术的隐藏式多功能一体机、全自动吸顶式主机,还有备受用户喜爱的挡阳板显示器。车载液晶电视的市场需求庞大。据预测,今后10～15年,中国将成为世界上最大的汽车消费国,同时也将成为世界上最大的汽车生产国,这是车载液晶电视的第一大市场。各级城市正逐步在市内公交车上安装车载电视广告媒体。此外,地铁、火车、民航、旅游接待车等,又为车载液晶电视开辟了另一个市场。

(二)应用前景

1. 前景看好,市场仍未兴起

目前,车载电视正在逐步向各级城市和各个客户群渗透。芯片厂家和整机厂家都认为,车载电视在技术上并不存在问题。随着全国多个省市陆续开播或试验了地面传输移动电视,车载电视应用范围已从公交车、出租车等车辆扩展到了地铁、轮渡、火车和楼宇以及城市信息应急系统等。此外,私家车车载电视市场方兴未艾。车载电视的市场前景必将非常可观。

2. 商业模式是瓶颈

公交移动电视平台因覆盖人群广泛、到达率高、成本低廉,具有很大的广告发布优势。快速消费品、服务性行业、电子产品是主要的广告客户。随着经济的发展,汽车、金融等高端产品和服务也开始在移动电视平台上投放广告。

对于公交系统来说,广告虽然解决了其运营成本问题,但如果广告太多,往往会引起乘客的反感;广告太少,运营商的利益得不到保证。目前,车载电视的节目量不多,而且缺乏新意,商家为了商业利益,经常播放大量的广告等商业性质比较浓的节目。观众喜欢看的小品、新闻、资讯类节目并不多,因此车载电视的好评度并不高。

由于在公交、地铁上播放移动电视需要频道牌照,而目前只有广电运营商能够进入该领域,所以车载移动电视基本被广电部门所垄断。目前,发展车载移动电视最好的方法就是在政府部门主导下,广电部门、交通部门以及投资方等多家单位通力合作,实现资源共享。

对于私家车来说,存在究竟应该由谁来买单的问题。实际上,对于私家车可以实行免费安装以吸引用户,启动市场。对于运营商来说,可以通过广告来获得利润,同时还可以推出一些增值服务,如网络购物、资讯服务。

由于车载电视是一个新兴的市场,商业模式还不成熟,车载移动电视产业链各环节合作模式尚不够清晰,盈利模式比较单一。车载移动电视市场规模的显著增长与覆盖范围的明显扩大,吸引了产业链各环节的密切关注,不仅包括广电系统、地方政府等,也不乏三星、LG、海尔、创维、康佳等设备制造商,但由于其管理涉及不同性质的单位,今后仍需进一步加强产业链的培育。

3. 车载电视走向多媒体化

随着技术的发展,未来的车载电视会越来越薄,同时也会逐步走向高清,往多媒体方向发展,如在车载电视屏幕上同步显示站台信息、动态新闻,并增加和用户之间的互动。

从节目内容看,车载移动电视由于特殊的传播环境,需要制作出符合移动受众心理需求的节目。尽管目前车载移动电视业务开展广泛,但其从业人员大多来自传统媒体,缺乏对移动电视的深入了解。由于缺乏健全的采编体系和运作管理体系,导致移动电视的内容往往只是对传统电视内容的简单移植,缺乏针对移动电视自身特点量身定制的个性化内容。

要经营好车载移动电视,了解其特点和受众需求是第一要务。

第四节　新媒体艺术技术

20世纪70年代,装置艺术作为后现代艺术的一项主要艺术运动开始了自身的发展历程。随着新媒体技术的日益完善,科技与艺术的融合衍生了大量具有实验精神的艺术创作,新媒体装置艺术就在这一过程中孕育而生。新媒体装置艺术根植于当代艺术,是关于艺术的广泛的定义和对于艺术模糊边界的认识,在纯艺术和商业艺术、艺术与技术、艺术与科学之间不断完善自我,并取得了实践与理论上的进步。

近年来,手机和社交媒体的快速发展,给新媒体装置艺术提供了新的表现手段和发展契机。20世纪90年代出现的"遥在与远程通信艺术"已经发展成为新型互动艺术形式。

以装置艺术为代表的这些艺术形式脱胎于传统的媒体土壤,却无意中奠定了新媒体艺术发展的思想基础,最终更义无反顾地走向了新媒体艺术的怀抱。在信息时代的环境中,人类世界对于新科学的隐喻与模式大为着迷,神经科学、生物学、量子力学和计算机等高科技大大激发了艺术家的想象力和创造力,现代艺术发生了更为明显的分化和演绎,各种新兴艺术门类层出不穷,并大多数地带有多媒体和计算机技术的烙印,如录像艺术、遥在艺术、虚拟现实艺术、网络艺术、机器人艺术、交互艺术、软件艺术、毫微艺术、触觉艺术、游戏艺术等。这些未被分类或难以被分类,以数字为主要媒体的艺术形式目前均被归结于新媒体艺术的范畴。其共同的特征是:联结、互动、体验、易变。

一、遥在与远程通信艺术

1966年,现任英国普利茅斯大学教授、新媒体艺术学者罗伊·阿斯科特博士就预见到了计算机与电信的结合会推动艺术的发展。1983年,他发表了论文《艺术与远程通信:网络意识的形成》,探讨了借助远程通信实现非现场艺术交流的可能性。2003年,罗伊·阿斯科特又出版了新著《远程拥抱:艺术、技术与意识的幻想理论》,详细阐述了遥在与远程通信艺术形态的价值和魅力,并从网络艺术未来的可能性,探索了对于社会关系、真实性、哲学和美学问题的新的思考。1992年,阿斯科特的学生,艺术家保罗·塞尔蒙(Paul Sermon)推出了名为《远程通信之梦》的交互装置艺术作品(见图5-10)。作品以床作为媒介物,将发生在两个时空的动作联系起来。通过摄像头和投影装置,两个不在同一空间的人,可以通过网络进行远程实时互动。这个作品成为遥在与远程通信艺术的里

图5-10　《远程通信之梦》的交互装置艺术作品

程碑之作,也首次实现了观众通过网络的"虚拟身体交流"。近年来,随着智能手机和移动社交媒体的快速发展,这种社交型互动装置艺术有了更丰富的表现形式,也成为当代新媒体艺术发展中的一个引人注目的现象。

二、社交型互动装置艺术

罗伊·阿斯科特博士曾经指出:"新媒体艺术最鲜明的特质为联结性与互动性。了解新媒体艺术创作需要经过五个阶段,即联结、融入、互动、转化、出现。你首先必须联结,并全身融入其中(而非仅仅在远距离观看),与系统和他人产生互动,这将导致作品以及你的意识产生转化,最后会出现全新的影像、关系、思维与经验。"[①]社交型装置艺术则将传统的"人机交互"拓展为群体分享的平台。例如,2014 年 3 月,为了庆祝 TED(技术·娱乐·设计)活动举办 30 周年,美国艺术家珍妮特·艾勒曼和亚伦·科宾合作创作了大型遥控互动装置作品《无数火花》的软雕塑(见图 5-11)。他们在温哥华会展中心外的天空架起了一张由高强度聚合纤维构成的蜘蛛网。观看者只要通过手机 App 跟它连上,随手画上几笔,这个包含超过一千万像素的巨网上就会呈现出流光溢彩的光影变幻。游客们纷纷用智能手机、iPad 与这个空中飘浮的网("屏幕")进行互动,在这张网上投射出五彩缤纷、绚丽夺目的动态烟花和图案。同时,非现场的观众也可以通过下载的 App 来设计图案并传送到这张巨网上,并通过反馈的影像来"分享"现场的气氛。这个引发大众狂欢的艺术装置成为"社交型"远程艺术的代表作品,它将观众(创作者)的创意、互动、游戏、分享、喜悦和热情交织成为一首超越地域文化的环球交响曲。

图 5-11 大型遥控互动装置作品《无数火花》

---

① http://www.artda.cn/view.php? tid=1824&cid=3.

三、以装置艺术为代表的新媒体艺术的技术特征

(一)数字化

数字技术的介入使新媒体艺术呈现出新的特点,并出现了新的艺术形式:网络艺术和多媒体艺术。新媒体艺术的发展与数字技术有着不可分割的联系,大量运用数字技术和视频等来表现。尤其是现代的多媒体艺术是以计算机和网络技术为核心,通过电视屏幕等显示设备,运用多媒体软件技术,广泛调动多种感觉方式,是技术革新和艺术发展的相互作用中的多种媒体的集成,把文本、图像、视频、音频和动画等多种形式在数字环境中进行整合,突出了互动性和参与性。

(二)交互性

从社会学上看,新媒体艺术是一个连接社会流行文化和艺术家的桥梁和纽带,诞生于网络的新媒体艺术的重要的美学特征之一就是它的包容性和民主性。正如一些学者所指出的:"交互特质作为新媒体艺术的显著特征,是区别于其他后现代艺术门类的关键。新媒体艺术作品创作的完整性正是通过时空、人机以及媒体交互参与的逻辑关系完成的。"[1]

在新媒体艺术中,表现形式很多,但主要是使用者与作品之间的直接互动,如改变作品的影像、造型,甚至以不同的方式来引发作品的转化——触摸、空间移动、发声等。Sven Travis是纽约帕森斯设计学院的老师,他带领他的学生与清华大学的师生共同制作了一件新媒体艺术作品《旅行者》。这个作品由两辆自行车以及一块由三个屏幕组成的投影板而构成的。参观者被巨大的投影包围,投影里呈现的画面是北京和纽约的街景,它们在中间交汇,哪一边的画面占主导完全取决于参观者骑车的速度,也就是说某一边的街景可以完全占满整个画面。这个全景的画面让参观者感觉身临其境。作品的另一个重要元素就是对骑车时的颠簸效果的模拟。自行车的前轮底部装有一个汽缸,可以让车子上下震动(见图5-12)。

图 5-12 新媒体艺术作品《旅行者》

这一特点使新媒体艺术的创作过程和传播过程与以往有了很大的改变,受众甚至可以参与艺术创作或者对艺术片进行自我重构。如艺术家郭飞的多媒体绘画作品《可以听到的寂静》中传感技术的应用,欣赏者可与多媒体装置进行互动,让欣赏者对传统绘画呈现出的气韵有了更立体、更多维的体验,创造出了新的解读方式,从而获得互动的快感。

---

[1] 谢卉.新媒体艺术的交互性品格探议[J].装饰,2006(8).

(三)虚拟性

网络的虚拟性就是通过技术手段对人类生活进行仿制和再造,逼真地还原事物的外貌和特征,使艺术感受者多方位运用感官系统达到一种通感;极大地满足了人们的心理需要,逐步转变了现实中的事物在人们心目中的地位和形象,从而带来审美观念的新变化。传统艺术的核心功能是审美,通过与艺术作品的对话最终产生心灵上的共鸣。而新媒体艺术与传统艺术在形态上有着本质的不同,它摆脱了对材质的依赖,利用声、像等感官刺激直接作用于人的视听器官,形成一种虚拟领域的审美范畴。同时,有着多变的模式,使新媒体艺术的审美变得复杂。在互动的新媒体关系中,作品不仅需要观众来完成,而且需要观众来激活它,并赋予它实在的内容。艺术家把在现实中无法实现的境况虚拟化而成为虚拟现实。这种虚拟现实的作品,部分是借助于网络实现的。除了在网络作品中得到充分表现之外,早在一些录像装置艺术中,新媒体艺术的虚拟性就开始崭露头角。曹恺的《2069——白垩纪后史》就是一件虚拟未来的作品,创作者虚构了一百多年新人类的历史,囊括了所能看见的历史事件和细节,它们随机的偶发性不断地改变着人类的历史状况。

(四)媒体依赖性

在艺术发展史上,没有哪一种艺术能像今天的新媒体艺术一样对"媒体"有着如此强的依赖性。新媒体艺术家对媒体的驾驭往往直接影响到作品的成败,这主要表现在两个方面:一是创作的手段是媒体。新媒体艺术是随着影像媒体技术的发展而出现的,由创作到展示的整个过程都是建立在媒体支撑基础之上,所以媒体是贯穿艺术创作的主线,在有效地承载、传达艺术家思想的过程中,将其翻译转换为艺术作品。二是媒体成为作品的一部分。新媒体艺术中的媒体不仅作为一种中介和创作手段,更作为艺术作品的一部分而存在。艺术已不再是一种单纯的客观标志,而是带有强烈的主观情感意图、融入先入为主的导演成分,抽象为一种艺术符号。以一种新的艺术语言创造不同的解读方式,表达的形式居于其次,最重要的是表达的观念和内容,使人们在关注社会的同时更加勇于表达自身价值。

四、新媒体艺术的影响

(一)新媒体艺术改变生活方式

新媒体艺术绝不仅仅意味着增添了一种工具和手段。其力量还在于,它首先改变了我们的生活方式,占据了我们的日常视觉经验,自下而上地冲击着我们习以为常的生活观念。在中国新媒体艺术运用最多的领域无疑是我们所熟知的现代电影,国产的特效电影《秦颂》的正式登场是新媒体艺术的亮点,这是一部制作精良、场面恢宏、明星云集的历史大片,其中气势庞大的阿房宫就是由电脑制作完成的。2002年,张建亚导演的《极地营救》,整个影片设计都是模拟好莱坞大片制作,此片制作过程,配备了国内第一台数字摄像机,聘请了国内电脑图像专家,运用了计算机相关软件、做了大量的数字特效,主要三维软件是 Autodesk Maya 和 3D Studio Max,影视后期合成软件 Inferno、Autodesk Flame、Shake 等。此外,创造性地使用了国内数字特技制作从未使用过的先进技术,如三维人体扫描、动态捕捉、大型的粒子特效等,使该片的视觉效果达到了国内领先水平,掀起了中国电影的新革命。张艺谋导演的影片《英雄》中,运用了大量的新媒体艺术形式,那万剑齐发、万马奔腾的壮观画面,其非同寻常、震撼人心的视觉及听觉效果,带给我们颠覆性的全新视听感受。

除此以外,值得一提的是虚拟技术和动画仿真技术。虚拟设计已被广泛应用于社会生活的各个方面,如"虚拟生产"、"虚拟贸易"、"虚拟市场"、"虚拟网络"等,并将在建筑设计、装备设计、产品设计、服装设计中发挥神奇的效用。虚拟设计利用 3D、CAD 建立一个非常完整的模型,加上渲染和动画功能,使模型变成一个形态逼真且具有动画功能的仿真物体,并具有了真实、交互的特点。利用计算机模拟人在自然环境中的各种行为活动,实现人与所设计对象的交流与操作。不断改进设计模型,强调三维图形的立体显示,使设计对象与人、环境更具现实感和客观性。

teamLab 是由一群由艺术家、程序员、工程师(用户界面工程师、数据工程师、网络工程师、机械工程师、计算机视觉工程师和软件架构师)和数字设计师(CG 动画、网页设计师和平面设计师等)组成的超强科技加艺术创意团队。猪子寿之认为:现代大多数的孩子们都沉迷于智能手机,而人类社会是需要透过各种共同的体验来感知和学习这个世界。在科技高速发展的今天,这个社会需要团队合作才能创造出更多的成果。因此,他们通过一系列动手与"共创"体验相结合的游戏来解放孩子们的天性,使他们得到创意的快乐。基于这一理念,猪子寿之团队近年来创造了一系列以"学习!未来的游乐园"为主题的社交型装置艺术。

teamLab 在 2014 年推出了"手绘水族馆"(见图 5-13)大型交互魔幻秀作品。这个展览通过将儿童手绘的海鱼、水母等扫描进入大屏投影幕墙上,让每个小朋友自己创作的鱼儿游弋在漂亮奇幻的海底世界,每条鱼都不同,都来自天真儿童的创造力与想象力,放入海底马上就动起来,用手抓它还能有反应,这样一个水族馆,可以称得上是一个新奇的海洋世界!这个作品可以通过家长和孩子一起分享创意,孩子们不仅可以在大屏幕中看到自己创作的鱼儿在摆尾游动,还可以通过投放"饵料"或拍打它们获得更多的体验。同样,该团队推出的"3D 涂鸦馆"(见图 5-14)也让孩子和家长们体验到了创意和分享的快乐。该作品通过大屏幕展现了一个 3D 立体的水滴状的"未来城市"。孩子们可对城镇内的事物(如车子、大楼等)着色、添加景物或人物或涂鸦。作品扫描后,这些儿童画的车子等就进入了这个虚拟城镇里并开始活动起来。

(二)新媒体艺术改变了对艺术概念的理解

新媒体艺术吸纳了许多传统艺术形式,集图文、影像、声音、互动性于一体,可能性极为丰富。多媒体及网络艺术最为鲜明的特质为其联结性与互动性,在其联结、融入、互动、转化、呈现的过程中,观众可以参与其中与介质及他人产生互动,这可以导致作品及参与者意识转化,并衍生出全新的影像、思维及视觉经验。参与者经由和作品之间的直接互动,参与改变了作品影像、造型乃至意义。它的潜能还需要更多富有想象力、创

图 5-13 手绘水族馆

图 5-14 3D 涂鸦馆

造力的实践去发展,并将大大改变我们对艺术概念的理解。新媒体艺术使得技术手段运用后的机械复制艺术更符合现代人的审美需求。

(三)新媒体技术对艺术性的消解

在新媒体时代,对技术的迷恋和崇拜,使技术规则大于文化艺术规则,计算机技术的发展使得数字艺术工具几乎无所不能,艺术家可以随心所欲地设想作品的潜在形式,甚至可以强势控制作品的各个表观细节。媒介的无限扩展提高了表现技法的熟练门槛,也导致了艺术创作的情感低落与诉求无力。一味追求媒介以及表现手法的新颖最大化,作品不幸沦为炫耀技术的空壳。在这个意义上,思想性和社会性的缺席导致了艺术性的削弱。从操作层面看，新媒体艺术作品大多演化为显示器背后的抽象代码和复杂计算。

（四）新媒体艺术对创作和审美的引导

新媒体对艺术家的创作倾向和受众的审美取向起到很大的引导作用，也许在本意上它并不影响美术家创作，但是它能确定哪一种美术作品应该和值得给观众看。新媒体艺术使得运用技术手段后的机械复制艺术更符合现代人的审美需求。仅此而言，新媒体艺术的现代性构建了公共性的审美意识，完成了人的个性解放。随着新媒体艺术形式深入大众生活之中，人们不再把艺术看成是精英阶层的东西。游戏的叙事性、交互性、竞争性，信息的交流方式，人与人之间的交流方式，对世界的认识方式等都被改变了。

第五节 触摸媒体技术

一、触摸媒体的基本含义

触摸媒体是基于无线通信模块和触摸技术相结合的新型媒体平台。通过定期更新信息与资讯，以独一无二的互动体验方式在广告主和消费者之间建立亲密对话。同时，它也是一种可接收触头等输入讯号的感应式液晶显示装置，当接触了屏幕上的图形按钮时，屏幕上的触觉反馈系统可根据预先编好的程式驱动各种联结装置，可用以取代机械式的按钮面板，并借由液晶显示画面制造出生动的影音效果。触摸屏作为一种最新的电脑输入设备，目前是一种最简单、方便、自然的人机交互方式。它赋予了多媒体以崭新的面貌，是极富吸引力的全新多媒体交互设备，主要应用于公共信息的查询、领导办公、工业控制、军事指挥、电子游戏、点歌点菜、多媒体教学、房地产预售等领域。

为了方便操作，在使用时人们大多热衷于选择触摸媒体。工作时，首先用手指或其他物体触摸安装在显示器前端的触摸屏，然后系统根据手指触摸的图标或菜单位置来定位选择信息输入。触摸屏由触摸检测部件和触摸屏控制器组成：触摸检测部件安装在显示器屏幕前面，用于检测用户触摸位置，接收信息后传送触摸屏控制器；而触摸屏控制器的主要作用是从触摸点检测装置上接收触摸信息，并将它转换成触点坐标，再传送给CPU，它同时能接收CPU发出的命令并加以执行。

二、触摸媒体的基本技术特征

（一）透明度

它直接影响到触摸屏的视觉效果。透明有透明度的问题，红外线技术触摸屏和表面的声波触摸屏只隔了一层纯玻璃，透明度可算佼佼者，其他触摸屏这点就要好好推敲一番。"透明",在触摸屏行业里,只是个非常宽泛的概念,很多触摸屏是多层的复合薄膜,仅用透明一点来概括它的视觉效果是不够的,它应该至少包括四个特性:透明度、色彩失真度、反光度和清晰度,还能再细分,如反光度包括镜面反光程度和衍射反光程度,只不过触摸屏表面衍射反光还没到达 CD 盘的程度,对用户而言,这四个度量已经基本足够了。

由于透光性与波长曲线图的存在,通过触摸屏看到的图像与原图相比,不可避免地产生了色彩失真,静态的图像感觉还只是色彩的失真,动态的多媒体图像感觉就不是很舒服了。色彩失真度,也就是图中的最大色彩失真度,自然是越小越好。平常所说的透明度,也只能是图中的平均透明度,当然是越高越好。

反光性,主要是指由于镜面反射造成图像重叠后的光影,如人影等。反光是触摸屏带来的负面效果,越小越好,它影响用户的浏览速度,严重时甚至无法辨认图像字符,反光性强的触摸屏使用环境受到限制,现场的灯光布置也被迫需要调整。大多数存在反光问题的触摸屏都提供另外一种经过表面处理的型号:磨砂面触摸屏,也叫防眩型,价格略高一些,防眩型反光性明显下降,适用于采光非常充足的大厅或展览场所。不过,防眩型的透光性和清晰度也随之有较大幅度的下降。清晰度,有些触摸屏加装之后,字迹模糊,图像细节模糊,整个屏幕显得模模糊糊,看不太清楚,这就是清晰度太差。清晰度的问题主要是多层薄膜结构的触摸屏,由于薄膜层之间光反复反射、折射而造成的。此外,防眩型触摸屏由于表面磨砂也造成清晰度下降。清晰度不好,眼睛容易疲劳,对眼睛也有一定伤害,选购触摸屏时要注意判别。

（二）漂移

触摸屏是绝对坐标系统,要选哪就直接点哪,与鼠标这类相对定位系统的本质区别是一次到位的直观性。绝对坐标系的特点是每一次定位坐标与上一次定位坐标没有关系,触摸屏在物理上是一套独立的坐标定位系统,每次触摸的数据通过校准数据转为屏幕上的坐标,这就要求触摸屏这套坐标不管在什么情况下,同一点的输出数据是稳定的,如果不稳定,那么触摸屏就不能保证绝对坐标定位,点不准,这就是触摸屏最怕的问题:漂移。技术原理上凡是不能保证同一点触摸每一次采样数据相同的触摸屏都免不了漂移这个问题,目前有漂移现象的只有电容触摸屏。

（三）传感器

检测触摸并定位,各种触摸屏技术都是依靠各自的传感器来工作的,甚至有的触摸屏本身就是一套传感器。各自的定位原理和各自所用的传感器决定了触摸屏的反应速度、可靠性、稳定性和寿命。

三、触摸媒体的应用形式与应用前景

随着越来越多地使用电脑作为信息来源,触摸屏以其易于使用、坚固耐用、反应速度快、节省空间等优点,使得系统设计师们越来越多地感到使用触摸屏的确具有相当大的优越性。触摸屏是一个使多媒体信息或控制改头换面的设备,它赋予多媒体系统以崭新的面貌,是极富吸引力的全新多媒体交互设备。发达国家的系统设计师们和我国率先使用触摸屏的系统设计师们已经清楚地知道,触摸屏对于各种应用领域的电脑已经不再是可有可无的东西,而是必不可少的设备。它极大地简化了计算机的使用,即使是对计算机一无所知的人,也能够信手拈来,使计算机展现出更大的魅力,解决了公共信息市场上计算机所无法解决的问题。

此外,随着城市朝信息化方向发展和电脑网络在国民生活中的普及,信息查询都可用触摸屏实现。随着智能触屏手机的普及和大众化,人们在手机触摸的使用中已经渐渐习惯于这种触动视界的应用方式,享受触动带来的便利以及体验感受,让广告资讯的传递方式也能够普及开来,推动互动多媒体产品向这个领域不断渗透。现在市场上出现一种智能触控互动一体机,就很适合将消费者被动地接收资讯转向触动互动的沉浸体验,让广告咨询的查询介质如同一个大型的公众iPhone,提供给消费者便利和互动式触觉、视觉体验,这种数字一体机的出现在很大程度上方便了消费者,同时也能很好地契合人们好奇尝鲜的心理,这样无疑会给商家带来更多的关注度,也间接地提升了品牌形象。

触控技术的发展的确催生着诸多行业向触控一体化方向转型,这是商业发展的趋势,也是消费者消费习惯转型的必然趋势。一个品牌的传播方式只有与消费者日益习惯的消费心理和消费习惯相吻合,这样才能在众多产品中脱颖而出,吸引更多人的关注。现在我们在大型商城、星级酒店、主题公园、规划展览馆、展览会等地方见到的魔镜一体化机、纳米触摸一体化机、电子翻书器、互动投影系统等互动多媒体应用产品,都是绞尽脑汁地在体验感受与内容创新上做文章,这既是广告商与消费者近距离的沟通,也是"科技改变生活,互动睛彩视界"理念的落地践行。正如辉煌影音数字科技设计总监肖白所说,未来的视界,就是一个增强现实的时代,人们在恍惚中会暂时地分不清何为真实,何为虚拟,互动多媒体科技会渐渐模糊现实与虚拟空间的界限。

所以在虚拟与现实界限越来越模糊的时代,我们接收信息的方式也将渐渐呈现动感多元化和丰富多彩化。互动多媒体技术的不断发展正开启着互动广告传播新时代,让我们拭目以待,期待着互动带来的全新消费体验。

触摸屏技术方便了人们对计算机的操作使用,是一种极有发展前途的交互式输入技术,因而受到各国的普遍重视,并投入大量的人力、物力对其进行研发,新型触摸屏不断涌现。

1. 触摸笔

利用触摸笔进行操作的触摸屏类似白板,除显示界面、窗口、图标外,触摸笔还具有签名、标记等功能。这种触摸笔比早期只提供选择菜单用的光笔功能大大增强。

2. 触摸板

触摸板采用了压感电容式触摸技术,屏幕面积最大。它由三部分组成:最底层是中心传感器,用于监测触摸板是否被触摸,然后对信息进行处理;中间层提供了交互用的图像、文字等;最外层是触摸表层,由强度很高的塑料材料构成。用手指点触外层表面时,在1/1000 s内就可以将此信息送到传感器,并进行登录处理。除了与PC兼容外,还具有亮度高、图像清晰、易于交互等特点,因而被应用于触摸式信息查询系统(如电子公告板),收到了非常好的效果。

3. 触摸屏

触摸屏查询技术出现在中国的时间不长,这个新的多媒体设备有待人们进一步的了解。从发达国家触摸屏的普及历程和我国多媒体信息或控制系统更新的设备来看,触摸屏技术赋予多媒体查询系统以崭新的面貌,是极富吸引力的全新多媒体交互设备。使用触摸屏查询技术对于各个应用领域的计算机已是必不可少的设备。它极大地简化了计算机的使用,即使是对计算机一无所知的人,也能够信手拈来,展现了多媒体计算机巨大的魅力。

触摸屏主要有三种类型:电阻技术触摸屏、表面声波技术触摸屏、电容技术触摸屏。每一类触摸屏都有各自的优缺点。

1) 电阻技术触摸屏

电阻技术触摸屏主要是一块与显示器表面非常吻合的电阻薄膜屏,它以一层玻璃或硬塑料平板作为基层,表面涂有一层透明氧化金属导电层,上面再盖有一层外表面硬化处理、光滑防擦的塑料层,其内表面也有一涂层,在它们之间有许多细小的透明隔离点把两层导电层隔开绝缘。当手指触摸屏幕时,两层导电层在触摸点位置就有了接触,再根据模拟鼠标的方式动作,这就是电阻技术触摸屏最基本的原理。电阻技术触摸屏以稳定的质量、可靠的品质以及对环境的高度适应性占据着广大的市场,它最大的优点就是不怕油污、灰尘和水。

2) 表面声波技术触摸屏

表面声波技术是利用声波在物体的表面进行传输,当有物体触到表面时,阻碍声波的传输,进而进行鼠标的模拟。表面声波技术触摸屏适合于办公室、机关单位及环境比较干净的场所。

3) 电容技术触摸屏

电容技术利用人体的电流感应进行工作。由于人体电场、用户和触摸屏表面形成一个耦合电容,控制器通过精确的计算,得出触摸点的位置。

社会的信息化发展和计算机网络在生活中的广泛应用,信息查询以多媒体触摸屏查询的形式出现。多媒体触摸信息查询是最简单、方便的人机交互方式,且易于交流。它解决了公共信息市场上计算机所无法解决的问题。

此外,还有可用于在演播室使用触摸屏点评系统,简单地讲就是输入和输出合二为一,不再需要机械地按键或滑条,显示屏就是人机接口。整个触摸屏系统由液晶屏、触摸屏、触摸屏控制器、CPU、液晶屏控制器构成。多点触摸屏控制器是触摸屏模组的核心,触摸屏控制器是采用 PSoC(片上可编程系统)技术,PSoC 是集成了可编程模拟和数字外围以及 MCU(微控制单元)核的混合信号阵列,所以 PSoC 的灵活性、可编程性、高集成度等特性被广泛应用于触摸屏控制器。截至 2013 年,搭建的触摸屏幕有 32、46和 70 英寸,支持 1080P FULL HD 分辨率,无须任何额外设置就可以支持多点触摸控制,可以横向或纵向摆放。更为方便的是,它采用标准的 HDMI(高清晰度多媒体接口)、FireWire(火线)和 USB 接口,插上电源并连接 Mac、Linux 或 Windows PC 即可开始使用。

触摸屏技术的发展趋势具有专业化、多媒体化、立体化和大屏幕化等特点。随着信息社会的发展,人们需要获得各种各样的公共信息,以触摸屏技术为交互窗口的公共信息传输系统,通过采用先进的计算机技术,运用文字、图像、音乐、解说、动画、录像等多种形式,直观形象地把各种信息介绍给人们,给人们带来了极大的方便。多媒体互动电视演播点评系统可广泛适用于读报栏目、天气预报、交通报道、军事天地、城市新闻报道、时事评论、大型会议、汽车古玩鉴赏、法制评述、财经报道、交通旅游、体育赛事解说、综艺娱乐等各种栏目,为栏目的更新提供了无限创意。系统利用高清触摸一体机或互动触摸桌,结合思特科技的多媒体互动软件技术,使主持人有了充分发挥的平台。各种报纸、图片可在触摸屏上实时点评批注、放大、缩小、文字输入、修改及绘画编辑,提供了更为直观的画面视觉效果。我们相信,随着技术的发展,触摸屏对于计算机技术的普及利用将发挥重要的作用。

4.多点触摸互动媒体

多点触摸互动是利用了多点触摸屏技术,摒弃了键盘的按键处理。多点触摸技术是指允许计算机用户同时通过多个手指来控制图像界面的一种技术。多点触摸互动媒体有着很好的发展前景。多点触控是在同一显示界面上的多点或多用户的交互操作模式,摒弃了键盘、鼠标的单点操作方式。用户可通过双手进行单点触摸,也可以以单击、双击、平移、按压、滚动以及旋转等不同手势触摸屏幕,实现随心所欲地操控。多点触摸互动媒体能更好更全面地了解对象的相关特征(文字、录像、图片、卫片、三维模拟等信息)。其触控精准、反应灵敏,不论是视频播放还是海报浏览,多点触控系统都可做出正确的反应,为用户带来高科技体验。例如,互动多点触摸桌是具有多点互动技术的多媒体互动产品。它不仅具有普通桌子的功用,还是人机互动的多媒体平台,有着广泛的应用,如加载互动桌面游戏,可以增添使用乐趣;也可查看地图、翻阅图片、观察 3D 模型、上网、点餐、看电影、电视节目等诸多功能,更是生活、工作的得力助手。

本章关键概念

户外新媒体(outdoor new media)
楼宇媒体(building media)
车载电视(onboard TV)
新媒体艺术(new media art)
触摸媒体(touch media)

本章思考题

1.结合本章所学,谈谈你对户外广告所存在的问题的认识。

2. 你认为商业性楼宇电视还存在哪些问题？有何应对措施？

3. 你对哪一种车载移动电视节目最感兴趣？面对巨大的广告经济效益，车载移动电视是否应该坚持将公益广告作为节目资源的一部分？

本章推荐阅读书目

［1］李良荣.网络与新媒体概论［M］.北京：高等教育出版社，2014.
［2］谭天.新媒体新论［M］.广州：暨南大学出版社，2013.
［3］匡文波.手机媒体概论［M］.北京：中国人民大学出版社，2006.
［4］国家互联网信息办公室，北京市互联网信息办公室.中国互联网20年：网络大事记篇［M］.北京：电子工业出版社，2014.

主要参考文献

［1］杨状振.美国视听新媒体产业发展现状［J］.视听界，2015（1）.
［2］李娜.论新媒体传播技术及其发展趋势［J］.电子制作，2015（2）.
［3］唐绪军.中国新媒体发展报告（2014）［M］.北京：社会科学文献出版社，2014.
［4］武晋原.浅析户外新媒体广告的创意策略［J］.品牌研究，2015（2）.

第六章 新理念新媒体技术

本章导言

1. 物联网技术
2. 大数据技术
3. 云计算技术
4. 虚拟现实技术
5. 3D 打印技术
6. 新闻客户端技术

本章引例

◆ "我们想要确保的是,我们在科技、产品,以及新闻工作室之间拥有最好的工作关系。我们明白,《纽约时报》(The New York Times)应该是而且必须是科技公司和新闻公司的统一体。"——比尔·凯勒(Bill Keller),2009

◆ 当评论在过去四十年间,科技是如何改变政治报道的时候,《卫报》(The Guardian)记者迈克尔·怀特(Michael White)曾表示,"我想念过去的日子吗?当然。但是这些有交互性的、多样来源的、有解释义务的新工作方式可以同样有趣,哪怕是网络骚扰。而且,我也不再有传统记者为找不到公用电话亭而出现的焦虑感了。只要有笔记本电脑和无线网络连接,你可以任意编辑和发布新闻故事。"

◆ 科技博客网站 TechCrunch 专栏作者乔恩·伊凡斯(Jon Evans)认为,科技已经延伸到了人类活动的各个领域,所有的新媒体工作者都需要了解科技细节,否则便会失去受众。当前所有的一切都属于科技。软件正在吞噬着世界——同时这也是一个持续被新硬件所充斥着的世界。战争、艺术、政治、爱情、体育、商业,这些如今都成了与科技有关的话题。每一项人类活动都正在变得与科技越来越密不可分。……这就是一个"软件吃遍世界"和"人人一部智能手机"的简单理论。在可见的将来,所有的故事在某种程度上都是科技故事。这也就意味着绝大多数的媒体工作者必须要比现在更好地理解科技,否则他们将会失去受众,因为如今的受众都明白细节非常重要。

请综合以上叙述,思考为什么如今的媒体工作者需要更好地理解科技?

第一节 物联网技术

一、物联网技术的含义与基本原理

(一)物联网技术的含义

物联网是新一代信息技术的重要组成部分。物联网的英文名称叫"the Internet of things",简称为IOT。顾名思义,物联网就是"物物相联的互联网"。这有两层意思:第一,物联网的核心和基础仍然是互联网,是在互联网基础上延伸和扩展的网络。第二,其用户端延伸和扩展到了任何物体与物体之间,进行信息交换和通信。因此,物联网的定义是:通过射频识别(RFID)、红外感应器、全球定位系统、激光扫描器等信息传感设备,按约定的协议,把任何物体与互联网相连接,进行信息交换和通信,以实现对物体的智能化识别、定位、跟踪、监控和管理的一种网络。

物联网通过传感器、射频识别技术、全球定位系统等技术,实时采集任何需要监控、连接、互动的物体或过程,采集其声、光、热、电、力学、化学、生物、位置等各种需要的信息,通过各类可能的网络接入,实现物与物、物与人的泛在连接,实现对物品和过程的智能化感知、识别和管理。

物联网是通过智能感知、识别技术与普适计算、泛在网络的融合应用,被称为继计算机、互联网之后世界信息产业发展的第三次浪潮。与其说物联网是网络,不如说物联网是业务和应用,物联网也被视为互联网的应用拓展。因此,应用创新是物联网发展的核心,以用户体验为核心的创新2.0是物联网发展的灵魂。

这里的"物"要满足以下条件才能够被纳入"物联网"的范围:
(1)要有相应信息的接收器;
(2)要有数据传输通路;
(3)要有一定的存储功能;
(4)要有CPU;
(5)要有操作系统;
(6)要有专门的应用程序;
(7)要有数据发送器;
(8)遵循物联网的通信协议;

(9) 在世界网络中有可被识别的唯一编号。

在中国,物联网指的是将无处不在的终端设备和设施,包括具备"内在智能"的传感器、移动终端、工业系统、楼控系统、家庭智能设施、视频监控系统等和"外在使能"的,如贴上 RFID 的各种资产、携带无线终端的个人与车辆等。"智能化物件或动物"或"智能尘埃",通过各种无线、有线的长距离或短距离通信网络实现互联互通(M2M)、应用大集成以及基于云计算的软件运营等模式,在内网(Intranet)、专网(Extranet)、互联网(Internet)环境下,采用适当的信息安全保障机制,提供安全可控乃至个性化的实时在线监测、定位追溯、报警联动、调度指挥、预案管理、远程控制、安全防范、远程维保、在线升级、统计报表、决策支持、领导桌面等管理和服务功能,实现对"万物"的"高效、节能、安全、环保"的一体化管理。

(二) 物联网技术基本原理

物联网是在计算机互联网的基础上,利用射频识别、无线数据通信等技术,构造一个覆盖世界上万事万物的网络。在这个网络中,物品(商品)能够彼此进行"交流",而无须人的干预。其实质是利用 RFID 技术,通过计算机互联网实现物品(商品)的自动识别和信息的互联与共享。

物联网中非常重要的技术是射频识别(RFID)技术。RFID 是射频识别(radio frequency identification)的英文缩写,是 20 世纪 90 年代开始兴起的一种自动识别技术,是目前比较先进的非接触识别技术。以简单 RFID 系统为基础,结合已有的网络技术、数据库技术、中间件技术等,构筑一个由大量联网的阅读器和无数移动的标签组成的、比 Internet 更为庞大的物联网,成为 RFID 技术发展的趋势。

而 RFID,正是一种能够让物品"开口说话"的技术。在物联网的构想中,RFID 标签中存储着规范而具有互用性的信息,通过无线数据通信网络把它们自动采集到中央信息系统,实现物品(商品)的识别,进而通过开放性的计算机网络实现信息交换和共享,实现对物品的"透明"管理。

信息化革命的浪潮,物联网被称为信息技术移动泛在化的一个具体应用。物联网通过智能感知、识别技术与普适计算、泛在网络的融合应用,打破了之前的传统思维,人类可以实现无所不在的计算和网络连接。传统的思路一直是将物理基础设施和 IT 基础设施分开:一方面是机场、公路、建筑物,另一方面是数据中心、个人电脑、宽带等。而在物联网时代,钢筋混凝土、电缆将与芯片、宽带整合为统一的基础设施,在此意义上,基础设施更像是一块新的地球工地,世界的运转就在它上面进行,其中包括经济管理、生产运行、社会管理乃至个人生活。物联网使得人们可以用更加精细和动态的方式管理生产和生活,管理未来的城市,达到"智慧"状态,提高资源利用率和生产力水平,改善人与自然之间的关系。

二、物联网技术的基本特征

(一) 物联网技术的基本特征

(1) 全面感知。
即利用 RFID、传感器、二维码等随时随地获取物体的信息。

(2) 可靠传递。

即通过各种电信网络与互联网的融合,将物体的信息及时准确地传递出去。

(3) 智能处理。

即利用云计算、模糊识别等各种智能计算技术,对海量的数据和信息进行分析和处理,对物体实施智能化的控制。

(二) 物联网技术其他特征

从传感信息本身来看,物联网具备的特征有:①多信息源。在物联网中会存在难以计数的传感器,每一个传感器都是一个信息源。②多种信息格式。传感器有不同的类别,不同的传感器所捕获、传递的信息内容和格式会存在差异。③信息内容实时变化。传感器按照一定的频率周期性地采集环境信息,每一次新的采集就会得到新的数据。

从传感信息的组织管理角度看,物联网具备的特征有:①信息量大。物联网上的传感器难以计数,每个传感器定时采集信息,不断地积累,形成海量信息。②信息的完整性。不同的应用可能会使用传感器采集到的部分信息,存储的时候必须保证信息的完整性,以适应不同的应用需求。③信息的易用性。信息量规模的扩大加大了信息的维护、查找、使用的难度,便于从海量的信息中找到需求的信息,要求保证易用性。

从传感信息使用角度看,物联网具备多角度过滤和分析的特征。对海量的传感信息进行过滤和分析,是有效利用这些信息的关键,面对不同的应用要求要从不同的角度进行过滤和分析。

从应用角度看,物联网具备领域性、多样化的特征。物联网应用通常具有领域性,几乎社会生活的各个领域都有物联网应用需求。

三、物联网技术的应用形式与应用前景

(一) 物联网技术的应用形式

物联网技术应用根据其实际用途可以归结为以下三种基本应用形式。

1. 对象的智能标签

通过二维码、RFID等技术标识特定的对象,来区分对象个体,如在生活中,我们使用的各种智能卡、条码标签的基本用途就是用来获得对象的识别信息。此外,智能标签还可用于获得对象物品所包含的扩展信息,如智能卡上的金额余额,二维码中所包含的网址和名称等。

2. 环境监控和对象跟踪

利用多种类型的传感器和分布广泛的传感器网络,可以实现对某个对象的实时状态的获取和对特定对象行为的监控,如使用分布在市区的各个噪音探头监测噪声污染,通过二氧化碳传感器监控大气中二氧化碳的浓度,通过GPS标签跟踪车辆位置,通过交通路口的摄像头捕捉实时交通流量等。

3. 对对象的智能控制

物联网基于云计算平台和智能网络，可以依据传感器网络获取的数据进行决策，通过改变对象的行为进行控制和反馈。例如，根据光线的强弱调整路灯的亮度，根据车辆的流量自动调整红绿灯间隔等。

（二）物联网技术应用前景

业内专家认为，物联网一方面可以提高经济效益，大大节约成本，另一方面可以为全球经济的复苏提供技术支撑。目前，美国、欧盟等都在投入巨资深入研究探索物联网。我国也正在高度关注物联网的研究，工业和信息化部会同有关部门，在新一代信息技术方面正在开展研究，以形成支持新一代信息技术发展的政策措施。

中国移动前总裁王建宙提及，物联网将会成为中国移动未来的发展重点。他表示会邀请台湾生产 RFID、传感器和条形码的厂商和中国移动合作。运用物联网技术，上海移动已为多个行业客户量身打造了集数据采集、传输、处理和业务管理于一体的整套无线综合应用解决方案。有数据显示，目前已将超过十万个芯片装载在出租车、公交车上，形式多样的物联网应用在各行各业大显神通，确保城市的有序运作。在上海世博会期间，"车务通"全面运用于上海公共交通系统，以最先进的技术保障世博园区周边大流量交通的顺畅；面向物流企业运输管理的"e物流"，为用户提供实时准确的货况信息、车辆跟踪定位、运输路径选择、物流网络设计与优化等服务，大大提升物流企业综合竞争能力。

此外，物联网普及以后，用于动物、植物和机器、物品的传感器与电子标签及配套的接口装置的数量将大大超过手机的数量。物联网的推广将会成为推进经济发展的又一个驱动器，为产业开拓了又一个潜力无穷的发展领域。按照目前对物联网的需求，未来几年就需要数以亿计的传感器和电子标签，这将大大推进信息技术元件的生产，同时增加了大量的就业机会。

第二节　大数据技术

一、大数据技术的基本含义与基本原理

（一）大数据技术的基本含义

数据采集：ETL 工具负责将分布的异构数据源中的数据，如关系数据、平面数据文件等抽取到临时中间层后进行清洗、转换、集成，最后加载到数据仓库或数据集市中，成为联机分析处理、数据挖掘的基础。

数据存取：关系数据库、NoSQL、SQL 等。

基础架构：云存储、分布式文件存储等。

数据处理：自然语言处理（natural language processing，NLP）是一门研究人与计算机交互的语言问题的学科。处理自然语言的关键是要让计算机"理解"自然语言，所以自然语言处理又叫作自然语言理解（natural language understanding，NLU），也称为计算语言学（computational linguistics）。一方面它是语言信息处理的一个分支，另一方面它是人工智能（artificial intelligence，AI）的核心课题之一。

统计分析：假设检验、显著性检验、差异分析、相关分析、T检验、方差分析、卡方分析、偏相关分析、距离分析、回归分析、简单回归分析、多元回归分析、逐步回归、回归预测与残差分析、岭回归、logistic回归分析、曲线估计、因子分析、聚类分析、主成分分析、因子分析、快速聚类法、判别分析、对应分析、多元对应分析（最优尺度分析）、bootstrap技术等。

数据挖掘：分类（classification）、估计（estimation）、预测（prediction）、相关性分组或关联规则（affinity grouping or association rules）、聚类（clustering）、描述和可视化（description and visualization）、复杂数据类型（text、web、图形图像、视频、音频等）挖掘。

模型预测：预测模型、机器学习、建模仿真。

结果呈现：云计算、标签云、关系图等。

（二）大数据技术的基本原理

大数据的处理方式，如图6-1所示。

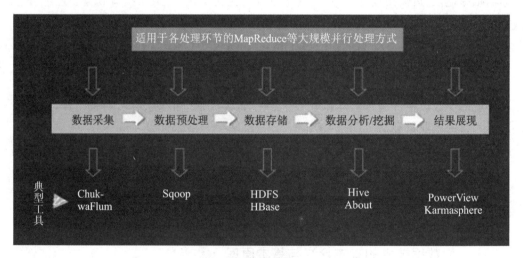

图6-1　大数据处理方式

二、大数据技术的基本特征与基本应用

（一）大数据技术的基本特征

（1）数据体量巨大。从TB级别跃升到PB级别。

（2）数据类型繁多。如前文提到的网络日志、视频、图片、地理位置信息，等等。

（3）价值密度低。以视频为例，在连续不间断的监控过程中，可能有用的数据仅仅有一两秒。

（4）处理速度快。1秒定律。这一点和传统的数据挖掘技术有着本质的不同。物联网、云计算、移动互联网、车联网、手机、平板电脑、PC以及遍布地球各个角落的各种各样的传感器，无一不是数据来源或者承载的方式。

（二）大数据技术的基本应用

1. 商业智能

大数据技术最主要的功能/应用是ETL（extract transform load），将近80%的Hadoop应用都与ETL有关。例如，在导入Vertica这样的分析数据库之前对日志文件或传感器数据的处理。

现在计算和存储硬件变得非常便宜，配合大量的开源大数据工具，人们可以很方便地先抓取大量数据再考虑分析命题。可以说，低廉的计算资源正在改变我们使用数据的方式。此外，处理性能的大幅提高（如内存计算）使得实时互动分析更加容易实现，而"实时"和"预测"将商业智能带到了一个新的高度——未知的未知。这也是大数据分析与传统商业智能之间最大的区别。

2. 公共服务

大数据另外一个重大的应用领域是社会和政府。如今，数据挖掘已经能够预测疾病暴发、理解交通模型并可提升教育质量。今天，城市正面临预算超支、基础设施难题以及从农村和郊区涌入的大量人口等问题。这些都是非常紧迫的问题，而城市，也正是大数据计划的绝佳实验室。以纽约这样的大都市为例，政府公共数据公开化以及市民生活的高度数字化（购物、交通、医疗等）都是大数据分析的理想对象。客观的市政数据，是消除争端、维系公民社会的最佳纽带。当然，前提是让公民能够访问这些数据。苹果的Siri和谷歌的Google Now都具备成为个人化助理的潜力。此外，我们还需要更多的产品和技术让数据分析结果更容易被公众理解和接受（数据可视化）。例如，IBM的Watson以及WolframAlpha这样的人工智能技术还能实现与用户的互动。

现今，智能手机以及Twitter等社交网络的普及让人类社会首次实现了公民的联网。应用程序商店实际上已经打通了政府和公民之间的应用层面的通道。例如，奥运期间，伦敦警察厅发布的iPhone通缉程序。伴随着各国政务的数字化进程，以及政务数据的透明化，公民将能准确了解政府的运作效率。这是不可逆转的历史潮流，同时也是大数据最具潜力的应用领域之一。

3. 市场营销

大数据的第三大应用领域是市场营销。具体来说，是提升消费者与企业之间的关系，即卖得更多、更快、更有效率。

目前，最大的数据系统是web分析、广告优化等。当今的数字化营销与传统营销最大的区别就是个性化和精准定位。如今，企业与客户之间的接触点也发生了翻天覆地的变化，从过去的电话和邮件地址，发展到网页、博客、社交媒体账户等。在这些五花八门的渠道里跟踪客户,将他们的每一次点击、收藏、分享、加好友、转发等行为纳入企业的销售漏斗中,并转化成收入,是一个巨大的挑战,也就是所谓的"360度客户视角"。

三、大数据技术的应用形式与应用前景

(一)大数据技术的应用形式

1. 理解客户,满足客户服务需求

大数据的应用目前最广为人知的是如何应用大数据更好地了解客户以及他们的爱好和行为。企业非常喜欢收集社交方面的数据、浏览器的日志,分析文本和传感器的数据,为了更加全面地了解客户。在一般情况下,建立数据模型进行预测。例如,美国的著名零售商 Target 就是通过大数据的分析,得到有价值的信息,精准地预测客户在什么时候想要小孩。另外,通过大数据的应用,电信公司可以更好预测将要流失的客户,沃尔玛则更加精准地预测哪个产品会大卖,汽车保险行业可以了解客户的需求和驾驶水平,政府也能了解到选民的偏好。

2. 优化业务流程

大数据也更多地促进业务流程的优化。可以利用社交媒体、网络搜索以及天气预报挖掘出有价值的数据,其中大数据的应用最广泛的就是供应链以及配送路线的优化。在这两个方面,地理定位和无线电频率的识别追踪货物和送货车,利用实时交通路线数据制定更加优化的路线。人力资源业务也通过大数据的分析来进行改进,这其中就包括了人才招聘的优化。

3. 改善日常生活

大数据不单单只是应用于企业和政府,同样也适用于生活当中的每个人。我们可以利用穿戴的装备(如智能手表或者智能手环)生成最新的数据,对我们热量的消耗以及睡眠模式进行追踪;还可以利用大数据分析来寻找属于我们的爱情,大多数时候交友网站就是应用大数据工具来帮助需要的人匹配合适的对象。

4. 提高医疗和研发水平

大数据分析应用的计算能力可以让我们能够在几分钟内解码整个 DNA,制定出最佳的治疗方案。同时,可以更好地理解和预测疾病,如人们戴上智能手表等可以产生数据,该数据可以帮助病人更好地进行治疗。大数据技术目前已经在医院应用于监视早产婴儿和患病婴儿的情况,通过记录和分析婴儿的心跳,医生对婴儿的身体可能会出现的不适症状做出预测,这样可以更好地救助婴儿。

5. 提高体育成绩

现在很多运动员在训练的时候都运用了大数据分析技术。我们使用视频分析来追踪足球或棒球比赛中每个球员的表现,而运动器材中的传感器技术让我们可以获得(如篮球或高尔夫)比赛的数据以及应该如何改进。很多顶尖运动队还追踪比赛环境外运动员的活动,通过使用智能技术来追踪其营养状况及睡眠,以及社交对话来监控其情感

状况。

6. 优化机器和设备性能

大数据分析还可以让机器和设备在应用上更加智能化和自主化。例如,大数据曾经就被谷歌公司用来研发谷歌自驾汽车。丰田的普瑞就配有相机、GPS以及传感器,在交通上能够安全驾驶,不需要人类操作。大数据工具还可以用于优化智能电话。

7. 改善安全和执法

大数据现在已经广泛应用到安全执法的过程当中,如美国国家安全局利用大数据打击恐怖主义,甚至监控人们的日常生活。而企业则应用大数据技术防御网络遭受攻击。警察应用大数据工具抓捕罪犯,信用卡公司应用大数据工具来监测欺诈性交易。

8. 优化城市建设

大数据还被应用于改善我们日常生活的城市。例如,基于城市实时交通信息,利用社交网络和天气数据来优化最新的交通情况。目前,很多城市都在进行大数据的试点和分析。

9. 辅助金融交易

大数据在金融行业主要是应用于金融交易。高频交易(HFT)是大数据应用比较多的领域。其中,大数据算法应用于交易决定。现在很多股权的交易都是利用大数据算法进行的,这些算法越来越多地考虑了社交媒体和网站新闻来决定在未来几秒内是买入还是卖出。

(二)大数据技术的应用前景

大数据专项研究的重点任务主要有布局关键技术、推进示范应用、完善支持政策等三个方面,其中最关键的是应用。

大数据最大的应用是预测。大家都对航班晚点痛苦不已,怎么才能提前知道我预订的航班是否会晚点呢?FlightCaster网站可以让你提前知道航班的晚点概率。这家美国网站的预报是基于交通统计局、联邦航空局交通管制中心警报、美国国家气象局和FlightStats的数据而发布的。FlightCaster能在航空公司正式发布晚点信息前6小时告诉你,"你乘坐的航班正点概率只有3%,轻微晚点概率为14%,晚点一小时以上的概率是83%"。这家网站所采用的是过去十年上述单位储存的庞大统计数据,通过人工智能分析,得出准确率高达90%的预测。至于过去十年数据和未来某次航班是否晚点之间有何因果关系,暂时并不能解释清楚——这便是大数据的另外一个特征:用相关关系取代因果关系。

对个人用户而言,大数据可以预测机票价格走势,为自费旅游者省钱;预测交通拥堵情况,帮助人们选择更好的时段和路线节约出行时间;也可以像购书网站亚马逊那样,为你提供更准确的书单,帮你发现更多好书。谷歌还通过分析用户的搜索关键词,预估了2009年禽流感在美国本土的严重程度以及未来的流行趋势,成功帮助卫生部门抑制住了疾病的大规模爆发。

现代商业环境变化十分剧烈,对于企业而言,在大数据时代要做好准备,利用好大数据尤为重要。例如,著名文具制造商万宝龙,通过分析监控摄像机的数据,将最想卖出去的商品摆到最容易吸引顾客目光的位置,使得销售量增长了20%。

通过运用过去无法获取的数据来催生新的服务,这是人们对大数据时代的最大期望。

第三节 云计算技术

一、云计算技术的基本含义与基本原理

(一) 云计算技术的基本含义

云计算(cloud computing)是基于互联网的相关服务的增加、使用和交付模式,通常涉及通过互联网来提供动态易扩展且经常是虚拟化的资源。云是网络、互联网的一种比喻说法。过去往往用云来表示电信网,后来也用来表示对互联网和底层基础设施的抽象。云计算甚至可以让你体验每秒10万亿次的运算能力,这么强大的计算能力可以模拟核爆炸、预测气候变化和市场发展趋势。用户通过笔记本电脑、手机等方式接入数据中心,按自己的需求进行运算。

(二) 云计算技术的基本原理

通过使计算分布在大量的分布式计算机上而非本地计算机或远程服务器,企业数据中心的运行将与互联网更为相似,这使得企业能够将资源切换到需要的应用上,根据需求访问计算机和存储系统。这就好比是从古老的单台发电机模式转向了电厂集中供电模式,它意味着计算能力也可以作为一种商品进行流通,就像煤气、水电一样,取用方便,费用低廉。最大的不同在于,它是通过互联网来进行传输的。因此,在未来,只需要一台笔记本电脑或者一部手机,就可以通过网络服务来满足我们需要的一切,甚至包括超级计算这样的任务,从这个角度而言,最终用户才是云计算的真正拥有者。云计算的应用包含这样的一种思想,把力量联合起来,给其中的每一个成员使用。对于云计算,李开复曾做过一个形象的比喻:钱庄。最早人们只是把钱放在枕头底下,后来有了钱庄,很安全,不过兑现起来比较麻烦。现在发展到可以到银行任何一个网点取钱,或者是通过ATM机或国外的渠道。云计算带来的这样一种变革——由谷歌、IBM这样的专业网络公司来搭建计算机存储、运算中心,用户通过一根网线,借助浏览器就可以很方便地访问,把"云"作为资料存储以及应用服务的中心。

二、云计算技术的基本特征与基本应用

(一) 云计算技术的基本特征

1. 超大规模

"云"具有相当大的规模,Google云计算已经拥有100多万台服务器,Amazon、

IBM、微软、Yahoo等的"云"均拥有几十万台服务器。企业私有云一般拥有数百上千台服务器。"云"能赋予用户前所未有的计算能力。

2. 虚拟化

云计算支持用户在任何位置，使用各种终端获取应用服务。所请求的资源来自"云"，而不是固定的有形的实体。应用在"云"中某处运行，但实际上用户无须了解、也不用担心应用运行的具体位置。只需要一台笔记本电脑或者一个手机，就可以通过网络服务满足我们需要的一切，甚至包括超级计算这样的任务。

3. 高可靠性

"云"使用了数据多副本容错、计算节点同构可互换等措施来保障服务的高可靠性，使用云计算比使用本地计算机可靠。

4. 通用性

云计算不针对特定的应用，在"云"的支撑下可以构造出千变万化的应用，同一个"云"可以同时支撑不同的应用运行。

5. 高可扩展性

"云"的规模可以动态伸缩，满足应用和用户规模增长的需要。

6. 按需服务

"云"是一个庞大的资源池，你按需购买；云可以像自来水、电、煤气那样计费。

7. 价格低廉

由于"云"的特殊容错机制可以采用成本很低的节点来构成云，"云"的自动化集中式管理使大量企业无须负担日益高昂的数据中心管理成本，"云"的通用性使资源的利用率较之传统系统大幅提升，因此用户可以充分享受"云"的低成本优势，通常只要花费几百美元、几天时间就能完成以前需要数万美元、数月时间才能完成的任务。

8. 潜在的危险性

云计算服务除了提供计算服务外，还提供存储服务。但是云计算服务当前垄断在私人机构（企业）手中，而他们仅仅能够提供商业信用。对于政府机构、商业机构（特别像银行这样持有敏感数据的商业机构）而言，选择云计算服务应保持足够的警惕。一旦商业用户大规模使用私人机构提供的云计算服务，无论其技术优势有多强，都不可避免地让这些私人机构以数据（信息）的重要性挟制整个社会。对于信息社会而言，信息是至关重要的。另一方面，云计算中的数据对于数据所有者以外的其他云计算用户是保密的，但是对于提供云计算的商业机构确实毫无秘密可言。所有这些潜在的危险，是商业机构和政府机构选择云计算服务、特别是国外机构提供的云计算服务时，不得不考虑的一个重要因素。

（二）云计算技术的基本应用

1. 云物联

"物联网就是物物相联的互联网。"这有两层意思：第一，物联网的核心和基础仍然是互联网,是在互联网基础上的延伸和扩展的网络;第二,其用户端延伸和扩展到了任何物品与物品之间,进行信息交换和通信。

物联网的两种业务模式:

(1) MAI(M2M application integration),内部 MaaS;

(2) MaaS(M2M as a service),MMO,Multi-Tenants(多租户模型)。

随着物联网业务量的增加,对数据存储和计算的需求将对"云计算"能力提出要求:

(1) 从计算中心到数据中心在物联网的初级阶段,PoP 即可满足需求;

(2) 在物联网高级阶段,可能出现 MVNO/MMO 营运商(国外已存在多年),需要虚拟化云计算技术,SOA 等技术的结合实现互联网的泛在服务 TaaS(team as a service)。

2. 云安全

云安全(cloud security)是一个从云计算发展而来的新名词。云安全的策略构想是:使用者越多,每个使用者就越安全,因为如此庞大的用户群,足以覆盖互联网的每个角落,只要某个网站被挂马或某个新木马病毒出现,就会立刻被截获。云安全对通过大量的网状客户端网络中软件异常的行为监测,获取互联网中木马、恶意程序的最新信息,推送到客户端进行自动分析和处理,再把病毒和木马的解决方案分发到每一个客户端。

以下是云安全运行的 10 种方法。

(1) 密码优先。如果我们讨论的是理想状态的话,那么你的用户名和密码对于每一个服务器或网站都应该是唯一的,而且要得到许可。理由很简单:如果用户名和密码都是同一组,那么当其中一个被盗了,其他的账户也同样暴露了。

(2) 检查安全问题。在设置访问权限时,尽量避开那些一眼就能看出答案的问题,如 Facebook 头像。最好的选择一个问题的方法,而这个问题的答案实际上却是另一个问题的答案。例如,如果你选择的问题是"小时候住在哪里",答案最好是"黄色"之类的。

(3) 试用加密方法。无论这种方法是否可行,它都不失为一个好的想法。加密软件需要来自用户方面的努力,但它也有可能需要你去争取代码凭证,因此没有人能够轻易获得它。

(4) 管理密码。这里讲的是,你可能有大量的密码和用户名需要跟踪管理。所以为了管理这些密码,你需要有一个应用程序或软件在手边,它将会帮助你做这些工作。其中,一个不错的选择是 LastPass 软件。

(5) 双重认证。在允许用户访问网站之前,可以有两种使用模式。因此,除了用户名和密码之外,唯一验证码也是必不可少的。这一验证码可能是以短信的形式发送到你的手机上,然后进行登录。通过这种方法,即使其他人得到了你的凭证,但他们得不到唯一验证码,这样的他们的登录就会遭到拒绝。

(6) 及时备份。当涉及云中数据保护时,人们被告知要在物理硬盘上进行数据备份,这听起来可能有些奇怪,但这确实是需要你去做的事。这就是为什么需要一遍一遍反复思考;你应该直接在你的外部硬盘上备份数据,并随身携带。

(7)完成即删除。为什么有无限的数据存储容量时,我们还要找麻烦去做删除工作呢?原因在于,你永远不知道有多少数据会变成潜在的危险。如果来自于某家银行账户的邮件或警告信息时间太长,已经失去了价值,那么就删除它。

(8)注意登录地点。有时我们从别人设备上登录的次数,要比从自己设备上多得多。当然,有时我们也会忘记他人的设备可能会保留下我们的信息,保存在浏览器中。

(9)使用反病毒、反间谍软件。尽管是云数据,但使用这一方法的原因在于你第一次从系统中访问云。如果你的系统存在风险,那么你的在线数据也将存在风险。一旦你忘记加密,那么键盘监听就会获得你的云厂商密码,最终你将失去所有。

(10)时刻都要管住自己的嘴巴。永远都不要把你的云存储内容与别人共享。保持密码的秘密性是必需的。为了附加的保护功能,不要告诉别人你所有使用的厂商或服务是什么。

3. 云存储

云存储是在云计算的概念上延伸和发展出来的一个新的概念,是指通过集群应用、网格技术或分布式文件系统等功能,将网络中各种不同类型的存储设备通过应用软件集合起来协同工作,共同对外提供数据存储和业务访问功能的系统。当云计算系统运算和处理的核心是大量数据的存储和管理时,云计算系统中就需要配置大量的存储设备,那么云计算系统就转变成为一个云存储系统,所以云存储是一个以数据存储和管理为核心的云计算系统。

4. 云游戏

云游戏是以云计算为基础的游戏方式,在云游戏的运行模式下,所有游戏都在服务器端运行,并将渲染完毕后的游戏画面压缩后通过网络传送给用户。在客户端,用户的游戏设备不需要任何高端处理器和显卡,只需要基本的视频解压能力就可以了。就现今来说,云游戏还并没有成为家用机和掌机界的联网模式,但是几年后或十几年后,云计算取代这些东西成为其网络发展的终极方向的可能性非常大。如果这种构想能够成为现实,那么主机厂商将变成网络运营商,他们不需要不断投入巨额的新主机研发费用,而只需要拿这笔钱中的很小一部分去升级自己的服务器就行了,但是达到的效果却是相差无几的。对于用户来说,他们可以省下购买主机的开支,但是得到的完全是顶尖的游戏画面(当然视频输出方面的硬件必须过硬)。你可以想象一台掌机和一台家用机拥有同样的画面,家用机和我们今天用的机顶盒一样简单,甚至家用机可以取代电视的机顶盒而成为次时代的电视收看方式。

5. 云计算与大数据

从技术上看,大数据与云计算的关系就像一枚硬币的正反面一样密不可分。大数据必然无法用单台的计算机进行处理,必须采用分布式计算架构。它的特色在于对海量数据的挖掘,但它必须依托云计算的分布式处理、分布式数据库、云存储和虚拟化技术。

三、云计算技术的应用形式与应用前景

(一)云计算技术的应用形式

1. 云计算的应用场合

(1) 协作工具:个人、家庭、组织、社会通过"云"进行协同工作,实现同步处理。

(2) 服务平台:为需要大规模计算或存储的各种应用或开发提供虚拟化的资源服务,不同的使用者可以实现资源共享。

(3) 创新基地:为用户提供 API,鼓励用户进行创新尝试,不断涌现新的应用或服务。

2. SaaS、PaaS、IaaS

所谓 SaaS,是指用户通过标准的 web 浏览器来使用 Internet 上的软件。从用户角度来说,这意味着他们前期无须在服务器或软件许可证授权上进行投资。从供应商角度来看,与常规的软件服务模式相比,维护一个应用软件的成本要相对低廉。SaaS 供应商通常是按照客户所租用的软件模块来进行收费的,因此用户可以根据需求按需订购软件应用服务,而且 SaaS 的供应商会负责系统的部署、升级和维护。SaaS 在人力资源管理软件上的应用较为普遍。Salesforce 公司以销售和管理 SaaS 而闻名,是企业应用软件领域中最为知名的供应商。

所谓 PaaS,是指云计算服务商提供应用服务引擎,如互联网应用程序接口(API)或运行平台,用户基于服务引擎构建该类服务。PaaS 是基于 SaaS 发展起来的,它将软件研发的平台作为一种服务,以 SaaS 的模式提交给用户,可以加快 SaaS 的发展,尤其是加快 SaaS 应用的开发速度。从用户角度来说,这意味着他们无须自行建立开发平台,也不会在不同平台兼容性方面遇到困扰;从供应商的角度来说,可以进行产品多元化和产品定制化。Salesforce 公司的云计算结构称为 Force.com。该平台作为一个服务运行在 Internet 上是完全即时请求的,收费是以每次登录为基础的。让更多的独立软件提供商成为其平台的客户,从而开发出基于他们平台的多种 SaaS 应用,使其成为多元化软件服务供货商(multi application vendor),扩展了其业务范围。

所谓 IaaS,是指云计算服务商提供虚拟的硬件资源,如虚拟的主机、存储、网络、安全等资源,用户无须购买服务器、网络设备和存储设备,只需通过网络租赁即可搭建自己的应用系统。IaaS 定位于底层,向用户提供可快速部署、按需分配、按需付费的高安全与高可靠的计算能力以及存储能力租用服务,并可为应用提供开放的云基础设施服务接口,用户可以根据业务需求灵活定制租用相应的基础设施资源。

无论是 SaaS、PaaS 还是 IaaS,其核心概念都是为用户提供按需服务。于是,产生了"一切皆服务"(everything as a service,EaaS 或 XaaS)的理念。基于这种理念,以云计算为核心的创新型应用不断产生。云计算与电子商务结合产生的电子外包就是前景看好的应用之一。

（二）云计算技术应用前景

云计算以统一化的 IT 基础资源为用户提供个性化的服务，可以说是标准化与差异化的完美结合。云计算的出现，表明当前互联网遇到了新的发展契机。尽管还存在着这样或那样的缺陷，但是在互联网、IT 和电信巨头的共同推动下，云计算仍然显现出较乐观的前景。从研究机构的市场预测也可以看出未来几年，云计算将保持较高的增长速度，市场规模不断扩大。

云计算的发展有赖于政府的支持，特别是从总体规划的科学性和财力支持力度来看，政府主导将成为云计算未来发展的重要趋势和主要动力之一。

第四节　虚拟现实技术

一、虚拟现实的基本含义与基本原理

虚拟现实（virtual reality，VR）技术是一种综合计算机图形技术、多媒体技术、传感器技术、人机交互技术、网络技术、立体显示技术以及仿真技术等多种科学而发展起来的计算机领域的新技术。

虚拟现实是利用电脑模拟产生一个三维空间的虚拟世界，提供使用者关于视觉、听觉、触觉等感官的模拟，让使用者如同身临其境一般，可以即时、没有限制地观察三维空间内的事物。VR 是一项综合集成技术，涉及计算机图形学、人机交互技术、传感技术、人工智能等领域，它用计算机生成逼真的三维视、听、触等感觉，使人作为参与者通过适当装置，自然地对虚拟世界进行体验和交互作用。使用者进行位置移动时，电脑可以立即进行复杂的运算，将精确的 3D 世界影像传回产生临场感。该技术集成了计算机图形（CG）技术、计算机仿真技术、人工智能、传感技术、显示技术、网络并行处理技术等最新发展成果，是一种由计算机技术辅助生成的高技术模拟系统。

二、虚拟现实的基本特征与基本应用

（一）虚拟现实的基本特征

虚拟现实的基本特征包括浸沉感、交互性和构想性，又称为"3I 特性"。浸沉感指的是人浸沉在虚拟环境中，具有和在真实环境中一样的感觉；交互性是指在虚拟环境中体验者不是被动地感受，而是可以通过自己的动作改变感受的内容；构想性指虚拟的环境是人构想出来的，可以用以实现一定目标。

（二）虚拟现实的基本应用

1. 科技研发方面

虚拟现实可缩短研发周期，减少费用。例如，克莱斯勒公司于 1998 年初便利用虚拟现实技术,在设计某两种新型车上取得突破,首次使设计的新车直接从计算机屏幕投入生产线,也就是说完全省略了中间的试生产。由于利用了先进的虚拟现实技术,使克莱斯勒避免了1500项设计差错,节约了8个月的研发时间和8000万美元。利用虚拟现实技术还可以进行汽车冲撞试验,不必使用真的汽车便可显示出不同条件下的冲撞后果。虚拟现实技术已经和理论分析、科学实验一起,成为人类探索客观世界规律的三大手段。用它来设计新材料,可以预先了解改变成分对材料性能的影响。在材料还没有制造出来之前,便知道用这种材料制造出来的零件在不同受力情况下是如何损坏的。

2. 商业方面

虚拟现实常被用于推销。例如建筑工程投标时,把设计的方案用虚拟现实技术表现出来,便可把业主带入未来的建筑物里参观,如门的高度、窗户朝向、采光多少、屋内装饰等,都可以感同身受。它同样可用于旅游景点以及功能众多、用途多样的商品推销。因为用虚拟现实技术展现这类商品的魅力,比单用文字或图片宣传更加有吸引力。

3. 医疗方面

虚拟现实应用大致上有两类。一是虚拟人体,也就是数字化人体,这样的人体模型医生更容易了解人体的构造和功能;二是虚拟手术系统,可用于指导手术的进行。

4. 军事方面

利用虚拟现实技术模拟战争过程已成为最先进的、多快好省的研究战争、培训指挥员的方法。由于虚拟现实技术达到很高水平,所以尽管不进行核试验,也能不断改进核武器。战争实验室在检验既定方案用于实战方面也起着巨大的作用。1991年,海湾战争开始前,美军便把海湾地区各种自然环境和伊拉克军队的各种数据输入计算机内,进行各种作战方案模拟后才定下初步作战方案。后来实际作战的情况和模拟实验结果相当一致。

5. 户外体验方面

户外体验应用是虚拟现实最为广阔的用途之一。英国目前出售的一种滑雪模拟器,使用者在室内身穿滑雪服、脚踩滑雪板、手握滑雪棍、头戴头盔显示器,手脚都装有传感器。只要做着各种各样的滑雪动作,便可通过头盔显示器,看到堆满皑皑白雪的高山、峡谷、悬崖陡壁——从身边掠过,其情景就和身在滑雪场里进行真正的滑雪所感觉到的是一样的。

6. 娱乐方面

虚拟现实技术不仅创造出虚拟场景,而且还创造出虚拟主持人、虚拟歌星、虚拟演员。日本电视台推出的歌星DiKi,不仅歌声迷人而且风度翩翩,引得无数歌迷纷纷倾倒,许多追星族欲亲睹其芳容,迫使电视台只好说明她不过是虚拟的歌星。美国迪士尼公司还准备推出虚拟演员。这将使"演员"艺术青春常在、活力永存。明星片酬走向天价是导致使用虚拟演员的另一个原因。虚拟演员成为电影主角后,电影将成为软件产业的一个分支。各软件公司将开发数不胜数的虚拟演员软件供人选购。固然,在幽默和人情味上,虚拟演员在很长一段时间内甚至永远都无法同真实演员相比,但它的确能成为优秀演员。此前,由计算机拍成的游戏节目《古墓丽影》片中的女主角入选全球知名人物,预示着虚拟演员时代即将来临。

三、虚拟现实的应用形式与应用前景

(一)虚拟现实的应用形式

1. 医学方面

虚拟现实在医学方面的应用具有十分重要的现实意义。在虚拟环境中,可以建立虚拟的人体模型,借助于跟踪球、HMD、感觉手套,学生可以很容易了解人体内部各器官结构,这比现有的采用教科书的方式要有效得多。Pieper 及 Satara 等研究者在 20 世纪 90 年代初基于两个 SGI 工作站建立了一个虚拟外科手术训练器,用于腿部及腹部外科手术模拟。这个虚拟的环境包括虚拟的手术台与手术灯,虚拟的外科工具(如手术刀、注射器、手术钳等),虚拟的人体模型与器官等。借助于 HMD 及感觉手套,使用者可以对虚拟的人体模型进行手术。但该系统有待进一步改进,如需提高环境的真实感,增加网络功能,使其能同时培训多个使用者,或可在外地专家的指导下工作等。手术结果预测及改善残疾人生活状况,乃至新型药物的研制等方面,虚拟现实技术都有十分重要的意义。

2. 娱乐方面

丰富的感觉能力与 3D 显示环境使得虚拟现实成为理想的视频游戏工具。由于在娱乐方面对虚拟现实的真实感要求不是太高,故近些年来虚拟现实在该方面发展最为迅猛。作为传输显示信息的媒体,虚拟现实在未来艺术领域方面所具有的潜在应用能力也不可低估。虚拟现实所具有的临场参与感与交互能力可以将静态的艺术(如油画、雕刻等)转化为动态的,可以使观赏者更好地欣赏作者的艺术作品。另外,虚拟现实提高了艺术表现能力,如一个虚拟的音乐家可以演奏各种各样的乐器,手脚不便的人或远在外地的人可以在他生活的居室中去虚拟的音乐厅欣赏音乐会等等。

3. 军事航天方面

模拟训练一直是军事与航天工业中的一个重要课题,这为虚拟现实提供了广阔的应用前景。美国国防部高级研究计划局自 20 世纪 80 年代起一直致力于研究称为 SIMNET 的虚拟战场系统,以提供坦克协同训练,该系统可联结 200 多台模拟器。另外,利用虚拟现实技术,可模拟零重力环境,代替非标准的水下训练宇航员的方法。

4. 室内设计方面

虚拟现实不仅是一个演示媒体,还是一个设计工具。它以视觉形式反映了设计者的思想。例如,装修房屋之前,你首先要做的事是对房屋的结构、外形做细致的构思,为了使之定量化,你还需设计许多图纸,有些图纸只有内行人能读懂,虚拟现实可以把这种构思变成看得见的虚拟物体和环境,使以往只能借助传统的设计模式提升到数字化的即看即所得的完美境界,大大提高了设计和规划的质量与效率。运用虚拟现实技术,

设计者可以完全按照自己的构思去构建装饰"虚拟"的房间,并可以任意变换自己在房间中的位置,去观察设计的效果,直到满意为止。既节约了时间,又节省了制作模型的费用。

5. 房地产开发方面

随着房地产业竞争的加剧,传统的展示手段如平面图、表现图、沙盘、样板房等已经远远无法满足消费者的需要。因此敏锐把握市场动向,果断启用最新的技术并迅速转化为生产力,方可领先一步,击溃竞争对手。虚拟现实技术是集影视广告、动画、多媒体、网络科技于一体的最新型的房地产营销方式,在国内的北京、上海、广州等大城市,国外的加拿大、美国等经济和科技发达的国家都非常热门,是当今房地产行业的综合实力的象征和标志,其最主要的应用是房地产销售。房地产项目的表现形式可大致分为景模式、水晶沙盘两种。其中,可对项目周边配套、内部业态分布等进行详细剖析展示,由外而内表现项目的整体性。并可通过鸟瞰、内部漫游、自动动画播放等形式对项目逐一表现,增强了讲解过程的完整性和趣味性。

6. 工业仿真方面

当今世界工业已经发生了巨大的变化,大规模人海战术早已不再适应工业的发展,先进的科学技术的应用显现出巨大威力,特别是虚拟现实技术的应用正对工业进行着一场前所未有的革命。虚拟现实已经被世界上一些大型企业广泛地应用到工业的各个环节,对企业提高开发效率,加强数据采集、分析、处理能力,减少决策失误,降低企业风险起到了重要的作用。虚拟现实技术的引入,将使工业设计的手段和思想发生质的飞跃,更加符合社会发展的需要,可以说在工业设计中应用虚拟现实技术是可行且必要的。

工业仿真系统不是简单的场景漫游,是真正意义上用于指导生产的仿真系统。它结合用户业务层功能和数据库数据组建一套完全的仿真系统,可组建 B/S、C/S 两种架构的应用,可与 ERP(企业资源计划)、MIS(管理信息系统)无缝对接,支持 SqlServer、Oracle、MySQL 等主流数据库。工业仿真所涵盖的范围很广,包括从简单的单台工作站上的机械装配到多人在线协同演练系统。

7. 技能培训方面

防患于未然,乃各行各业尤其是具有一定危险性的行业(如消防、电力、石油、矿产等)的关注重点。如何确保在事故来临之时将损失降到最低,定期执行应急推演是一种传统并有效的防患方式。但是其弊端也相当明显,即成本投入高,每一次推演都要投入大量的人力和物力,这使得应急推演不可能频繁地被执行。然而,虚拟现实的产生为应急演练提供了一种全新的开展模式。将事故现场模拟到虚拟场景中去,在这里人为的制造各种事故情况,组织参演人员做出正确响应。这样的推演大大降低了投入成本,提高了推演实训的效果,从而保证了人们面对事故灾难时的应对技能,并且可以打破空间的限制,方便组织各地人员进行推演。通过在数字虚拟空间内实时录制,构建一套应急演练库,使员工在虚拟数字环境中执行相应应急演练流程,还能够使员工的业务水平在虚拟环境中得到锻炼和提高。这样的案例已有应用,是今后应急推演的一个趋势。

此外,将虚拟现实技术应用于电力相关培训中去,有着无可比拟的优势,打造虚拟的演练平台,将毋庸置疑地成为电力培训的一个趋势。

8. 文物古迹修复与展示方面

利用虚拟现实技术,结合网络技术,可以将文物的展示、保护提高到一个新的水平。首先表现在将文物实体通过影像数据采集手段,建立起实物三维或模型数据库,保存文物原有的各项数据和空间关系等重要资源,实现濒危文物资源的科学化、高精度和永久保存。其次利用这些技术来提高文物修复的精度和预先判断,选取将要采用的保护手段,同时可以缩短修复工期。通过计算机网络来整合统一大范围内的文物资源,并且通过网络在更大范围内来利用虚拟技术更加全面、生动、逼真地展示文物,从而使文物脱离地域限制,实现资源共享,真正成为全人类可以"拥有"的文化遗产。使用虚拟现实技术可以推动文博行业更快地进入信息时代,实现文物展示和保护的现代化。

9. 游戏开发方面

三维游戏既是虚拟现实技术重要的应用方向之一,也为虚拟现实技术的快速发展起了巨大的需求牵引作用。尽管存在众多的技术难题,虚拟现实技术在竞争激烈的游戏市场中还是得到了越来越多的重视和应用。可以说,电脑游戏自诞生以来,一直都在朝着虚拟现实的方向发展,虚拟现实技术发展的最终目标已经成为三维游戏工作者的崇高追求。从最初的文字 MUD(多用户层面)游戏,到二维游戏、三维游戏,再到网络三维游戏,游戏在保持其实时性和交互性的同时,逼真度和沉浸感正在一步步地提高和加强。我们相信,随着三维技术的快速发展和软硬件技术的不断进步,在不远的将来,真正意义上的虚拟现实游戏必将为人类娱乐、教育和经济发展做出新的、更大的贡献。

10. 虚拟演播室方面

随着计算机网络和三维图形软件等先进信息技术的发展,电视节目制作方式发生了很大的变化。视觉和听觉效果以及人类的思维都可以依靠虚拟现实技术来实现。它提升了人类的逻辑思维水平。虚拟演播室则是虚拟现实技术与人类思维相结合在电视节目制作中的具体体现。虚拟演播室的主要优点是它能够更有效地表达新闻信息,增强信息的感染力和交互性。传统的演播室对节目制作的限制较多。虚拟演播室制作的布景是合乎比例的立体设计,当摄像机移动时,虚拟的布景与前景画面都会出现相应的变化,从而增加了节目的真实感。用虚拟场景在很多方面成本效益显著。例如,它具有及时更换场景的能力,在演播室布景制作中节约经费,不必移动和保留景物,可减轻对雇员的需求压力。对于单集片,虚拟制作不会显现出很大的经济效益,但在使用背景和摄像机位置不变的系列节目中它可以节约大量的资金。另外,虚拟演播室具有制作优势。当考虑节目格局时,制作人员的选择余地大,他们不必过于受场景限制。对于同一节目可以不用同一演播室,因为背景可以存入磁盘。它可以充分发挥创作人员的艺术创造力与想象力,利用现有的多种三维动画软件,创作出高质量的背景。

11. 水文地质探测方面

虚拟现实技术是利用计算机生成的虚拟环境逼真地模拟人在自然环境中的视觉、听觉、运动等行为的人机界面的新技术。利用虚拟现实技术沉浸感,与计算机的交互功能和实时表现功能,建立相关的地质、水文模型和专业模型,进而实现对含水层结构、地下水流、地下水质和环境地质问题(如地面沉降、海水入侵、土壤沙化、盐渍化、沼泽化及区域降落漏斗扩张趋势)的虚拟表达。具体实现步骤包括建立虚拟现实数据库、三维地质模型、地下水水流模型、专业模型和实时预测模型等。

12. 虚拟维修方面

虚拟维修是虚拟技术近年来的一个重要研究方向,主要表现为虚拟技术在设备维修中的应用。目的是通过采用计算机仿真和虚拟现实技术在计算机上真实展现装备的维修过程,增加装备寿命周期各阶段关于维修的各种决策能力,包括维修性设计分析、维修性演示验证、维修过程核查、维修训练实施等。虚拟维修在现代化煤矿、核电站等安全性要求较高的场所,或在设备快速抢修之前,进行维修预演和仿真。突破了设备维修在空间和时间上的限制,可以实现逼真的设备拆装、故障维修等操作,提取生产设备的已有资料、状态数据,检验设备性能。虚拟维修技术还可以通过仿真操作过程,统计维修作业的时间、维修工种的配置、维修工具的选择、设备部件拆卸的顺序、维修作业所需的空间、预计维修的费用。

13. 船舶制造方面

虚拟现实技术不仅能提前发现和解决实船建造中的问题,还为管理提供了充足的信息,从而真正实现船体建造、舾装、涂装一体化和设计、制造、管理一体化。在船舶设计领域,虚拟设计涵盖了建造、维护、设备使用、客户需求等传统设计方法无法实现的领域,真正做到产品的全周期服务。因此,通过对面向船舶整个生命周期的船舶虚拟设计系统的开发,可大大提高船舶设计的质量,减少船舶建造费用,缩短船舶建造周期。

14. 汽车仿真方面

汽车虚拟开发工程即在汽车开发的整个过程中,全面采用计算机辅助技术,在轿车开发的造型、设计、计算、试验直至制模、冲压、焊接、总装等各个环节中的计算机模拟技术融为一体的综合技术,使汽车的开发、制造都置于计算机技术所构造的严密的数据环境中,虚拟现实技术的应用大大缩短了设计周期,提高了市场反应能力。

15. 轨道交通方面

轨道交通仿真就是运用三维虚拟与仿真技术模拟出从轨道交通工具的设计制造到运行维护等各阶段、各环节的三维环境,用户在该环境中可以"全身心"地投入到轨道交通的整个工程中,进行各种操作,从而提高相关从业人员的认知水平和拓展其认知领域,为轨道交通建设的整个工程节约成本与时间,提高效率与质量。

16. 能源开发方面

能源的开发和开采涉及很多板块、很多行业,常常需要对大量数据进行分析管理,并且由于职业的特殊性,对员工的业务素质也有很高要求。运用三维虚拟技术不但能够实现庞大数据的有效管理,还能够创建一个具有高度沉浸感的三维虚拟环境,满足企业对石油矿井、电力、天然气等高要求、高难度职位的培训要求,有效提高员工的培训效率,提升员工的业务素质。

17. 生物力学方面

生物力学仿真就是应用力学原理和方法并结合虚拟现实技术,实现对生物体中的力学原理进行虚拟分析与仿真研究。利用虚拟仿真技术研究和表现生物力学,不但可以提高运动物体的真实感,满足运动生物力学专家的计算要求,还可以大大节约研发成本,降低数据分析难度,提高研发效率。这一技术现已广泛应用于外科医学、运动医学、康复医学、人体工学、创伤与防护学等领域。

18. 教育方面

虚拟现实应用于教育是教育技术发展的一个飞跃。它营造了"自主学习"的环境,由传统的"以教促学"的学习方式转变为学习者通过自身与信息环境的相互作用来得到知识、技能的新型学习方式。它主要应用在以下几个方面。

(1) 科学研究。

当前,许多高校都在积极研究虚拟现实技术及其应用,并相继建起了虚拟现实与系统仿真的研究室,将科研成果迅速转化为实用技术。例如,北京航空航天大学在分布式飞行模拟方面的应用;浙江大学在建筑方面进行虚拟规划、虚拟设计的应用;哈尔滨工业大学在人机交互方面的应用;清华大学对临场感的研究等都颇具特色。有的研究室甚至已经具备独立承接大型虚拟现实项目的能力。虚拟学习环境虚拟现实技术能够为学生提供生动、逼真的学习环境,如建造人体模型、电脑太空旅行、化合物分子结构显示等,在广泛的学科领域提供无限的虚拟体验,从而加速和巩固学生学习知识的过程。亲身去经历、亲身去感受比空洞抽象的说教更具说服力,主动的交互与被动的灌输有本质的差别。虚拟实验利用虚拟现实技术,可以建立各种虚拟实验室,如地理、物理、化学、生物实验室等。

(2) 培训实训。

在一些重大安全行业,如石油、天然气、轨道交通、航空航天等领域,正式上岗前的培训工作变得异常重要,传统的培训方式显然不能满足高危行业的培训需求。虚拟现实技术的引入使得虚拟培训成为现实。结合动作捕捉高端交互设备及3D立体显示技术,为培训者提供一个与真实环境完全一致的虚拟环境。培训者可以在这个具有真实沉浸感与交互性的虚拟环境中,通过人机交互设备和场景里所有物件进行交互,体验实时的物理反馈,进行多种实验操作。

通过虚拟培训,不但可以加速学员对产品知识的掌握,直观学习,提高从业人员的实际操作能力,还大大降低了公司的教学、培训成本,改善培训环境。最主要的是,虚拟培训颠覆了原有枯燥死板的教学培训模式,探索出了一条低成本、高效率的培训之路。

(二) 虚拟现实的应用前景

正如其他新兴科学技术一样,虚拟现实技术也是许多相关学科领域交叉、集成的产物。它的研究内容涉及人工智能、计算机科学、电子学、传感器、计算机图形学、智能控制、心理学等。我们必须清醒地认识到,虽然这个领域的技术潜力是巨大的,应用前景也是很广阔的,但仍存在着许多尚未解决的理论问题和尚未克服的技术障碍。客观地说,目前虚拟现实技术所取得的成就,绝大部分还仅限于扩展了计算机的接口能力,仅仅是刚刚开始涉及人的感知系统和肌肉系统与计算机的结合作用问题,还未根本涉及"人在实践中得到的感觉信息是怎样在人的大脑中存储和加工处理使之成为人对客观世界的认识"这一重要过程。只有当真正开始涉及并找到这些问题的技术实现途径时,人和信息处理系统间的隔阂才有可能被彻底克服了。我们期待着有朝一日,虚拟现实系统成为一种对多维信息处理的强大系统,成为人进行思考和创造的助手和对人们已有的概念进行深化和获取新概念的有力工具。

第五节 3D打印技术

一、3D打印的基本含义与基本原理

3D打印,是一种快速成型技术,它是一种以数字模型文件为基础,运用粉末状金属或塑料等可黏合材料,通过逐层打印的方式来构造物体的技术。3D打印通常是采用数字技术材料打印机来实现的,常在模具制造、工业设计等领域被用于制造模型,后逐渐用于一些产品的直接制造,已经有使用这种技术打印而成的零部件。该技术在珠宝、鞋类、工业设计、建筑、工程和施工、汽车、航空航天、牙科和医疗产业、教育、地理信息系统、土木工程、枪支以及其他领域都有所应用。

日常生活中,使用的普通打印机可以打印电脑设计的平面物品,而所谓的3D打印机与普通打印机工作原理基本相同,只是打印材料有所不同。普通打印机的打印材料是墨水和纸张,而3D打印机内装有金属、陶瓷、塑料、砂等不同的"打印材料",是实实在在的原材料。打印机与电脑连接后,通过电脑控制可以把"打印材料"一层层叠加起来,最终把计算机上的蓝图变成实物。通俗地讲,3D打印机是一种可以"打印"出真实的3D物体的设备,比如打印一个机器人、玩具车,打印各种模型,甚至是食物等等。之所以通俗地称其为"打印机",是参照了普通打印机的技术原理,因为分层加工的过程与喷墨打印十分相似。3D打印技术包含着许多不同的技术。它们的不同之处在于以可用的材料的方式,并以不同层构建部件。3D打印常用材料有尼龙玻纤、耐用性尼龙材料、石膏材料、铝材料、钛合金、不锈钢、镀银、镀金、橡胶类材料。

二、3D打印的基本特征与基本应用

(一)3D打印的基本特征

1. 制造快速

RP(快速成型)技术是在并行工程中进行复杂原型或者零件制造的有效手段,能使产品设计和模具生产同步进行,从而提高企业研发效率,缩短产品设计周期,极大地降低了新品开发的成本及风险,对于外形尺寸较小、异形的产品尤其适用。

2. CAD(计算机辅助技术)/CAM(计算机辅助制造)技术的集成

设计制造一体化,一直来说都是个难点,计算机辅助工艺(CAPP)在现阶段由于还无法与CAD、CAM无缝对接,这也是一直以来制约制造业信息化发展的难点之一,而快速成型技术集成CAD、CAM、激光技术、数控技术、化工、材料工程等多项技术,使得设计制造一体化的概念完美实现。

3. 完全再现三维数据

经过快速成型制造完成的零部件,完全真实地再现三维造型,无论外表面的异形曲面还是内腔的异形孔,都可以真实准确地完成造型,基本上不再需要借助外部设备进行修复。

4. 成型材料种类繁多

各类RP设备上所使用的材料种类有很多,树脂、尼龙、塑料、石蜡、纸以及金属或陶瓷的粉末,基本上满足了绝大多数产品对材料机械性能的需求。

5. 创造显著的经济效益

与传统机械加工方式相比,开发成本上节约10倍以上。同样,快速成型技术缩短了企业的产品开发周期,使得在新品开发过程中出现反复修改设计方案的问题大为减少,也基本上消除了修改模具的问题,创造的经济效益是显而易见的。

6. 应用行业领域广

RP技术经过这些年的发展,技术上已基本上形成了一套体系,可应用的行业也逐渐扩大,从产品设计到模具设计与制造,材料工程、医学研究、文化艺术、建筑工程等都逐渐开始使用RP技术,使得RP技术有着广阔的前景。

(二)3D打印的基本应用

3D打印机的应用对象可以是任何行业,只要这些行业需要模型和原型。3D打印机需求量较大的行业包括政府、航天和国防、医疗设备、高科技、教育业以及制造业。虽然3D打印已覆盖汽车、航空航天、日常消费品、医疗、教育、建筑设计、玩具等领域,但由于打印材料的局限性,产品多停留在模型制作层面。也就是说,目前3D打印技术的优势主要是缩短设计阶段的时间,使得设计者的模型实现起来比较便利。譬如,在传统的制造业流程中,不管什么行业,设计师的图纸需要在拆分为各个元素后,去开模,然后再组装,其弊端就是花费的周期比较长。而当设计师对模型做出调整后,相同的步骤又得重复一遍,循环往复。而有了3D打印,设计师的图纸可以快速变成实体的东西,然后开模,进行规模化大生产。

三、3D打印的应用形式与应用前景

(一)3D打印的应用形式

1. 航天和国防

GE中国研发中心的工程师们仍在埋头研究3D打印技术。他们刚刚用3D打印机成功"打印"出了航空发动机的重要零部件。与传统制造相比,这一技术将使该零件成本缩减30%,制造周期缩短40%。来不及庆祝这一喜人成果,他们就又匆匆踏上了新的征程。鲜为人知的是,他们已经"秘密"研发3D打印技术十年之久了。

2. 医疗行业

一位83岁的老人由于患有慢性的骨感染病,因此换上了由3D打印机"打印"出来的下颚骨,这是世界上首例使用3D打印产品作为人体骨骼的案例。

3. 文物保护

博物馆里常常会用很多复杂的替代品来保护原始作品不受环境或意外事件的伤害,同时复制品也能将艺术或文物的影响传递给更多的人。史密森尼博物馆就因为原始的托马斯·杰弗逊要放在弗吉尼亚州展览,博物馆用了一个巨大的3D打印替代品放在了雕塑原来的位置。

4. 建筑设计

在建筑业里,工程师和设计师已经接受了用3D打印机打印的建筑模型,这种方法快速、低成本、环保,制作精美,完全合乎设计者的要求,同时又能节省大量材料。

5. 制造业

制造业也需要很多3D打印产品,因为3D打印无论是在成本、速度和精确度上都要比传统制造好很多。3D打印技术本身也非常适合大规模生产,所以3D技术能给制造业带来很多好处,甚至连质量控制都不再是个问题。3D打印技术在汽车制造业的应用,这不是说你的车是3D打印机打印出来的(当然或许有一天这也有可能),而是说汽车行业在进行安全性测试等工作时,会将一些非关键部件用3D打印的产品替代,在追求效率的同时降低成本。

6. 食品产业

没错,就是"打印"食品。研究人员已经开始尝试"打印"巧克力了。或许在不久的将来,很多看起来一模一样的食品就是用食品3D打印机"打印"出来的。当然,到那时,可能人工制作的食品会贵很多倍。

7. 科学研究

美国德雷塞尔大学的研究人员通过对化石进行3D扫描,利用3D打印技术做出了适合研究的3D模型,不但保留了原化石所有的外在特征,同时还做了比例缩减,更适合研究。

8. 产品原型

比如微软的3D模型打印车间,在产品设计出来之后,通过3D打印机打印出模型,能够让设计制造部门更好地改良产品,打造出更出色的产品。

9. 配件饰品

这是一个广阔的市场。在未来,不管是你的个性笔筒,还是有你半身浮雕的手机外壳,抑或是你和爱人拥有的世界上独一无二的戒指,都有可能是通过3D打印机打印出来。

（二）3D打印的应用前景

1. 由模具制造转向工业化

在我们以往的印象当中，3D打印在模具制造方面非常普遍，而且为制造业注入了一股飞速发展的力量，事实上确实如此。之前的3D打印技术被称作快速成型技术更贴切，尽管这就是它的另一种叫法。如今的3D打印技术，则从之前的模具制造逐渐向着工业化制造的方向转变。

现在，国外就已经有不少汽车、飞机甚至是航空火箭上使用了3D打印的零部件，将来也会在国防、军事上来打造高精尖设备。在未来，3D打印技术制造的各种交通工具以及工业化部件也将会越来越多，到时候，说不定人们日常生活所接触到的一切事物，都离不开3D打印。这也意味着，3D打印确实在向着工业化制造的方向转变。

2. 应用在生物科学、医疗方面

人类是很脆弱的生物，稍不留神，身体上就会受到伤害而无法弥补。而现在，利用3D打印技术培养出人体细胞及组织，从而制造出医疗植入物将提高伤残人士的生活质量。

3. 3D打印店变成零售商

当前的市场经济，决定了今后的3D打印体验店会逐渐走进商场，成为零售商，让普通用户也可以享受到自己定制产品的乐趣。未来，3D打印店会变成零售商，走进消费级市场，送给用户的不再是产品，而是更具创新的形象设计。有市场就有竞争，3D打印也会为消费市场增添更多的活力。

4. 知识产权归属争端的开始

大家都知道，3D打印技术有着强大且完美的复制能力，对于一款拥有版权的产品设计，要想复制它非常容易，这也会在今后涉及版权纠纷归属的争端。

5. 大规模生产社会化

现在，3D打印已经进入制造业有段时间了，但现阶段，很多工厂里面的零部件制造还在使用传统的制造方式，当然已有小规模地使用3D打印机帮助工厂提高效率，但大规模使用3D打印机进行工厂部件制造才是当务之急。

6. 走进学校让孩子得到培养

如今，智能数码时代的孩子对于智能终端设备了如指掌，他们喜欢看视频玩游戏或者希望自己可以DIY游戏中的玩具，觉得什么都是可能的。既然游戏有这么多种风格，那么现实中不应该也一样吗？

7. 更多创新的商店

利用3D打印技术，来帮自己开一家创意饰品店是不是够新奇呢？3D打印不但保证了商品设计上很有创意，而且在大家都关心的成本上也低了很多，非常值得体验，国外这样的例子也已屡见不鲜。

第六节 新闻客户端技术

新闻客户端,是指在智能手机时代为手机及其他移动终端用户提供持续、实时、全方位新闻资讯更新,内容覆盖国内、国际、军事、社会、财经、体育、娱乐等方面的新闻类应用软件。对于新闻媒体发布者和广告商来说,新闻客户端则是集媒体刊物出版、发行和广告服务于一体的移动新媒体产品。新闻客户端为中国数亿智能终端用户提供个性化新闻订阅服务,同时为媒体内容合作伙伴提供多样化内容输出渠道、海量优质的用户保证及移动广告模式的开放服务。

一、新闻客户端的基本特征与基本应用

(一)新闻客户端的基本特征

1. 有收藏、离线下载、一键转发、评论等常规化功能

使用账号进行登录,方便管理自己的收藏新闻、订阅相关内容。当使用合作网站账号进行登录时,用户本人的社交关系数据能够被新闻客户端挖掘。例如用微博账号登录搜狐新闻客户端,能够自动推荐用户在微博关注的人中也使用搜狐新闻客户端的人;而"今日头条"根据你在微博中呈现出的兴趣,自动为你推荐新闻,还可以在"今日头条"中查看来自好友分享的资讯。

2. 支持新闻内容定制

新闻客户端可以依据用户个人兴趣,为用户提供包括频道定制、内容定制等多元化、个性化新闻阅读服务。如在网易订阅频道中,能够订阅果壳、爱范儿等网站。而百度基于其强大的搜索引擎功能,可以为用户提供任意话题的订阅,例如,它能够在栏目定制中添加"马云"、"乔布斯"等频道。

3. 广告投放

网易新闻的广告投放最多,既有首页广告、新闻内容页面底端推广,还有在每个栏目下的头条大图广告以及侧边栏广告推广;"今日头条"其次,有三种类型的广告投放。

4. 推送同质化严重

大部分新闻客户端在上午段、午间段、下午段、晚间段均有推送,在某一突发事件发生时,新闻的推送更为集中。从推送形式上来看,搜狐新闻、百度新闻、网易新闻均有早间热点新闻合集以及午间娱乐新闻合集推送。在推送内容上,几个新闻客户端的差别不大,尤其是在热点新闻的推送上,虽然推送的新闻标题不同,但内容相似,时间接近。

(二)新闻客户端的基本应用

1. 及时了解国内外重大新闻

人是社会化的生物,因此人在与外界的不断接触中,有及时掌握时事动态、丰富知

识面、开阔视野的需求和愿望。古有"秀才不出门,便知天下事",而在移动互联网时代,新闻客户端则成为普通用户掌握时事动态的重要途径。

2. 发表新闻评论

新闻评论最初体现在报纸上,但是随着网络时代的到来,网络新闻评论因其时效性强、方便快捷逐渐成为影响人们生活和大众舆论的重要载体。网络评论不像报纸评论那样死板,每一个网民都可以成为"网评人",可以对网络形成舆论表达自身的观点。显然,移动新闻客户端的新闻评论功能是必不可少的。

3. 与其他网友或兴趣爱好相同者互动交流

人们的互动交流方式、范围和互动程度往往受到交通工具、通信手段等因素的影响或制约。如今,我们的生活方式特别是人与人之间的互动交流,正因移动互联网的影响而悄然改变。在微博、微信、论坛、博客等网络虚拟社区,人们不仅能够交换意见、表达思想,甚至能够体会到情感的寄托,通过这些互动交流产生共鸣。新闻客户端支持用户将自己感兴趣的新闻、文章或评论通过某些渠道(如微博、微信)分享给他人,并且实现实时互动交流。这样,用户从信息的接收者变成了个人思想的表达者,并将他们从移动新闻客户端转移至各自分散的微博、人人网等社交网络空间。跨平台之间的分享,让每个人都可以成为互联网的主体,呈现自己,表达自己并与网络世界建立全面的互动交流,个体间的互动性得到最大程度的重视。

4. 个性化新闻定制阅读

移动互联网时代,用户的阅读习惯也在发生改变,随性化、多元化、碎片化是其主要特点。移动客户端能够依据用户个人喜好精准推送新闻信息,同时用户也可以通过频道订阅、内容订阅服务主动获取相关新闻资讯,使新闻内容投放更加精细化、精准化,能够及时、快速响应用户的个性化需求。

5. 搜索并获取新闻背景知识及发展过程

用户在阅读喜欢的资讯时,为了获取关于新闻的背景知识、历史演进过程等,可能会利用浏览器等其他工具进行二次搜索。移动新闻客户端的新闻搜索应用,为用户提供了同PC端搜索无本质区别的搜索结果,节省了用户的阅读时间。

在移动互联网时代,搜索仍是寻找网络信息的主要途径。互联网信息烦冗多样,用户则要求搜索具有更强的针对性和指向性。笔者认为,新闻客户端的搜索可针对不同身份、不同需求的用户,进而筛选或调整,使搜索结果更加人性化。也就是说,用户希望移动新闻客户端具有一定的逻辑判断能力、对资源的筛选和聚合能力。

二、新闻客户端的应用形式与应用前景

(一)新闻客户端的应用形式

1. 大型互联网门户网站新闻客户端

大型互联网门户网站新闻客户端主要包括腾讯、搜狐、网易、新浪、百度等新闻客户

端。这些门户网站在移动互联网发展初期便早早推出了自家新闻客户端,在网络技术实力、互联网媒体信息传播发布、互联网产品运营等方面均有深厚积淀,对手机新闻客户端的开发和运营驾轻就熟。

2. 传统媒体新闻客户端

在移动互联网新媒体的冲击下,传统媒体尤其是纸质媒体感到了前所未有的压力,部分传统媒体推出了基于自身平台的新闻客户端,如人民日报、环球时报、IT时代周刊等。这在一定程度上挽救了传统媒体的颓势,此外,门户网站新闻客户端推出的订阅功能更给多数传统媒体提供了一个快速进入移动互联网的平台。但由于受到印刷母体思维方式的影响,技术实力有限,不了解移动终端用户喜好等原因,传统媒体新闻客户端的表现仍然差强人意。

3. 聚合类新闻客户端

聚合类新闻客户端不需要自身产生新闻内容,而是通过技术手段,整合互联网中庞大的新闻资讯,为用户推荐具有价值的新闻信息。ZAKER、Flipboard、鲜果联播、谷歌新鲜汇、今日头条、美味爱读等,都属于这一类型的新闻客户端。用户可以根据个人的喜好主动订阅相关内容,同时,新闻客户端也能够基于用户使用习惯、社交关系等进行数据挖掘分析,通过推送功能为用户推荐可能感兴趣的新闻内容。贴心的新闻推荐和高度的个性化定制是聚合类新闻客户端的特色,但同时聚合类新闻客户端由于抓取其他网站的新闻内容等事实也面临潜在的法律风险。

(二)新闻客户端的应用前景

1. 专业化、个性化阅读是重要竞争因素

互联网时代新闻内容同质化现象严重,而新闻客户端的竞争更强调为用户提供专业化、个性化的阅读体验,入驻新闻客户端的传统纸质媒体很好地对互联网媒体进行了补充。纸媒和新闻客户端的合作,将是未来新闻客户端市场竞争的重要因素。

2. 来自微信等平台的自媒体冲击将更严重

微信公众号、浏览器等都比新闻客户端更早地成为自媒体传播的平台,百度轻应用等新的平台也在发力,自媒体找到落户的地方已经不是难事。尽管各大新闻客户端已经下大力气吸引传播媒体和自媒体进驻,但自媒体本身的自由度太高,大量分散的自媒体将对新闻客户端的发展带来困扰。

本章关键概念

物联网(Internet of things)
大数据(big data)
云计算(cloud computing)
虚拟现实(virtual reality)

3D 打印（3D printing）

本章思考题

1. 如何看待当前媒体工作与科技发展之间的关系？
2. 新媒体技术的类型及其基本原理有哪些？

本章推荐阅读书目

[1] 匡文波.新媒体理论与技术[M].北京：中国人民大学出版社，2014.

[2] 王宏，陈小申，张星剑.数字技术与新媒体传播[M].北京：中国传媒大学出版社，2010.

[3] 约翰·帕夫利克.新媒体技术：文化和商业前景[M].2版.北京：清华大学出版社，2005.

主要参考文献

[1] 蒋宏.新媒体传播技术发展趋势研究[J].上海交通大学学报（哲学社会科学版），2008(6).

第七章 新媒体技术的新趋势

本章导言

1. 新媒体技术对社会的影响
2. 新媒体技术最新走向

本章引例

◆ **移动终端在营销中的应用**：ECCO是一家1963年成立于丹麦并一直以来都以创新思维为核心，为男士、女士和儿童营造舒适的穿鞋体验的公司。过去10多年间，ECCO已经在中国163座城市拥有超过450多家门店。在上海世博会期间，ECCO鞋业公司与触动传媒联合在出租车的互动荧屏上发布了春夏季鞋类收藏＋手机App——电子计步器，乘客们可免费下载并安装在自己的智能手机中，从而知道每天自己行走了多少步数，消耗了多少热量。事后的反馈数据显示，有450万人在出租车上观看了这个广告，有600000人点击进入了互动环节，有7500人下载了计步器App，超过10500人经常使用。以公益为导向，以户外新媒体为平台，以手机互动为终端，ECCO通过这样的媒体组合，将一直推崇的低碳生活方式以及鼓励大众拥有积极的人生态度的品牌理念传递给了消费者。对于很多不知道如何利用移动终端来开展营销的企业来说，这无疑提供了一个非常好的移动终端与新媒体互动的案例。据案例中的媒体公司触动传媒介绍，触动传媒未来还会对这些出租车上的互动荧屏的功能进行扩容，其中包括3D展示产品等，即乘客如果对在互动荧屏上演示的应用程序、游戏或信息感兴趣，还可以将其下载到手机上，另外，乘客还可以获得短信、彩信形式的优惠券。

◆ **手机媒体延伸到社交服务**：美国的Foursquare是一家基于用户地理位置信息的手机服务网站，鼓励手机用户同他人分享自己当前所在地理位置等信息。自Foursquare此服务开通以来，超过72.5万手机用户在将近200万个

第七章 新媒体技术的新趋势

地点检入（check-in）Foursquare 网络，检入次数超过 2200 万次，在这 200 万处地点中，约 1 400 处的附近商家同 Foursquare 存在合作关系，用户在这些地点检入后，可得到商家提供的免费啤酒或咖啡，而这样的方式如果可以与新媒体进行整合，将产生巨大的营销价值。

◆《华盛顿邮报》易主：具有 140 年历史的《波士顿环球报》被纽约时报公司宣布低价转让三天之后，美国老牌报纸《华盛顿邮报》也宣告易主，成为日渐衰落的纸质媒体遭受互联网等电子媒体冲击的又一标志性事件。《华盛顿邮报》曾因率先独家报道"水门事件"并最终导致理查德·尼克松总统辞职而闻名于世，是与《纽约时报》齐名的影响巨大的报纸，过去 80 年中一直由报业世家格兰姆家族控制。2013 年 8 月 5 日，格兰姆家族宣布，全球网络电子商务巨头亚马逊的总裁贝索斯将斥资 2.5 亿美元收购《华盛顿邮报》。《纽约时报》8 月 6 日以《一个时代的终结》为题，报道了《华盛顿邮报》80 年来的首次易主。被美国报纸描述为"除了读报以外，几乎不曾对报纸表示任何兴趣"的贝索斯，在福布斯杂志亿万富翁排行榜排名第 19 位，估算其拥有约 260 亿美元的财富。随着互联网的普及，电子阅读日渐成为主流，纸质媒体的生存日渐艰难。《纽约时报》宣布把麾下的《波士顿环球报》及其他新英格兰媒体资产以 7 000 万美元的低价出售给波士顿红袜队主要所有人约翰·亨利，该价格不及 20 年前纽约时报公司将其买入时价格的十分之一。1993 年，纽约时报公司曾以 11 亿美元的价格收购《波士顿环球报》。而《波士顿环球报》已不是唯一被大幅降价收购的报纸。2012 年 10 月，《坦帕论坛报》被以 950 万美元出售。2012 年 4 月，《费城问询报》和《纽约每日新闻》以 5500 万美元被一地方投资集团收购，这两家报纸 6 年前是以 5.15 亿美元卖出的。除报纸外，遭受电子媒体冲击的纸质杂志日子同样不好过。2012 年 12 月 31 日，美国颇具权威的新闻杂志《新闻周刊》出版最后一期，结束近 80 年的纸质版运营，全面向数字化转型，使其成为目前放弃纸质媒体的发行量最大的杂志。华盛顿邮报集团总裁唐纳德·格兰姆在 5 日的新闻发布会上说，"多年面对新闻出版业的雷同挑战，让我们觉得也许换一个业主可能会对邮报更有益。"该集团一系列的财务数据可以说明互联网时代报纸生存的窘境。过去 10 年间，该报的发行量从 2002 年的 76.9 万份减少至 2012 年的 47.2 万份。同期，经营业绩从 2002 年实现利润 1.09 亿美元，到 2012 年亏损 5 370 万美元。今年第一季度财报显示，华盛顿邮报公司利润更是大幅下滑 84%，第一季度实现利润 520 万美元，而上年同期利润为 3 150 万美元。报纸的生存空间正在被网络媒体蚕食。据美国报业协会的数据，随着广告客户和读者转向网络，2007 年至 2012 年，纸质报纸的广告收入下滑了 55%。一些报纸被迫削减成本，有些甚至申请破产。由于发行量下降和广告收入的暴跌，报业危机正在蔓延，人们甚至担心，纸媒终有一天将走向消亡。《华尔街日报》中文网站上正进行的一项调查显示，近三成参与者认为纸媒将来会消亡。7 月 31 日，美国总统奥巴马接受采访时说，"随着

> 互联网占据优势,传统媒体正在苦苦应对新的现实,旧的经营方式已经难以为继。"而且,该访谈内容就是通过亚马逊的电子阅读器发布的。
>
> 请综合以上叙述,结合自身的新媒体使用经历,思考新媒体技术对传统媒体的冲击与影响。

科技发展的每一步,人们的生活和工作都会随之发生或多或少的改变,从而影响整个社会的发展。当今社会新媒体的发展迅速,新媒体的产业形态以及经营模式还处于不断变化之中,因此想要判断新媒体发展的趋势是十分困难的,甚至是危险的。但是,不论对于传媒机构还是投资方,正确了解和判断新媒体的发展趋势是十分重要的。只有正确掌握新媒体的发展趋势才不至于在新机遇到来之时举棋不定,错失良机,甚至产生错误决策造成不可估量的损失。

新媒体技术具有强烈的消解力量,能消解传统媒体之间的边界,消解国家之间、产业之间、信息的发送者与接收者之间的边界等。新媒体技术的发展面临着巨大的挑战,其最主要的挑战来源于传统媒体。相对新媒体而言,传统媒体主要具有以下几个方面的优势,这些优势决定了新媒体的未来并不意味着传统媒介的消亡,而是新媒体与传统媒体之间的共同繁荣。传统媒体的优势主要体现在以下几个方面。

(1) 传统媒体制作比较专业,从信息的采集、把关、润色,到印刷和发行都有专业的人员,在专业化的运营中形成了对公信度的塑造和维护。

(2) 传统媒体内容的剖析能力相对新媒体更强,学术价值更高。许多图书期刊都有对应的学术领域,这些期刊的内容往往更加专业和精辟。

(3) 传统媒介为满足社会科普而存在,新媒体商业性更浓厚,因此传统媒体看起来单纯而又稳重,新媒体则复杂而轻浮。

以上传统媒体所具有的特点都是新媒体所不具有的,同样新媒体所具有的很多特点也是传统媒体所不具有的。

新媒体的优势主要有以下几点。

(1) 在新媒体技术的支撑下,信息的传播省掉了许多中间环节,具有更高的时效性。

(2) 受众参与度高,能动性强,新媒体技术为受众提供了一个互动空间,弥补了传统媒体单向传播的不足。

(3) 新媒体技术通过有目的地引导受众群体,可以提高受众的参与度,通过受众意见反馈不断地自我完善,提高收视率和影响力。

(4) 新媒体技术是一种环保的技术,资金投入低廉,不仅省时而且省力。

由此可见,媒体融合是媒体发展不可避免的趋势,而新媒体技术的主要任务便是为媒体融合提供技术支持,媒体融合技术将是新媒体技术发展的新趋势。

第七章 新媒体技术的新趋势

第一节 新媒体技术对社会的影响

随着科学技术的发展,社会现代化程度越来越高,传媒技术越来越先进,媒介社会化与社会媒介化进程也在加快。传媒对社会的影响日益加强。同时,随着新媒体技术的发展,新媒体的表现形式也日益丰富。受众不仅仅是信息的接收者,同时也是信息的发出者甚至是创造者,从而实现真正意义上的所有人对所有人进行的信息传播。

每一种新媒体技术的产生都会带来新的信息传播方式,从而影响人类的思维方式、交流方式、艺术形式等。当今社会,就某种意义而言,媒体技术的发展史就是社会的发展史,新媒体技术的发展势必对社会生活带来冲击。

一、新媒体技术对日常生活的影响

(一)新媒体技术最直接的影响:改变了人们的习惯

新媒体技术打破了传统媒体单向传播的传播模式,受众通过新型的媒体技术能动地发现信息、筛选信息、处理信息和利用信息,彻底地改变了原有的单向接收信息的习惯。在新媒体技术的支撑下,受众权力进一步增强。受众对媒介舆论的监督更加有力,传统媒介的权威受到了制约。

此外,新媒体技术的发展进一步分化了受众群体,使个人化消费趋势加剧,使"点对点"、"一对一"的传播方式成为可能。互联网根据个人的个别需求提供信息和服务。新媒体技术的这一特点使"个性化"成为新媒体技术发展的理论结果。

新媒体技术下的社会是一个坐不住的社会,我们的身边充满了各式各样的新媒体,只要一有空,我们就会拿出手机看看新闻,刷刷微博,发发微信。时不时地查看空间微博的访问量,看看有没有人点击转发,难以安坐下来看书读报。走在路上,看见的不再是海报、招贴画,而是各种电子光屏,形形色色的资讯混杂着广告从四面八方向我们袭来。每天我们总是不断地通过新媒体技术观看着各种各样的资讯,明星政客的花边新闻、普通百姓的感情纠纷、动物的生理本能,真真假假,手指眼睛不停地工作。我们任何人都可以像诸葛亮不出家门而知天下事,却无法真正了解生活,判断真伪。

伴随着新媒体技术的进步,许多人都可以成为名人,那些一夜爆红的网络名人背后有的是职业操盘手炒作,有的仅仅是一个无心之举,哗众取宠比比皆是。只要事件足够有话题让别人聊,事件的主人公便会成为网络名人。新媒体环境下名人并不完全是一个褒义词,有人因其成为名人而获利,也有人因其而痛苦。高圆圆主演的《搜索》大家都看过,在新媒体技术发展迅速的今天我们还有多少隐私是属于自己的呢?

新媒体技术成熟的今天,我们可以通过各种手段在网上下载各种材料、报刊、书籍,浏览各式各样的资讯,很多人对此感到不安,社会上很多人通过新媒体技术手段发表着"新媒体威胁论",很多人批评新媒体,然而只要新媒体技术不断成熟,新媒体终将成为

"旧媒体"。

"新"在历史上一直都是不同的意义,有一点是不变的,那就是"旧"的反面。只要历史在前进,新就是历史的主题,新媒体技术反映了社会历史的进步。

很多我们现在以为是过时的传统的东西,在它的年代里却是新的,活字印刷术在16世纪是新的,期刊在17世纪是新的,影像声音的传播在20世纪前期是新的,电视广播在20世纪后期同样也是新的。每一次新技术的出现,社会都因此发生了翻天覆地的变化。

新媒体技术影响下的社会同样在变化,并且因为新媒体技术大大缩小了时间空间的隔阂,新媒体影响下的社会最大的特点就是"快","快"在表象上表现为信息通过新媒体技术处理后传播得更快,而且会越来越快。无论身处何处,信息在信号范围内都可迅速传递。从具体的形式上讲,"快"指新媒体自身形态功能变化很快,新媒体技术的发展催生了各式各样功能各异的新媒体形态。

新媒体技术影响下的社会另一特点是"分"。

在新媒体技术的影响下,每个人只要拥有具体的设备就可成为信息的发布者,每个人都可参与信息的传递,而不同的信息发布和传递者正好迎合了不同的受众群体。在新媒体技术的覆盖下,信息由于量大且杂的特点迎合了不同心理、文化的受众群体,不再像传统媒体环境下的信息由于信息的发布者数量小且具有专业的眼光,而导致曲高和寡的现象。

"分"具体体现在我们在接收信息时具有主动性,我们只接收对我们而言有用、有趣的信息,新媒体技术下,受众可被准确划分为一个又一个不同的群体。对于社会调查、人类学的研究和商业的发展都有积极的进步意义。

但在新媒体环境下的社会不仅是"分",同时也是"合"。新媒体技术,使信息知识的传播不再受到时间空间的限制,大家具有公平的接收信息的权利,知识鸿沟在信息大爆炸的环境下不断缩小。整个社会常常会有共同的话题,舆论的影响作用通过大众参与不断增强。

(二)新媒体技术的应用和传播提供了互动交流的平台,改变了家庭生活

新媒体传播促使"宅"一族流行并引发对其的反思。进入21世纪后,"宅"这种居家生活方式在年轻人中尤其盛行。如果说电视奠定了"宅"一族形成的基础,那么网络等新媒体则促成了其流行。"宅"一族沉浸于虚拟的世界,对于真实的人际交往和社交活动往往漠不关心。他们因为长时间不参与社会活动,在心理、生理和人际关系上都出现了问题。许多学者对"宅"一族表示了担忧和批判,认为是新媒体内在技术改变了人的主体性,这是技术的反人道主义倾向。技术可分为两类,以往的技术,基本上是客体技术,也就是通过制造工具、使用工具来改造自然客体的技术;而另一种技术是主体技术,其不是用来制造工具,而是用来改变人自身的,这种技术的出现对人的影响可能是颠覆性的。而以电脑为代表的电子媒介技术就是主体技术。"宅"行为中的电脑自身的技术特性是典型的反人道主义的。其强大的虚拟世界呈现能力往往给人以错觉,认为自己认识了真实世界,但事实上,在虚拟空间中,许多东西都是碎片化的。这种碎片化的信

息组成的世界,和真实世界中各种事物和现象的比例是不等价的。生活在媒介构造的世界中的结果是把媒介对现实的拟像与仿真当成了真实世界,混淆了二者的界限。当"宅"一族的头脑中拟像和仿真变得比真实还要真实的时候,他们不会再眷顾真正的真实世界,"宅"一族沉浸在网络等的虚拟环境中,并且逐渐适应了这种环境,从而颠覆了以往的生活方式,禁锢了在社会中真正与人交往的自由,主体性受到改变,导致人在某种程度上被技术牵制而不自知。

在家庭中,由于知识鸿沟和年龄代沟的存在,家庭成员中的上一代与下一代之间会因为不同的交流圈子、文化喜好、价值观念和掌握先进技术的差异,而导致距离的产生。问题的关键在于,我们如何利用先进的新媒体技术为我们生活质量的提高服务,以改变人际间甚至家庭成员之间的心灵与情感交流,使现实生活变得有乐趣,而不仅仅是让年轻一代在网络的虚拟世界里得到快乐。在这个方面,新媒体的互动性提供了超越时空的即时、双向互动的情感交流与工作交流的可能,这是传统媒体无法实现的。

新媒体技术的发展,从时空距离感上说,数字化网络时代提供交流的机会更多、更方便,互联网、手机使人与人之间的关系越来越紧密,另一方面,技术的壁垒、知识鸿沟、人机依赖又产生了人际间的心理陌生感和距离感,似乎没有人真正对别人有更多的了解。美国学者理查德·沃特森在其著作《未来50年大趋势》中给出这么一个案例,2006年初,人们发现一位名叫乔伊斯·文森特的中年妇女死在了自己在伦敦的寓所里。这件事本身并没有什么引人注目的地方,只是被发现时她已经死去两年多了,而且电视还开着,这使得这件事情显得有些不同寻常。怎么可能会发生这种事情呢?其他人都在哪里?答案当然是其他人都在其他的地方。像大多数大城市一样,伦敦不再有邻里关系,而是一个个越来越孤立、自私、自恋的个人集合。如何提高家庭成员的生活质量,利用新媒体进行专门的信息服务。这既是社会的需要也是家庭及个人的需要,因为现代社会更需要人与人之间的相互理解与关爱,任何技术都是为人的需要服务的,这就是新媒体环境下家庭信息化的真谛。正如尼葛洛庞帝所言:大众传媒将被重新定义为发送和接收个人化信息和娱乐的系统。①

(三)新媒体技术对青少年的影响

2014年6月30日,中国家庭教育学会第五次会员代表大会在北京召开,会议总结了第四次会员代表大会以来家庭教育方面的理论研究。会议上,宋秀岩指出,"当前我国经济社会生活正在发生深刻变化,特别是互联网等媒体迅猛发展给家庭带来了广泛而深刻的影响,家庭教育领域存在着一些不可忽略的问题"。新媒体对日常生活的影响已经波及了中国新一代的成长。

自新媒体出现以来,我们一直理性地把握着其双刃剑的特性。近几年,新媒体对青少年的影响已经引起了全世界的共同关注,作为家庭文化内容之一的青少年教育面临着严峻的挑战。网络管理办法面对这一不良现象心有余而力不足。

家庭文化是家庭物质文化和精神文化的总和,是指一个家庭世代继承过程中形成

---

① 尼古拉·尼葛洛庞帝.数字化生存[M].胡泳,范海燕,译.海口:海南出版社,1997.

和发展起来的,较为稳定的生活方式、生活作风、传统习惯、家庭道德规范以及为人处世之道等。过去人们常说母亲是孩子的第一任老师,母亲能走多远孩子就能走多远。

然而,随着新媒体的不断发展,21世纪的母亲面临新的挑战,网络媒体对孩子的影响已经远远超过了母亲。

早在2011年的网龄统计中,10到29岁的人群就已占据半壁江山。而网络对于青少年最大的祸害就在于黄色信息的传播、暴力游戏的侵蚀,导致青少年犯罪现象日益严重。孩子作为家庭文化的继承人,由于新媒体发展而受到的伤害将直接影响到一个家庭的健康发展,进而影响我们的日常生活。

但是要是仅仅是因为这样就将新媒体技术批评得一文不值是不对的。现在的孩子不是以前没见过新媒体的孩子,同样现在的父母也不是以前没有接触过新媒体的父母。现在很多父母通过新媒体技术和孩子沟通,对孩子进行开放式的教育。新媒体技术刚开始发展时,造成的父母与孩子之间的代沟,随着父母亲这一代人加入新媒体技术使用阵营以后,正在日渐缩小。

一些父母通过微信将一些有趣的小故事和处事方法分享给在外地读书的孩子,孩子也经常通过视频与他们聊天,嘘寒问暖。随着新媒体技术的不断进步,代沟将会越来越小,甚至消失。新媒体技术不仅融合了空间,同时也融合了时间。只要接触新媒体,我们就有共同话题。

家庭教育是具有分散性、灵活性、群众性的非正规教育,比学校教育更多地受到大众传媒的影响。尤其是新媒体技术兴起后,许多家长利用新媒体技术大量地接受现代家庭理念,学习教育孩子的知识方法,获得有关教育孩子的各种信息,但是由于新媒体的特点,导致任何人都能成为信息的发出者和接收者,而大多数的信息提供者并非真正的研究人员,全凭经验提供教育信息,导致家长在对孩子的教育中偏离正确方向,甚至导致错误的教育方法。

这种不足往往体现在以下几个方面。

父母的角色定位错误,我们经常会在互联网上看到一些弱化家长角色的"亲子一体化"、"替代成就感"的宣传。多数家长由于受到新媒体的影响,放弃自我而过分看中孩子。

由于媒体将某一教育方式过分夸大,许多家长往往按部就班,忽视孩子自身的性格特点、爱好习惯,有时候甚至违背了儿童、青少年成长的规律,家长过多的时间用于在网上搜索别人的教育方法而对自己孩子的特点视而不见,对未成年的发展产生了副作用。

父母教育的不恰当行为致使因材施教难以实行,许多家长要么过分溺爱孩子,要么对孩子则很冷漠。

家庭教育问题分析片面化,简单化。手机App妈妈帮,是一款有关于孩子教育的手机客户端,主要功能就是分享孩子教育方法心得,它基本对任何能够联网的人开放,换言之任何人都可以在上面发表自己的教育心得,即使你还不是爸爸妈妈。除了这类比较明显的App外,还有微信朋友圈也是信息大量传播的一种途径,比如"我是一个妈妈"这类型文章的转发。

新媒体技术对日常生活的影响并不仅仅是孩子的教育,它几乎无处不在地影响着我们的生活。以手机App为例,2014年,最火的新媒体技术莫过于应用型手机App,应用型的手机App有订餐类的,如美团外卖、淘点点、饿了么等;有打车App,如快的搭车、滴滴打车、快的司机等;就连女生的小日子也有对应的手机App软件"美柚"这款App。手机App可以说是无孔不入。

老一辈人有很多没见过的食材不知道怎么加工,新一代人有许多传统菜式难以驾驭,这些都不是问题,因为还有专门提供菜谱的手机App帮助我们。某知名卫视的某一档综艺节目有一期请过中国国籍的世界小姐,同一期还邀请了著名的钢琴家郎朗和歌手邓紫棋。录制过程中,有一个环节邓紫棋大秀厨艺,为了缓解做菜过程中的沉闷气氛,主持人便问其中一个美女会不会做菜,她的回答是什么菜都能做,但是必须上百度。这样的幽默博得了观众的欢呼。同时也证明新媒体技术已经影响到了百姓以之为天的"食"。新媒体也同样影响了我们日常生活中的"衣"、"住"、"行"。

二、新媒体技术对媒介传播的影响

新媒体技术对于传播媒介的影响首先表现在对于传统媒介的影响上,传统媒介通过新媒体技术的逐渐成熟,完成了与新媒体的融合。新媒体技术为传统媒介提供了主要新闻来源。

在新媒体技术对于传统媒介的影响上,过去大多数人认为新媒体的产生将会导致传统媒体的灭亡,这样的观点是片面的、错误的。

2006年,互联网实验室与新媒体产业中的十几种媒体(包括博客、电子杂志、网络视频、IPTV、数字电视、手机电视等)的中高层管理者深入交流,并与大量专家进行了深入的访谈。

从互联网实验室新媒体研究中心了解到:新媒体兼容价值、传播模式、传播效果、传播特点等,使传统媒体的弊端凸现,新媒体的传播优势、精确性已经得到了越来越多的投资者、广告主、营销机构的认同,对传统媒体的冲击日益严重。

新媒体给传统传播媒体带来两个层面的冲击。

一是,影响传统媒体的发行,阻碍传统媒体受众增长。受众的时间是有限的,由于新媒体技术的不断发展,越来越多的手机应用开始抢夺受众分配在传统媒体上的时间。

二是,分流传统媒体广告,抢夺传统媒体广告资源。随着新媒体技术的成熟,越来越多有针对性的软件得到了开发,将广告受众细分成各种各样的具有某一共性的群体,广告主在媒介选择时不用再次细分受众就可直接利用新媒体技术的便捷直接命中目标受众,以此推销产品或是获取目标群体的意见。

随着以移动多媒体和互联网为主的新媒体技术的发展,新媒体技术进一步影响了传统的报纸、电视、广播等媒体,对传统媒体造成挑战的同时也为传统媒体带来了机遇。

新媒体技术时效性强,控制性差。而传统媒体权威性强,时效性、互动性差。因此,我们要增强新媒体的权威性,提升传统媒体的时效性、影响力,积极地与受众互动。加强新媒体技术与传统媒体的融合,要在充分运用新媒体技术的基础上,进一步扩大宣传挖掘潜力,更好地服务于客户。因此,新媒体的兴起及蓬勃发展,促进了新的媒介生态环境的形成。

(一) 对媒体种群格局的影响

媒体种群格局主要是指各媒体之间形成的各种力量对比组合结构。因为发展上存在着很大的不平衡,媒体之间各种力量对于与组合的结构总是处在一种不断变化的状态下。当这种变化达到一定程度之后,那么媒体相互之间的对比将会发生要素重组和序列变化,直至产生新的媒体结构。[①] 从世界整体发展情况来看,传媒业从报纸"一枝独秀",到后来与广播共同发展,再到报纸、广播、电视共同进步,最后到报纸、广播、电视、互联网"并驾齐驱",如今又迎来了"多种媒体并存"的全新格局。在世界这一发展格局中,媒体格局总是在不断变化和进步,特别是以互联网为主体的新媒体出现后,使以往媒体格局被彻底打破,形成了报纸、广播、互联网、手机等多媒体并存的新格局。

1. 媒介种群更加多元化

新媒体首先就是一个新兴、多变的媒介群体的总称,它的出现给整个媒介生态环境增添了新的媒介种群,包括网络媒介种群、手机媒介种群、新型互动性电视种群、户外媒体种群、移动新媒体种群等。这些媒介种群又囊括了大大小小的细分种群。另外,新媒体的出现除了直接为媒介生态增添媒介种群类别之外,还以自身的兼容性、延展性等特征赋予包括传统媒体在内的媒介生态以后现代的文化精神,媒介种群由此变得相对活跃和不稳定,并不断创新、重组或相互结合,催生出诸多新型媒介种类,大大活跃和丰富了整个媒介种群结构,媒介种群更加多元。

2. 媒介种群向一体化发展

在传统媒体时代的媒介种群格局中,报纸、杂志、广播、电视各司其职,各自定位在不同的传播功能和媒介角色上,尽管各媒介的功能定位也不乏交叉渗透,但总体来说是各自固守一方,分工定位十分明确。

新媒体兴起之后,一方面,数字技术等新媒体技术将包括传统媒体在内的几乎所有媒介全面数字化,从信息采集、制作到信息发布、传播,"0"和"1"的数字化排列组合为不同的媒介种群之间提供了一条相互融合的纽带;另一方面,多媒体技术使得网络媒体、手机媒体等新媒体成为整合不同媒介种群的平台,不同媒介种群得以在这一平台上相互融合,传统媒介种群原有的清晰边界也趋于消解。由此,媒介种群在新媒体这一媒介融合驱动者的作用下,在不断分化的同时,开始了一体化发展的进程。

(二) 对传统媒体的影响

1. 对电视媒体的影响

虽然电视媒体在"多屏时代"受到的挑战是无法避免的,但并不意味着新媒体技术支撑下的新兴媒体可以轻而易举地取代电视媒体的市场地位。在新媒体技术日趋成熟的今天,传统电视媒介主要面临四大挑战:

---

① 陶喜红.媒介融合背景下传媒产业结构转型分析[J].当代传播,2010(4).

1) 观众出现流失,电视媒体不再一家独大

虽然从绝对数字上看,电视媒体总规模仍占有绝对优势,但实际上过去的十年间,互联网网民呈现爆发性的增长,不可避免地分流了部分电视观众,其中"80后"和"90后"的年轻观众占有相当大的比例,这说明互联网的魅力明显要大于电视媒体,电视媒介一家独大的局面已然结束。

2) 电视广告遭遇"天花板",数字广告成为后起之秀

艾瑞咨询数据显示,2013年第二季度,中国在线视频行业市场规模达28.5亿元,同比增长43个百分点,环比增长30.6个百分点。在线视频行业的增长主要来自于广告投放数量增加所驱动的广告收入增长。随着国内视频网站的并购整合和发展壮大,在线视频广告收入在翻倍增长,相反传统电视广告收入却增长乏力,逐渐逼近"天花板"。

3) 新媒体拓展产业链布局,突破对电视内容的依赖

优酷土豆以优酷出品、优酷自制综艺,和土豆印象为依托大力发展自制内容战略。乐视网推出包括自制栏目、网络剧和扶持微电影的圆梦计划。新媒体企业发展力"自制",逐渐突破对传统电视节目的内容依赖,成为人们收看节目的重要渠道。

新媒体通过平台、入口、内容之争,打造新型客户关系。内容平台渠道已经成为当今媒体竞争的新趋势。新媒体技术不断加强开放平台建设、掌控信息入口,使自身媒体成为优秀媒体的集成平台。

第一,通过新媒体技术,新闻节目向深度分析转变。新媒体的快速发展,让时效性成为电视新闻报道的竞争短板。电视新闻往往要通过采访、拍摄、编辑、审核等多重环节才能播出,导致"第一时间"的传播效果削弱。在新闻时效性抢不过互联网的条件下,建议电视媒体利用传统媒体的人才及资源优势,在保证"稀缺"内容的同时,要将新闻节目从简单播报向深度分析转变,挖掘表象背后的新闻本质,"增值"新闻服务的供给。电视媒体应以独特的视角展现独家声音,打造自身印记,带给观众有别于互联网新闻的感受。同时,还可以主动设置议题,吸纳观众参与新闻话题讨论,有效扩大新闻传播的效果,在群众中实现应有的舆论效应,传播主流价值观。

第二,接力新媒体,增强电视品牌节目的社会影响力。电视媒体不能为了提高收视率,就对时下一些热点不加判断和甄别,盲目选用和跟进,这样会降低电视媒体的文化格调,对受众心理造成伤害,电视媒体应继续坚守电视的品质、品格和品位,注重节目的社会效益和社会影响力,打造一批具有广泛影响力的精品节目,并利用新媒体技术进行传播,放大品牌节目的影响力和传播力,维护电视节目的权威性。例如:电视媒体可将新闻、科教、文化、教育品牌栏目,利用新媒体技术传播到网络上形成讨论热点,力争在互联网舆论中抢占制高点,传播先进文化和正能量,抵制恶俗之风,符合电视媒体的形象。

第三,要以新媒体思维运营。积极采用新媒体技术,使电视媒体的发展以互动、社交、移动为核心要点,完成从内容制作播出中心向社会中心的转变,探索和运用新媒体技术来运营传统电视媒介的方式和方法,为观众提供更多适应新媒体时代需要的内容和服务。例如:可以针对新媒体的特点,利用新媒体技术,将新闻、纪录片、赛事、晚会等独特的品牌节目剪辑成3到5分钟的微视频,便于网民利用零碎时间观看。应在节目

筹备时,开展与网站、客户端的互动,从内容、形式、宣传、营销等方面全面对接新媒体。

随着互联网的普及与发展,以及我国网民数量的大幅度上升,网络已经成为我们生活中必不可少的部分,新媒体技术在传统媒介中的作用日益上升。新媒体技术受众广、传播时空无限制等优势渐渐与传统媒介融合,为受众提供了更好的服务。例如:开办央视国际网站,进一步加大了央视的信息量。同时,网站的打造为其带来了更多优势,电视、网络、市场三者之间的联系加强,大大提升了央视这一品牌在国际上的影响力。与此同时,央视还与手机电视、宽频、数字电视等有效结合,充分发挥新媒体技术的优势,实现了"双赢",带给观众不同凡响的视觉、听觉效果。传统媒体充分利用新媒体技术进行多角度、多元化拓展,新媒体技术提高了传统媒体的影响力,同时还拓展了多种盈利的运营方式。

电视媒体已经成为网上视频节目资源的最大拥有者,主要把节目数字化并发送到互联网上。形式分为直播与点播两种形式。用户可根据自己的时间、兴趣、需求等分类选择收看。

2. 新媒体技术对传统纸媒的冲击

从 20 世纪开始,新媒体以迅雷不及掩耳之势迅速延伸开来,人们的阅读习惯发生了翻天覆地的变化。传统纸媒发行量骤降。越来越多的年轻人倾向于从网络等新媒体获取信息,广告业务日益萎缩,传统报刊潜在读者大幅流失,这是新媒体技术引发的一次洗牌。

2009 年,美国《读者文摘》因发行量剧降甚至申请破产。2012 年 2 月,近代报纸发源地德国,有两份报纸宣布倒闭,分别是《法兰克福论坛》和《金融时报》。同年,传媒大亨默多克新闻集团下的 iPad 付费报纸《每日》宣告停刊,一次"大手笔"的纸媒向新媒介终端的尝试无疾而终。2012 年 12 月 31 日,《新闻周刊》打上了最后印刷的字样。这些复杂的信息无不向人们宣告着传统纸媒生存环境面临着前所未有的挑战。传统纸媒独领风骚的局面不复存在,新媒体技术引领的传统纸媒转型成为必然。

1) 传统纸媒的优势

传统纸媒经过长期的发展,已经形成了一套固有的出版模式,如严格的审校制度、独有的定位风格、相对稳定的价格区间等。传统期刊长期积累形成的权威性和公信力,在读者中产生了很大的影响并产生阅读追随效应,尤其是一些品牌期刊,权威性和影响力绝不是新媒体短期内可以达到的。

传统报刊资源丰富,历史积淀丰厚,从市场中一路拼杀过来的品牌传统报刊,大多拥有深厚的文化底蕴和历史传统,拥有庞大的工作团队、比较完善的运营体系以及规范的管理机制,这些丰富的办刊资源也是新媒体无法比拟的。

内容原创的天然优势,是传统媒体的核心竞争力。传统报刊的内容大多为作者原创,而网络等媒体核心内容则以转载为主。从这个意义上说,传统报刊依然是新的信息、知识和思想的发布者,依然有强大的发展空间和生命力。特别是各种专业的期刊,仍将占有举足轻重的地位。

纸质媒体时代长期养成的"一目十行"的阅读习惯,不是容易改变的。即使是电子期刊,阅读也需要计算机、通信网络等与之相匹配的软硬件,同样要求读者具备一定的自动化设备使用以及网络搜索的能力。尽管越来越多的年轻人习惯上网阅读,但仍有为数不少的读者无法从网络阅读中受益。即使是习惯于网络上阅读的用户,在阅读数学、理工科制图的文件时,仍觉不如阅读纸媒让人思维连贯。相比之下,传统期刊更便于阅读和收藏。

2)创新背景下的融合与坚守

传统报刊在快速突破新技术下,守住了自己的阵地,并且有所发展、有所建树,两者在相互对立存在的同时,传统纸媒吸取了新媒体技术的长处促进了自身的发展,是一种互补关系。目前,数字出版俨然成为发展出版业的方向和潮流,传统期刊与网络媒体、移动互联技术相互融合,调整发展模式、拓宽发展空间,是走出发展困境的一种客观选择。

(1)报业生产数字化。

所谓数字化,是指利用计算机信息处理技术把声、光、电、磁等信号转换成数字信号,或把语音、文字、图像等任何业务信息都统一编码,变成"0"、"1"信号进行计算机处理和网上传输。数字化技术的发展促使报业用数字技术改造和装备传统报业,其内容包括内容数字化、形态数字化、流程数字化和手段数字化。

内容数字化是通过编码技术和计算机技术将报业新闻信息转化为用数字技术进行识别和处理的数字形式的内容,是报业数字化的基本前提和重要基础。

形态数字化是将报业数字内容表现为与数字技术相对应的数字文本、数字视频、数字语音、数字图片、数字动漫等存在形态。形态数字化是内容数字化的载体,是数字化内容的表现形式。

流程数字化是用数字技术处理新闻信息的采集、编辑、排版、传输、发行、交互、阅读、存储、检索等全过程。流程数字化是数字报业的关键,是内容数字化与形态数字化的技术要求和必然结果。

手段数字化是应用网络传输技术、数据存储技术、基础平台技术和移动终端技术等数字工具实现对报业信息的处理与管理。手段数字化是数字报业的技术标志,是内容、形态、流程数字化的装备支持。

(2)受众分流与多元载体。

对任何媒体来说,受众都是至关重要的。失去受众,媒体就没有了传播对象,也失去了它存在的经济基础。新媒体的海量信息和交互性等优势分流了传统报纸的受众。新媒体打破了传统媒体下内容的时空"束缚",使其在内容形态、信息来源上具有更高的延展性和丰富性,大幅提高了受众信息选择的自由度。同时,受众的互动性在新媒体的支持下也得到了有力的强化。新媒体的便捷性、即时性和互动性,使传统媒体的受众不断向新媒体转移。可见,单一媒体已经很难满足所有受众的不同兴趣。随着传播技术的不断革新,新的媒介在短时间内迅速增长。媒介多元化、信息多样化的趋势日益明显,受众选择媒介和信息的自主性明显增强,这必然引发传统媒介受众资源的流失。

新媒体的突出特征是终端设备功能的多元化,表现为一种设备具有多种功能,或一种功能可由多个设备去实现。数字技术的发展拓展了新闻传播的接收平台,除了传统的报纸外,人们还可以在互联网、手机、广播等不同的媒介上看(听)新闻。在新媒体背景下的新闻报道,记者可以将采访到的内容加工为文字、声音、图像等多种形式,提供给不同的媒体,获得最大的传播效果。

(三) 对媒介产业格局的影响

媒介产业格局是从产业角度对媒介生态环境的宏观考察。所谓媒介产业格局,是指媒介产业的整体发展状态以及不同媒介产业的互动格局和相互关系。新媒体兴起之前,传统媒体产业已经形成了稳定的发展格局,并牢牢占据媒介市场的垄断地位。随着新媒体的崛起,新媒体与传统媒体的博弈也在悄然进行,以新媒体为主导的新的媒介产业格局正在形成。①

1. 新媒体重构传统媒体产业链

面对新媒体的崛起,传统媒体对待新媒体的态度也经历了一波三折的变化过程:从最初传统媒体简单地利用新媒体,到传统媒体与新媒体密切合作,并向新媒体提供内容资源,再到传统媒体与新媒体相融合,最后同新媒体开展竞争。在这个过程中,传统媒介产业在新媒体的逼迫和影响下,实现了其产业链条的延伸和重构。

新媒体兴起之前,传统媒体产业链主要由媒介、广告主、广告商和受众组成,产业链短,信息产品在整个产业链中的迂回程度比较低,由此导致媒介产业的生产过程过于"独立",不利于整合媒介生态内外部资源,不利于社会分工的发展和整体产业链价值的最大化。新媒体兴起之后,传统媒体主动融合新媒体,一方面使得自己的产业链向上游延伸,在内容产品的生产上增设内容提供商、服务提供商,或专门的内容、服务生产环节,注重内容服务的生产和创新,将媒介的内容服务生产功能与平台中介功能分离开来。另一方面,传统媒体的产业链开始向下游延伸,增设内容和服务产品发布推广的新平台或新载体,并利用已有的受众或者用户资源进行精准化营销,使得产业链得到延伸和重构。

2. 推动媒介产业集群化

产业集群,是指在特定产业领域内,关系密切的相关企业、团体或者机构之间相互集结成群,并形成持续的竞争优势,新媒体的广泛发展为媒介产业提供了集群的条件和平台,推动媒介产业的集群化发展。②

传统媒体时代的媒介集群主要是大型媒介集团的组建。但是在传统媒体时代,媒介集团中的这种联系主要是内容或者地理位置上的联系,许多媒介实体之间并没有实现产业链的深度合作。而新媒体带来了产业深度融合的契机,能够让媒介产业实体之间充分练习,深度整合,从而改变了传统媒体时代媒介集团内部的松散联系状态,促进媒介产业集群化发展。

3. 推动传媒产业结构转型

新媒体对技术的重视会使得技术对媒介产业的影响力日益加强,从而导致传媒产

---

① 宫承波.新媒体概论[M].4 版.北京:中国广播电视出版社,2012.
② 高红波.论手机多媒体对我国媒介生态的影响[J].中州学刊,2010(1).

业向技术创新型产业的方向发展。同时,新媒体的发展改变了传媒产业的盈利结构。传统媒体时代的盈利模式单一,主要依赖广告。新媒体兴起后,盈利模式多元化,除了广告之外,内容售卖、提供增值服务等都成为盈利手段,使传媒产业盈利结构多元化。

(四) 对新闻传播的影响

1. 云计算技术催生云传播与云媒体

云计算是一种基于互联网的超级计算模式,它的应用思想是把分布于各地的成千上万台电脑和庞大的服务器集群计算能力连接成一张大网,是一个远程的数据中心,形似一片电脑云。本地计算机只需通过互联网发送一个需求信息,远端就会有成千上万的计算机为你提供需要的资源并将结果返回到本地计算机,这样,本地计算机几乎不需要做什么,所有的处理都在云计算提供商所提供的计算机群来完成。

云计算的服务形式多种多样,目前已有一些应用到日常网络活动中,比如 QQ 空间提供的在线制作 Flash 图片,360 的在线收藏夹,百度的在线音乐盒,网易的网络硬盘,苹果的 App Store 等。目前,已有多个行业利用云计算形成了各种各样的云从而成为云行业,如教育云、金融云、医疗云、物流云、交通云等,那么,新闻传播遇到云计算会发生什么呢?

1) 云传播

传统媒体和传统互联网有点对点、面对面、点对面和面对点等多种传播方式,云传播的重要特点是简化了传播模式,只存在"云"到"端"。在"云"的层面,可以建设信息云、新闻云、视频云等庞大的数据库,同时保证各类云的通用与安全;在"端"的层面,可以让用户享受定制化服务,为用户提供个性化内容,在用户间搭建操作编辑的分享通道。

2) 云监测

互联网多点并发、频繁交互的传播特性使得网上内容在几乎完全失控的状态下被改变和再传播。要想全面、快速地掌握网上传播态势,可以借助云计算对原始内容的浏览量以及散布于论坛、微博、SNS 社区的所有再传播内容的浏览量进行实时监测,深度挖掘传播内容的内容变异和传播参与者的特性,并锁定特定媒体或特定传播人,即时监测。

3) 云编辑

云计算与云存储使得信息的获得成本几乎可忽略不计,媒体之间获取信息的时间差也缩小至最低。信息已不是媒体竞争的主要目标,对于信息的独到解说、重新整合、编辑成为媒体胜出的关键。内容生产流程随之发生重大变化,"人人皆为传播者"+"云计算"将革新媒体从业者的分工与在组织内部的权重。

4) 云媒体

传统媒体向新媒体转型受制于既有的发布流程、业务归口、频率分割等诸多限制而步履艰难。进入云计算时代,媒体不用再重复购置服务器、终端设备等,复杂的内容分发与多媒体呈现,复杂的用户定制与广告细分等都将在"云端"处理,云媒体将在"云计算"这一全新平台上得以轻松实现。

2. 新媒体内容呈现视频化趋势

如果说中国互联网的第一个十年是以图文形式发布网络内容,那么下一个十年将是网络视频的时代。网络视频的发展一方面取决于互联网基础设施的投入和高速带宽的铺设,另一方面取决于用户浏览习惯的自然转变。相比较图文网络静态的呈现方式,网络视频以其全感官触动、可控性播放和多样化内容更容易赢得用户的青睐。来自国内外的数据都显示出新媒体的内容呈现正在从一个图文向视频转变,网络视频将是用户获取新闻、信息、娱乐的重要渠道。

除新媒体内容整体呈现视频化趋势外,用户在消费视频内容方面也在发生变化。网站的视频节目构成一般包括四个方面:影视剧、播客分享、传统电视和自制节目。过去,用户以观看前三者为主,特别是影视剧,各大网站不惜血本购买版权同步或提前播出,以吸引用户。但随着版权购买成本的增大和用户需求的多元化,视频网站开始打造自制剧、纪录片和教育科学类视频。这类视频将成为新媒体内容新的发展方向。

3. 新媒体传播渠道趋向社会化网络

如果将 1997 年上线的 SixDegree 视作社会化网络的先驱,那么社会化网络及社交网站发展至今已有 20 年的历史。在这 20 年中,社会化网络与社交网站风云变幻,从 Friendster、MySpace 到 Facebook、Twitter,从开心网、人人网到 QQ 空间、新浪微博,各种 Web2.0、Web3.0 网站不断涌现,不仅吸引了大量网民的眼球,而且成为网民获取新闻、信息的新渠道。

一般的社会化网络具备三层构造:第一层为个人信息展示,第二层为共享与分享,第三层为基于社交空间的群体协作,在社会化网络里共同完成某一任务。建构社会化网络的三个层次使得互联网越来越趋于个性化、人性化、智能化,会让网络时代进入一个"机器也会思考"的时代,网络会对用户提出的问题做出具体的、精准的解答。比如,你想带孩子去游乐场玩,然后在附近吃个晚餐,互联网会根据你的个人资料、与好友交流的信息、所处位置、平时浏览网页所显示的个人爱好等因素加以综合判断,然后给出符合你要求的游乐场、餐馆,而不需要你在海量信息中再检索和查询。这也就意味着,社会化网络将来能帮助用户屏蔽掉 99% 的不需要或垃圾信息而展示剩下的、精准的 1% 的信息。

基于这样一种网络环境,用户将会越来越愿意通过社会化网络获取有价值的新闻信息,而且信息共享将作为用户之间互动的一种方式存在。从 Web1.0 时代用户被网络的海量信息所淹没,到 Web2.0 时代搜索引擎相对精确的搜索,人们对于网络提供信息的质量要求越来越高。智能化的 Web3.0 与拥有海量个人信息的社会化网络结合,不仅能让用户获取精准的信息内容,还能将这些内容直接推送到用户桌面,最终成为新闻传播的主渠道。

2009 年 1 月 20 日,美国总统奥巴马就职宣誓典礼举行,近 4000 万民众通过互联网收看了 CNN 转播的典礼画面,这一数字超过了单纯通过电视收看的用户数。之所以产生这样大的效应,是因为此次就职演讲 CNN 与 Facebook 合作,采用了"视频+更新信息窗"的方式进行就职典礼的报道。据统计,有近 2000 万用户观看了 CNN 与 Facebook 合作的直播页面,产生了 100 万条相关信息。

4. 新媒体进入整合式传播

从当前新闻网站乃至整个互联网生态环境可以看到,存在着内容与渠道的过剩与稀缺的悖论。内容方面,由于用户的庞杂、海量信息造成了新闻、内容的过剩,但同时每一个个体面对浩瀚的互联网又感觉无所适从,高品质、专业性、个性化的精品内容又非常稀缺。渠道方面,除了传统的报刊、图书、广播、电视等媒介外,还有网络、手机、移动阅读器、平板电脑、楼宇电视、车载电视、电纸书等新媒介,多元化的渠道背后意味着渠道的过剩,也同时意味着针对性、有效率的渠道的稀缺。

新媒体造就了新闻产、供、销多元化的生态环境,也将用户带入一个在过剩与稀缺之间焦灼的社会环境。然而,新媒体的力量就在于既因为新技术产生了一种状态,又能用更新的技术来解决这种问题。面对当下的互联网生态,SoLoMo 模式就是一种有效的路径,也是新媒体进入整合式传播的必然选择。

So、Lo、Mo 分别是 social(社交的)、local(本地的)、mobile(移动的)的缩写,SoLoMo 是社交、本地和移动三个概念的结合,目前应用于网络营销和商业模式的变革。其实 SoLoMo 模式同样适用于新闻传播及科学传播,能够形成一种基于方式社交化、内容本地化、获取移动化的整合式传播。

移动状态下利用碎片化时间上网浏览、交流或享受网络服务将成为新媒体未来的发展趋势。而为了节约自己的时间成本,提高网络使用效率,每一个用户将会更依赖与自己兴趣、爱好相近的社交圈,更关注与自身相关、与生活贴近的本地群落,而新媒体传播也自然转向依据用户的真实社交关系和地理位置推送更为精准的、有价值的新闻内容。

未来,我们能够实现这样一种愿景:某一天,你去故宫博物院参观,当你用手机拍下太和殿的照片后,你的网络空间里立刻呈现出有关太和殿的背景知识和资料,最新的与太和殿或故宫有关的新闻、视频,互联网还会根据你的个人兴趣爱好和时间安排出精准的参观建议、参观贴士以及社交网络里其他朋友的推荐、介绍和心得体会。当然,如果恰好有同属一个社交网络的朋友也在故宫的话,互联网也会即时告知你,把消息推送到你的身边。

三、新媒体技术对广告传播的影响

2000 年至 2014 年,我国的新媒体技术发展取得了举世瞩目的成绩,以智能手机、移动网络、微博平台、微信平台为代表的新媒体逐渐成为社会大众获取广告信息的重要媒介。应该说,新媒体技术的发展,对我国的广告传播起到了关键的促进效应,影响深远。

(一)拓展了广告传播的渠道

传统媒体环境下,广告投放的平台和主体较为单一,因此广告传播的渠道具有一定的局限性。而新媒体技术的发展,彻底打破了这一僵局,广告传播的渠道也变得更为多元化,电视、报纸、杂志和广播再也不是广告传播的仅有渠道,微信、微博、博客、数字广播等新兴媒体,都成为广告投放的主体。例如,兴起于2002年的手机彩信业务,便成为中国移动公司向终端手机用户发送广告的一种新途径。当年,国内的彩信广告业务供应商——TOM在线便与中国移动公司签订了彩信广告业务发布合同,负责为中国移动公司制定广告,并为其进行广告发布宣传,而借助于彩信业务提供的丰富多彩的图片、视频、动画等内容,广告的市场投放效应十分看好。2010年之后,博客、BBS、数字广播等也逐渐成为广告投放的主战场,相关的广告宣传信息呈现爆炸式增长,例如,著名的微信公众账号"逻辑思维",便是罗振宇用于推销自我的自媒体广告平台,通过每天为受众推送一段60秒的语音,罗振宇借此提升自我的公众知名度,并展开个人书籍、会员资格的广告推销业务,而微信公众平台上的传播反响也十分强烈。此外,国内借助于其他新媒体平台,进行广告宣传、推广的案例不胜枚举,从整体上看,新媒体的出现,使得我国广告传播的途径、渠道变得更为细化、多样化,受众获取信息的范围也由此得以拓宽。

(二)丰富了广告传播的形式

新媒体技术的迅速和广泛性使得众多的企业看到了广告宣传带来的巨大商机,他们开始积极地利用新媒体技术构建企业专属的网络广告宣传平台,并以此为契机,实现企业网络营销体系的创建。一些企业甚至利用新媒体技术与众多客户实现在线互动交流,大打人性化、亲情的广告宣传牌,因此广告宣传的形式也变得更为丰富多样。根据CNNIC公布的数据,截至2013年6月底,我国博客和个人空间网民数量达到4.01亿,较2012年增长了2839万人。博客用户数量的骤增使得很多企业发掘了新的广告宣传商机。例如,中国平安保险公司、伊利乳业公司、凡客诚品等企业都先后注册了新浪博客,将企业的最新产品信息公布在博客上,并与消费者建立了在线交流渠道,构建了专属的博客广告营销体系,并取得了良好的营销业绩。

(三)深化了广告传播的影响

飞速发展的新媒体技术,使得广告投放的主体、形式变得更为多样化,而在用户数量、信息规模不断激增的新媒体平台的支撑下,广告的市场效应也在不断扩大。一些商家也利用新媒体受众多,信息传播便捷高效的特点,将明星效应与新媒体效应结合起来,不断拓展企业产品广告的市场效应。例如,2006年6月,全球著名的微处理器厂商AMD公司与国内知名演员徐静蕾签约,在其博客上投放AMD产品的广告。众所周知,徐静蕾在国内影视圈享有才女的盛名,具有极高的人气,而其博客则具有"中华第一博"的美誉,拥有超过1000万的点击率,并有着一大批忠实的网络读者,而这些读者大多具有高素质、高学历和小资气质,上述人群正是AMD所要重点影响的消费群。因此,AMD公司将徐静蕾的明星效应和博客的新媒体效应有机结合起来,作为其新产品的广告宣传渠道,可谓广告与新媒体融合的经典案例,而在双重效应的共同促进下,企业产品的广告宣传效应得到扩大。

（四）提升了广告传播的经济效益

随着新媒体技术的飞速发展，一大批以广告为主营或辅营业务的新媒体企业涌现出来，这些企业以新媒体主要技术为资源，为众多的下游厂商定制广告，将广告与新媒体业务融合进企业运营中，并以广告作为企业运营的主要经济支柱。例如，成立于2010年的国内知名在线手机广告运营商——有米传媒，借助于互联网和手机终端平台，有米传媒为企业定制了形式多样的广告案例，并将其发送到手机终端上，为客户提供耳目一新的广告体验。广发银行、淘宝网、巧虎等都是有米传媒借助手机移动客户端定制的经典广告案例，而广告也成为企业发展的重要经济来源。

四、新媒体技术对文化传播的影响

文化传播，是指人类文化发由文化发源地向外辐射传播或由一个社会群体向另一群体的散布过程。随着新媒体技术的飞速发展，新媒体语境下的文化传播也有了很大的变化。[①]

（一）文化传播方式、渠道的更新

文化传播离不开传播渠道的打造和传播方式的发展。作为具有特定文化内涵因素的文化产品，其由文化发源地经由传播者的双向互动，可以看作是文化传播的过程。此前，文化传播往往是通过人口流动的人际传播、商业交流活动的传播，也包括游学交流等方式。在大众传媒的传播语境下，文化传播日益脱离了人际传播的初级阶段。而书籍、著作等流动，又赋予文化传播崭新的时代内涵。在当代，由于交通通信技术手段的发达，文化传播的媒介增多，不一定依赖于人的迁移和流动。世界范围内的文化传播正通过各种途径，以前所未有的规模和速度进行着，由此必然导致世界文化的同质性日益增强。然而，新媒体的出现为文化传播的发展带来新的契机。新媒体为传播与丰富社会文化提供了前所未有的可能：它作为后现代文化的一部分，为文化传播提供了强大驱动力。其影响首先体现在传播渠道上。众所周知，新媒体的诞生催生了新的传播方式的出现。当下，微信公共平台的广泛建立和发展可以看作是新媒体传播兴起的一个缩影。新媒体文化传播的方式更具现代性的特征，以微信公众号为例，其建立在以手机为通信工具的大众传媒基础之上，信息传播方式将经由手机客户端进行点对点的传播。从传播力的分析来看，新媒体的传播形式更加符合现代人获取信息的习惯，其传播效果较传统传播方式更为突出。

另外，在文化传播的受众人群的区分上，更加具有针对性。在进行推广和营销时，其传播效率自然要远远高于传统媒介的人群细分。传统的传播方式往往是缺乏人群定位的推广，其推广往往耗时更长、投入巨大。而微信平台的建立，则改变了由面到面的

---

① 卢洋.文化传播中新媒体的影响研究[J].品牌研究,2015(5).

传播方式,变成由点到点的传播。这种传播方式,直接实现了传播者到受众人群的信息传递,大大减少了中间环节,实现了传播效率的高效化。此外,新媒体语境下的文化传播在传播速度上大大提升。其以现代通信技术为基础,实现了传播内容的实时传播,亦即文化产品一经发布,受众便可在第一时间内进行阅读接收。再者,在网络语境下,文化传播的经济成本将大大降低。作为对新媒体的管理,在传播渠道上实现了低成本甚至零成本运作。因此,在新媒体文化传播语境下,渠道化成本的降低有利于文化传播的低成本运作,这对提升文化传播的社会效益和经济效益具有重要的现实作用。

(二)新媒体文化丰富文化传播的内涵

新媒体是信息技术革命的产物,其发展大大推动了社会信息传播方式的更新和发展。同时,在对外传播过程当中,其形成的独特文化内涵,又催生了网络文化形态的诞生和发展。这一文化形态,丰富和发展了文化传播的内涵,延展了当前我们的文化形态。

在网络社群日益发达的当下,网络已经成为普通大众的另一个活动空间,其不仅是一种娱乐的形态,更是一种具有其自身特点的精神文化生活。当前,网络社区已经成为人们重要的信息来源之一,其作用和渗透力还将不断扩大。尽管,当前人们对网络文化褒贬不一,但其对我们生活的影响作用越来越重要,已成为不争的事实。新媒体发展过程当中形成的新型网络文化,日益与我们当下的文化体系相互融合、共同发展。两者的互动延伸在内容和形态上,都大大促进了文化传播的突变。

网络文化具有颠覆性、新鲜性的特点,在其影响下,人们的思维方式和信息摄取方式也呈现出网络化的审美取向。这就要求在文化传播过程当中,牢牢把握人们的审美需求,以新鲜、好看、颠覆性的形式进行传播,从而大大增强其传播效果,赢得更为广泛的受众人群。当前,文化消费的主流人群,往往是网民群体,将文化传播与网络的传播方式结合,不仅是时代发展的要求,也是文化传播自身的现实需要。互联网是有着巨大吸引力的虚拟空间。在这个虚拟空间当中,传统的单向性的文化传播方式大大改变。互动性的信息交流方式和传播方式成为新媒体领域主要的文化交流方式。在这里,人们可以大胆发表自己的意见,贡献自己的聪明才智,充分展现自己的闪光点,并相互交流、相互帮助,获得尊重、友情和自我价值的实现。

随着社会的进步和科技的发展,各类新媒体层出不穷,为深化文化传播,丰富社会文化发挥了重要作用,也因此受到了广泛的关注和重视,获得一批忠实拥趸。毋庸置疑,新媒体不仅优化了文化传播系统,更新了文化传播方式,还创造出了日臻多元化的文化形式。如何利用和发挥好新媒体的优势,以此扩大文化的传播力成为当务之急。

五、新媒体技术对社会发展的影响

随着科学技术的发展,社会的现代化程度越来越高,传媒技术越来越先进,媒介社会化和社会媒介化进程也在加快,传媒对社会的影响日益加强。传媒对社会的影响,特别是新媒体对社会的影响,新媒体对社会的建构与解构,新媒体对文化的建构与解构,对社会的发展产生了非常现实的影响。

同时随着新技术的发展,新媒体的表现形式也日益丰富,读者不仅可以接收信息,也可以提供甚至创造信息,从而实现真正意义上的所有人对所有人的传播。每一种新媒体的产生总会带来新的信息传播方式,从而影响人类的思维方式、交流方式、艺术形式等。以微博的发展为例,微博为人们的公共生活提供了新的平台,为公民发布信息、表达意见提供了广阔的空间。

可以说,新媒体重塑了中国的公共生活,并使得舆论生态发生了重大改变,在新媒体的发展形势下,人们的公共生活有了新的内容与特色。同时,新媒体的普及、流传、运作也正在改变人类大脑的认知、记忆与思维方式。在新媒体迅猛的发展势头下,传统新闻传播业的解构势在必行。

从这个意义上说,媒介的发展史在某种程度上也是社会的发展史。新媒介的迅速发展及其复杂性为社会生活带来的冲击是多方面的。新媒介技术改变了受众的媒介消费习惯,使受众的主体性增强。网络传播打破了传统大众媒介的单向传播模式,从而使信息传播有了双向交互和"一对一"的特点。在网络传播中,受众不是被动地接收信息,而是主动地发现信息、选择信息、处理信息。这就彻底改变了受众被动接收的消费习惯,同时使传播者和受众之间的关系发生了根本的变化。

新媒介技术颠覆了受众对特定媒介外形的固有印象。在新媒介模式下,受众不再是媒介内容的被动接收者和消费者,而是媒介内容的选择者,同时也是内容的主动参与者和创造者。新媒介技术赋予并进一步扩大了受众权利。网络传播还扩大了受众使用媒介的权力。此外,网络还使传统媒介的权力受到监督和制约。受众可以根据网上获得的多方信息对大众媒体的公正性、中立性和可信性提出质疑和挑战。新媒介技术进一步分化了受众群体,使个人化消费趋势加剧。网络媒体使"点对点"、"一对一"的传播成为可能,互联网可以根据个体的个别需求提供相关信息和服务。这也就是我们常说的"个性化"服务。"个性化"是网络媒体的技术特点所带来的理论上的结果。

新媒体在给我们的社会带来积极方面的影响的同时,也带来了一些负面的影响,影响和阻碍着社会的积极发展。比如,现在互联网侵权盗版现象仍十分猖獗,很多网站都依靠大量转载报纸和杂志的新闻报道来增加点击率,但很多都未经授权,且没有支付费用。网络博客成为侵权的重灾区,公民在博客上发表的文字、照片应受到法律保护,以营利为目的的网站,如果未经本人同意,擅自使用他人的照片、文字,属于侵权行为。同时,网上充斥着大量的垃圾信息,如垃圾邮件、虚假信息、失实信息、过时信息等。新媒体的迅速发展,在给社会带来积极正面影响的同时,也带来了一定的负面影响。但是新媒体的发展已是大势所趋,为了更好地发展新媒体,我们要积极正确地运用新媒体,尽最大的努力发挥新媒体的正面作用,限制约束新媒体给社会带来的负面影响。

第二节 新媒体技术的新走向

网络与新媒体的迅猛发展,伴随着几大关键性技术的产生,从早期的光导纤维、电脑技术、多媒体技术、数字化技术、互联网技术等发展到现在的流媒体技术、IPTV 技术、WAP 平台技术、海量存储技术等。新技术的发展,为新媒体的发展及人类社会生活的变化奠定了重要的技术基础。

2013 年以来,中国新媒体发展进一步呈现移动化、融合化和社会化加速的态势。在这种态势下,中国新媒体出现了四个显著变化,基于新媒体技术的微传播成为促进中国发展的新动力。

第一,微传播成为主流传播方式。基于移动互联网的微博、微信、微视频、客户端开始盛行,微传播迅速改变了中国的传播生态和舆论格局。

第二,传统媒体和新兴媒体正在加速融合,传统媒体纷纷推出新媒体战略,拓展传播空间,而新兴媒体凭借技术优势整合传统资讯在传播新媒体引发了又一轮传媒革命。

第三,新媒体的社会化属性增强。功能不断拓展的新媒体正在快速向政治、社会、文化各领域延伸。微政务成为创新中国社会治理的新路径。新媒体引发产业升级和互联网金融业兴起。微交往、微文化正在推动社会结构的变革和文化发展。

第四,新媒体安全成为最重要的国家战略。新媒体正在成为超越传统媒体、跨诸多领域的"超级产业",而新媒体的安全问题日益成为各个国家战略考量的重点。2013 年以来,在顶层设计的强化下,中国新媒体在社会发展中的战略地位进一步凸显,中国正迈步从新媒体大国走向新媒体强国。

总体看来,计算机网络技术、移动通信技术、数字技术是新媒体发展的三大关键性支撑技术。

一、技术更多样

新媒体技术是时代的产物,是人类文明的重要成果,是推动科技进步的重要武器。新媒体技术的发展是人们始料不及的,其发展、更新的速度及成果,是人们无法想象的。也就是说,人们还没来得及迎接"某个时代",新的时代又要出现。

新媒体技术出现于 20 世纪中后期,以计算机的发明和网络技术的应用为科技基础和最主要的标志。数字技术是电话、电脑、电视走向融合,发展多媒体的技术基础;数字技术使信息生成与采集、分配、处理、存储、显示可归并为信息内容、信息网、信息社会三大行业;数字技术使产品的成本相对其他技术而言随着产量的增多而变得更低,有利于面向需要大量产品的大众市场。

相对于其他渠道传播媒体,新媒体发展中有三件重要的事:一是技术平台建设,二是内容建设,三是消费者需求建设。

"新传媒"是建立在数字技术和网络技术的基础之上,延伸出来的各种媒体形式。

尽管它出现的时间不长,但是它的应用领域已几乎扩展到我们生活中的方方面面,银行、星级酒店、智能大厦、学校、政府……很多公共场所都已应用了新媒体技术。新媒体是所有人对所有人的传播,我们身处的这个时代,每天消息都以爆炸的指数增长,新媒体就是连接我们和世界的桥梁和纽带。

充分利用新媒体技术,更好地继承和发掘传统文化精髓,成了越来越多人的共识和努力方向。2015年1月8日,故宫发布《韩熙载夜宴图》应用程序,让人们在手机上就能体验韩熙载夜宴场景。点击打开,琵琶声起,拨动江南寂静的月色,观众仿佛走进韩府……《韩熙载夜宴图》利用高清的文物影像、专业的学术资料、丰富的媒体内容和创新的交互设计,旨在让观众在鲜活的文化体验中,深入了解中国古代绘画作品的非凡魅力。这款应用独创了三层立体赏析模式:总览层、鉴赏层和体验层,使这幅"数字画卷"可远观、可近赏,向观众全方位解读画作中的每个细节(见图7-1)。当您还在回味中国古代经典名画的魅力时,2015年1月12日,北京首家地铁图书馆成立,主打地铁上的免费在线阅读,首期主题活动就主打中华文字的魅力。首期推出"我们的文字"主题文化活动,全方位地向公众展示中国文字大家庭,引发公众对于中国文字的探索兴趣。这个图书馆为虚拟的电子图书馆,乘客只需扫描地铁车厢内的二维码,并完成注册,即可在线阅读。目前,北京地铁四号线024号列车上,已贴出了主题活动二维码,并推出10本电子书籍供乘客免费阅读。据悉,"M地铁·图书馆"将定期组织各类主题活动,同时,在地铁车厢内定期向公众推荐部分可免费阅读的电子书籍(见图7-2)。

图7-1 《韩熙载夜宴图》应用程序画面

图 7-2 北京首家地铁图书馆

近年来,科学技术是新媒体技术发展的主导力和推动力,新的技术和概念目前还在不断改变和影响着新媒体。如云计算,许多人认为云计算的计算方法很可能改变现有媒体的整体结构。再如物联网,按照物联网理念,整个国内的网络结构都会随之改变。新技术正在推动着新媒体朝下一个阶段发展,也在推动新媒体广告的新发展。

在十几年的技术发展过程中,新媒体的整个体系也在逐渐成形。现在新媒体最重要的载体就是互联网。互联网已经彻底改造了电信和广电,并已进入通信业,现在来看,广电的网络、宽带的网络和移动的网络正在不断建设,我们已经看到3G网络的铺建,而4G网络已全面展开,无限宽带的应用都摆上日程。

技术"爆炸"促使人类进步。新媒体技术的发展,已然引领中国乃至世界进入了一个科技快速发展时期。相伴而生的是,人类会不断获取新的技术,辅助生产生活,充实业余生活。

短短的十几年时间,新媒体技术已经经历了以下发展历程。

1. 移动视频

公交车上的移动电视、医院视频、银行视频等遍布于大街小巷。德国的有些公司甚至在卫生间每个蹲位的门背后都放上了液晶电视。新媒体让被动学习知识的人们学会了主动,他们在不知不觉中影响着人们对事物的敏锐判断。

2. 网络电视

中国人看电视的传统从1958年成立北京电视台便开始了。然而,现在越来越多的人选择在网上看电视。高科技的流媒体技术让更多的人选择上网看电视,因为它广告少,可以全集连播、随意查找想看的节目。这种电视的选择性更高,让每一位观众更有选择权。它巧妙的广告设计不影响观众观看,一经推出就迅速流行起来。

3. 数字化报纸

我国从清朝后期就有了报纸,从此,人们通过报纸知晓天下大事。自从互联网开始普及,报业也开始了自己的数字化转型。人们看报纸不用订了或买了,只要点击鼠标,天下大事尽收眼底。不仅如此,网络的编辑功能可不是以前的剪刀和胶水能替代的;不用花钱买报纸就可以看多种报纸,可以随时挑选日期和看相关章节……

4. 功能手机

手机从打电话变为浏览信息,是20世纪最伟大的发明之一。而接下来出现了手机短信、手机上网、手机电视等,手机还有什么事情不能做?现代人拥有一部手机就足以知天下,3G技术的超大带宽更是让人们在移动中享受生活。同时,物联网技术更让手机这种媒体迸发出核电一样的能量。全国4亿的用户基数,是巨大的利润来源。工信部电信研究院于2015年7月16日发布了5G技术架构白皮书,我国在5G领域的研究即将进入标准制定阶段,国内许多公司也已开始投入到5G产品的研发中。4G尚未普及,5G的相关产品和讨论已经陆续热起来了。

在2015年的世界移动通信大会(MWC)首日,华为联合中国移动、日本软银等共同发布4.5G的TDD+解决方案。普通用户对这一技术并不了解,可以把它简单理解为4G向5G的过渡。华为无线业务副总裁汪涛透露,用户关注的5G网络部署完成预计要到2020年,真正普及用户层面则需要到2023年。华为副董事长兼轮值CEO胡厚崑在大会上发言称,现在5G的研发正处于关键时间节点。5G的三个革命性突破包括连接数量过千万、延时低至1秒、网络峰值速率达到10 Gbps级别。

也就是说,未来的场景是,使用5G下载一部10G左右的电影,花费时间可能不到1秒。细回想一下,4G从概念推出到正式接触用户也不过是近几年的事情。在未来,5G的实现或许将成为基础设施建设的一部分而存在。从今年世界移动通信大会各方对5G的关注及热度来看,5G更像是触手可及的未来。

此外,博客、电子杂志、网络电影等作为新媒体的传播平台,其丰富的服务吸引了无数人的眼球,受到了越来越多的投资者、广告商以及营销者的青睐。新媒体由此呈现跨越式发展的态势,不可阻挡地向前发展。

二、应用更普遍

(一)新媒体在影视传媒技术中的应用

1. 数字电视技术

有线数字电视的信号传输是一个利用数字技术处理过程,每个画面的采集、每场节目的制作以及最后的信号传输都是利用数字处理方式进行的,数字电视的信号传输是由卫星信号或无线广播的形式进行传输的,接收到的信号由解码器进行图像和声音的还原,大大提高了电视节目的数量和质量,同时也将信号的浪费降到最低,提升了信号的接收效果。目前,我国数字电视是依靠机顶盒接收和解码信号来实现的,随着有线数字电视的普及,使人们在精神层面和生活状态上得到了基本的满足,另一方面人们通过数字电视增加了对外界信息的了解,通过对信息的了解能够判断社会形势和国家政策走向,探寻自身发展的方向,为我国经济发展贡献力量。

2. 移动多媒体广播技术

移动多媒体广播,顾名思义指的是为移动设备提供的多媒体广播服务,一般移动设备包括手机、笔记本电脑、车载显示设备等。移动多媒体广播服务已经基本实现全国范围内的覆盖,并且实现利用移动网络进行信息的回传。

1) 移动接收信号

移动设备一般形体较小,携带方便,所以只要在有信号覆盖区域,随时能够方便快捷地接收广播电视信号,这是数字电视技术所不能达到的(由于移动多媒体广播信号是靠卫星接收实现的,所以信号质量也会比较好)。

2) 节省流量费用

移动多媒体广播技术也是通过卫星无线电发射信号,利用数字形式进行的信息传播,不会产生网络流量,与移动网络视频相比,节约了流量费用,同时在移动终端设备上的图像显示也会更清晰。

3) 业务面较广

移动多媒体广播技术系统可维护、能管理,安全系数较高,同时兼具广播和服务的双向功能,除了基本的信息介绍,还能提供互动式的商务和娱乐等服务,能够满足更为广泛的业务需求。

4) 服务大众

移动多媒体广播能够提供紧急情况和公益事业的广播。

3. 交互式网络

交互式网络电视是以有线信号电视为基础,与互联网进行有效连接所提供的多种数字媒体服务,是一种以家庭电视用户为主体的新型电视服务形式,与传统电视相比,具有以下优点。

1) 实现互动

传统电视是单向对电视节目进行播出的行为,不能与电视用户进行互动,电视节目提供商不能及时了解到电视用户的兴趣和意见,即使电视观众不喜爱这类节目,却别无选择,这不但造成了提供商资源的浪费,同时也不能满足电视观众的精神需求。通过交互式网络电视数字媒体,信息发布者能够利用这个平台实现与用户的有效互动,并能根据用户反映的问题进行系统升级,从而提升服务质量。

2) 节目自由选择

现阶段,电视节目仍是以特定时间播出特定节目的形式播出的,这限制了电视观众的选择,然而使用交互式网络电视,用户在观看信息的选择上会有更多选择,用户可以在网上自由选择网站提供的各种节目。

3) 功能齐全

交互式网络电视完全弥补了普通电视只能播放节目单一用途的缺点,交互式网络电视除了节目数量更多之外,它还具备了网页浏览、可视电话、发邮件、教育指导、娱乐以及光盘播放等功能,交互式网络电视还能提供画面效果更好更流畅的高品质服务。

(二) 新媒体在影视作品中的应用

网络时代的到来,让新媒体的发展拥有了更为广阔的空间。2013年,我国电视剧的总发行量超过15800集,数据统计显示,仅有五分之一的作品能够在重要时段播出,2013年的我国电视观众人均观看电视剧仅为半个小时左右,然而据网络数据统计,观众人均用网络观看电视剧的时间约为两个小时。正是因为新媒体的应用和发展使影视作品迎来了网络时代,同时网络时代也给新媒体发展下的影视作品提供了更大的发展领域。

1. 影视制作的过程是要有技术性和艺术性的参与

一部影视作品的制作需要有很复杂的工艺,同时需要有相当高的专业水准。一般情况下,普通人要想通过某种方式淋漓尽致地表达出自己独创的内容和想法是很难做到的。然而,随着社会科技的不断发展,新媒体的技术也迎来了多次革命性的进步,当今的新媒体技术对影视制作方面的影响是功不可没的,如数码相机的普及,手机的应用,影视后期制作的应用,3G、4G 移动网络的普及与发展,电脑的普及等,使能够参与到这个行业的人更多、更广泛。新媒体技术的发展使我们不需要太复杂的设备,就可以完成一部很好的影视作品。也许你只需要一台数码相机和一台电脑,一些简单的剪辑软件就可以做到,如果再加入自己一些独特的有创意的想法,就是一部出色的新媒体影视作品。

传统影视制作的方法与当代新媒体技术的结合,促进了当代影视制作的发展,使其有更强的参与性。随着摄影及电子信息的发展,将把现代影视推进到一个崭新的时代。现在有很多媒体公司开始着手网络剧、网络微电影、网络改编动画等,这些带有网络特色的影视作品一直向人们展示着其独有的原创、趣味、犀利等色彩。近几年,影视制作逐渐由平庸向精品的路线转型,其中这种新媒体影视制作领域不乏知名导演及艺人的参与。例如,韩国导演朴赞郁拍摄的《波澜万丈》是一部很经典的恐怖悬疑作品,由演员李贞贤和吴光禄担当主演,此部电影时长 30 分钟,很难想象只是用两部手机拍摄完成的。此影视作品获得了金熊奖,这是韩国电影首次在戛纳、柏林、威尼斯这世界三大电影节上获得的最高奖项。各种网络微电影和新媒体的发展,以及人们对新媒体影视作品的关注,鼓舞了更多媒体爱好者的加入,为更多的媒体爱好者提供了表达自己创新思想的平台,他们的思想更接近民众,更容易与观影者产生心灵共鸣。

2. 数字时代让梦想变为现实

电视媒体时代的到来体现在数字技术的发展,如果说电影技术的发展有过两次革命性的发展:从无声电影到有声电影;从黑白电影到彩色电影。之前的电影是通过简单的光影投射和视觉效果来诠释一部作品,与现在的经过计算机处理的影视效果是相差甚远的,现代的影视作品所表达的效果更为具体、逼真。我们所能想到的,通过计算机处理后都能达到我们想看到的效果,甚至通过利用数字技术能使电影效果做到人们想不到的地步,这就是现代数字化技术的发展在电影制作中的重要意义。许多影视在拍摄的前期都会做一些道具,如生物体的皮肤、血管、毛发等,这些都可以在计算机的帮助下赋予其鲜活的生命。数字化技术从更深远的意义上来说,为电影艺术的创作提供了无限可能。

3. 新媒体技术下的影视作品形式

影视作品在新媒体技术的帮助下拥有了新的制作方式,在传统影视的基础上拥有着新媒体影视的新特点,使其更能迎合市场经济的发展,而其内容大致可以分为纪实电影和标新立异创作型电影,《功夫兔与菜包狗》是一部由将将将动画工作室的主创通过利用新媒体技术将真人进行定格拍摄,然后与卡通角色相融合的动画喜剧片。这部动画新颖有趣的剧情、活跃的思维方式、简短明确的内容,更能符合现在快节奏的生活方式和信息快速传播更新的时代,赢得了年轻观众的喜爱。这也标志着在未来将会出现更多形式的影视作品来满足人们的精神需求。

(三)新媒体技术在广告创意领域的运用

回顾近几年的行业市场,我们不难发现,数据与技术对创意和营销的驱动作用愈加明显,并一再改变着品牌创意的传递方式,以及与消费者的沟通方式。2015 年的戛纳国际创意节也有变革创新,愈加凸显了对新媒体技术的重视程度:在本届戛纳国际创意节上,特别推出全新单元——创新狮子奖,旨在探讨创意背后的技术与数据的推动,展示数据与技术领域革命性的产品、重大事件及行业趋势。

1. 制作技术上的支持

广告在制作的过程中,除了画面表达上的艺术性,在新媒体技术的影响下还结合了广告心理学、多媒体制作软件和其他相关学科的理论知识,将其特点运用到广告制作中,通过将数字技术和艺术形式融合达成作品所要传达的立意。例如,央视播放的以"关注老人"为主题的《家》的公益广告,作品通过多媒体制作软件 Adobe Flash Professional CS5 软件和 ActionScript 3.0 语言来完成实现的,在画面的处理中利用 Flash 中插件,使画面字体的变化达到自然融合的效果,也使画面的播放更加流畅。

2. 创意多元化的实现

在新媒体技术的支持下,广告的实现形式已不再是静态化、平面化的,而是向着动态化的方向转变。在转变的过程中,人们不再被动地接收信息,而是希望有选择地主动接收信息,并且与信息产生互动。这些要求促使广告在新媒体技术的支持下,出现了一种新的视觉体验形式。因此,在内容的创意表现上通过数字技术、多媒体软件的运用创造出个性的、互动的,具有符合社会发展的可持续意义的艺术表现形式和创意方法。新媒体广告的表现形式不同于常规展示,在表现的过程中通过新媒体技术将光影、空间、色彩等因素有效地结合在一起,使人们在欣赏的过程中充满趣味。例如,出租车车载媒体,人们在乘坐的同时,通过车载媒体的播放,达到对公益信息的传播;同时,通过触摸显示交互技术产生信息的交流,使人们在接收的过程中产生主动性,提升对公益广告播放内容的扩展性。

3. 促进广告创意的情感表达

在新媒体技术的发展中,对于触摸屏的研发是快速的,随着手机、平板电脑的普及,触摸屏技术得到了广泛的运用。目前,在户外的电子播放载体上,对于广告的表现形式也由单一的播放形式转为通过触摸屏来接收信息,人们主动地带着自己的情感参与信息的交流,在接收过程中,将公益广告要表达的内涵和自己的情感结合在一起,从而达到了信息的互动。

新媒体广告的出现涵盖了多个交叉科学领域,随着新媒体技术的发展,其内容的表

第七章 新媒体技术的新趋势

达形式从平面创作上、语言运用上、声音配音上会出现多种艺术表现形式,通过受众群体的互动参与,将大众带到作品的情感表达中,增强作品的感染力,从而加深大众对于广告在情感上的表达,升华作品的情感。

在信息时代高速发展的今天,人们对信息的接收需要快速准确。新媒体技术的发展和在公益广告中的应用,扩展了信息的传播方式,也提高了人们对艺术作品的鉴赏力,增强了情感的互动,也大大缩短了人与人之间的距离,成为信息时代传播社会文明的主要方法。随着人们的思维方式和文化意识的提升,新媒体技术在广告中的运用,通过技术的交流、互动来不断提升广告作品在社会中的影响力,并且通过新媒体技术将作品的创作形式不断发展、创新,将多学科融合,将新媒体技术、平面创意、艺术语言和表达内容完美结合,创造出更利于现代人接纳的表达形式。

三、数字数据化

数字化是互联网的关键支撑技术,也是新媒体的显性技术特征。

当今的传统媒体都在不同程度地触网(互联网),既然接入互联网就必然会留下大量的数据,海量的数据使传媒业进入大数据时代,那么什么是大数据?大数据其大小或复杂性使得无法通过常用技术以合理的成本并在可接受的时限内对其进行捕获、管理和处理;也有人对其进行更形象的描述:你的电脑都跑不动就叫大数据。

马云说:互联网还没搞清楚的时候,移动互联就来了,移动互联还没搞清楚的时候,大数据就来了。近几年,"大数据"这个词越来越为大众所熟悉,"大数据"一直是以高冷的形象出现在大众面前,面对大数据,相信许多人都一头雾水。

实际上,大数据将成为营销的战略选择,而非锦上添花的工具。耐克公司推出了一种名为 Nike+ 的新产品,并借此转向大数据营销。所谓 Nike+,是一种 Nike+跑鞋或者腕带+传感器的产品,它通过无线 Nike+iPod 运动组件与互联网实现信息互通。只要运动者穿着 Nike+ 的跑鞋进行运动,iPod 就可以存储并显示运动日期、时间、距离、热量消耗和总运动次数、总时间、总距离和总卡路里等数据,使用者可以将数据上传至互联网,与其他用户进行交流、"比赛"。由此,凭借运动者上传的数据,耐克公司已经成功建立了全球最大的运动网上社区,拥有超过 500 万活跃的用户。这些用户每天不停地上传数据,这些海量的数据对于耐克公司了解用户需求、习惯,进行产品改进,精准投放以及精准营销起了不可替代的作用。

这说明,大数据已经影响并改变了营销的各个环节,针对用户的数据挖掘和分析成为营销成败至关重要的因素。

下面,我们通过几个经典案例,让大家真切地感受一下什么是"大数据"。你会发现,它其实就在你身边而且也是很有趣的。

(1) 啤酒与纸尿布。

全球零售业巨头沃尔玛在对消费者购物行为分析时发现,男性顾客在购买婴儿纸尿布时,常常会顺便搭配几瓶啤酒来犒劳自己,于是尝试推出了将啤酒和纸尿布摆在一起的促销手段。没想到这个举措居然使纸尿布和啤酒的销量都大幅增加。如今,"啤酒+纸尿布"的数据分析成果早已成了大数据技术应用的经典案例,被人津津乐道。

(2) 数据新闻让英国撤军。

2010年10月23日,英国《卫报》利用维基解密的数据发布了一篇数据新闻:将伊拉克战争中所有的人员伤亡情况标注于地图之上。地图上一个红点便代表一次死伤事件,鼠标点击红点后弹出的窗口则有详细的说明:伤亡人数、时间、造成伤亡的具体原因。密布的红点高达39万,显得格外触目惊心。一经刊出立即引起举国震动,推动英国最终做出撤出驻伊拉克军队的决定。

(3) "魔镜"预知石油市场走向。

如果你对"魔镜"还停留在"魔镜魔镜,告诉我谁是世界上最美的女人",那你就真的落伍了。"魔镜"不仅是童话中王后的宝贝,也是真实世界中的一款神器。其实,"魔镜"是苏州国云数据科技有限公司的一款杰出的大数据可视化产品,而且是国内首款。现在,"魔镜"通过数据的整合分析可视化,不仅可以得出谁是世界上最美的女人的结论,还能通过价量关系分析出市场的走向。"魔镜"帮助中石油等企业分析数据,将数据可视化,使企业科学的判断、决策,节约成本,合理配置资源,提高收益。

(4) Google成功预测冬季流感。

2009年,Google通过分析5000万条美国人最频繁检索的词汇,将之和美国疾病中心在2003年到2008年的季节性流感传播时期数据进行比较,并建立一个特定的数学模型。最终,Google成功预测了2009冬季流感的传播,甚至可以具体到特定的地区和州。

(5) 大数据与乔布斯癌症治疗。

乔布斯是世界上第一个对自身所有DNA,包括肿瘤DNA进行排序的人。为此,他支付了高达几十万美元的费用。他得到的不是样本,而是包括整个基因的数据文档。医生根据所有基因按需下药,最终这种方式帮助乔布斯延长了好几年的生命。

(6) 微软大数据成功预测奥斯卡大奖。

2013年,微软研究院纽约办公室的经济学家大卫·罗斯柴尔德(David Rothschild)利用大数据成功预测24个奥斯卡奖项中的19个,成为人们津津乐道的话题。2014年罗斯柴尔德再接再厉,成功预测第86届奥斯卡金像奖颁奖典礼24个奖项中的21个,继续向人们展示现代科技的神奇魔力。

(7) 超市预知高中生顾客怀孕。

明尼苏达州一家塔吉特门店被客户投诉,一位中年男子指控塔吉特将婴儿产品优惠券寄给他的女儿——一个高中生。但没多久他却来电道歉,因为女儿经他逼问后坦承自己真的怀孕了。塔吉特百货就是靠着分析用户所有的购物数据,然后通过相关性分析得出事情的结论。

据统计,每秒钟,人们发送290封电子邮件;每分钟,人们在YouTube上传20小时视频;人们每个月总在Facebook上浏览7000亿分钟;移动互联网用户发送和上传的数据量达到1.3EB,相当于10的18次方;每秒钟,亚马逊处理72.9笔订单。

基于数字技术的大数据时代,呼唤更加高效的信息处理技术,这包括大规模并行处理数据库、数据挖掘电网、分布式文件系统、分布式数据库、云计算平台和可扩展的存储系统等技术都要不断向前发展。

未来的大数据技术有以下特点。

1. 海量

企业面临着数据量的大规模增长。例如,IDC(国际数据公司)最近的报告预测称,到2020年,全球数据量将扩大50倍。目前,大数据的规模尚是一个不断变化的指标,单一数据集的规模范围从几十TB到数PB不等。简而言之,存储1PB数据将需要两万台配备50GB硬盘的个人电脑。此外,各种意想不到的来源都能产生数据。

2. 多样性

一个普遍观点认为,人们使用互联网搜索是形成数据多样性的主要原因,这一看法是部分正确的。然而,数据多样性的增加主要是由于新型多结构数据,以及包括网络日志、社交媒体、互联网搜索、手机通话记录及传感器网络等数据类型造成的。其中,部分传感器安装在火车、汽车和飞机上,每个传感器都增加了数据的多样性。

3. 高速

高速描述的是数据被创建和移动的速度。在高速网络时代,通过基于实现软件性能优化的高速电脑处理器和服务器,创建实时数据流已成为发展趋势。企业不仅需要了解如何快速创建数据,还必须知道如何快速处理、分析并返回给用户,以满足他们的实时需求。根据市场研究公司IMS Research关于数据创建速度的调查,据预测,到2020年全球将拥有220亿部互联网连接设备。

4. 易变性

大数据具有多层结构,这意味着大数据会呈现出多变的形式和类型。相较传统的业务数据,大数据存在不规则和模糊不清的特性,造成很难甚至无法使用传统的应用软件进行分析。传统业务数据随时间演变已拥有标准的格式,能够被标准的商务智能软件识别。目前,企业面临的挑战是处理并从各种形式呈现的复杂数据中挖掘价值。

四、网络技术智能化

计算机网络技术伴随着数字化技术的发展,互联网经历从Web1.0向Web3.0进化的过程,Netflix创始人里德·哈斯廷斯(Reed Hastings)阐述了定义web的简单公式:"Web1.0是拨号上网,50k平均带宽;Web2.0是1M平均带宽;Web3.0就该是10M平均带宽,全视频的网络,这才感觉像Web3.0。"

互联网从Web1.0发展到Web3.0,变化的绝不仅仅是带宽。Web1.0时代的典型代表就是大众传播模式,如最早的门户网站Yahoo,这种模式的典型特点就是用户完全被动接收信息。Web2.0时代的典型代表就是互动传播,如博客、微博、微信、在线流媒体,这种模式的传播方式就是以个人为中心。Web3.0是在大数据时代的背景下,创建出综合化的服务平台,提供基于用户偏好的个性化聚合信息服务,走向智能网络和智能应用的层次。近20年,科技浪潮发展的一个基本框架可以被描述成:基于网络互联的Web1.0时代,基于社交的Web2.0时代,以及现在的基于移动的Web 3.0时代。

进入Web3.0时代,你只要发出一个很简单的指令,剩下的事情就可以交给互联网了，人工智能化的互联网可以替你完成所有工作，它会根据你的偏好确定搜索参数，缩小搜索服务的范围，浏览器程序会收集并将数据提供分析结果给你，方便进行比较。

Web 3.0 时代是基于之前的 Web1.0 和 Web2.0 发展而来，不过它也包含了 Web1.0 和 Web2.0 时代几个没有的特点，如实时、位置感应、传感器、量身定制的小屏幕、高品质的照相和录音设备。这几个特点对现在的行业巨头和未来的行业颠覆者来说，有很大的意义。

移动端量身定制的小屏幕为新来的竞争者提供了新机会，创造出截然不同的新价值和新体验。我们知道，目前业务都是基于 PC 为先的思路开展的，而且基于这样一个设计理念：在越来越大的屏幕上装进越来越多的信息。Facebook 网页端，页面非常花哨，各种生日、事件提醒、状态更新、广告、聊天等信息充斥着整个页面。但对 Facebook 这样的公司来说，因为移动端的屏幕非常小，设计移动端的用户体验，也就变得非常困难——你没有办法将所有信息压缩成一个小方块，全都放到手机小小的屏幕上。

相反，对那些移动端的新兴公司而言，只要他们将用户体验设计得足够简洁有趣，他们就有可能崛起。被 Facebook 收购的 Instagram 就是一个很好的例子：Instagram 倡导的就是一图胜千言，而不是把大量的信息都塞到小屏幕上。除了 Instagram，移动端的新贵还有 Foursquare、Path、Foodspotting、Banjo、Pulse 等。所有这些公司都是将主要精力放在了移动端，以期挖掘出一批与 PC 端不同的新用户，并创建出自己的品牌。

不管是对 Path 这样的后起之秀，还是对 Facebook 来说，真正的核心都在于如何在移动端赚到钱。跟 PC 端我们已经见到的盈利模式相比，移动端的盈利模式可能会朝新的方向发展。移动端盈利的关键在于：为你的用户、合作客户和商家带来更多实际的、具体的价值。

在 Web1.0 时代，Google 的一个引爆点来自它对"按点击付费"这一广告模式的引入。就当时的环境来说，Google 的这一广告模式可以说是一个重大突破，因为它的收费是基于那些真正对广告感兴趣的用户。对广告商来说，这代表着他们不需要在电视、纸媒等平台上漫无目的、铺天盖地打广告，而是直接将广告放到那些搜索相关内容的用户面前。而且，商家只需根据实际点击广告的那部分用户数来向 Google 付费，这可以说是对广告效果评估的一个很大优化。对这些客户和商家来说，Google 的服务让他们花钱有理，物有所值。

在 Web2.0 时代，Facebook 则根据用户的兴趣来展示广告。这种模式与 Google 的广告模式在逻辑上有一些相似之处，即展示给有关联度的用户，但还做了进一步拓展。Facebook 知道我们在日常生活中喜欢什么，我们的朋友喜欢什么，因为它可以收集到关于用户的大量的人口学数据，广告商的机会也就来了。随着 Facebook 对自家广告模式的进一步优化，它的广告业务还会进一步发展。

在 Web 3.0 时代，用户体验有了很大的改变，而这也给广告商带来了新机会。我们不仅可以利用 Facebook 上的社交图谱数据，还可以利用很多实时的关于物理世界的信息，如当前所在的位置、天气情况、交通情况、当地商家、附近的朋友，你去某地或某个商店的频率是多少等数据来投放广告。对广告商而言，这意味着他们更有可能与用户马上达成一笔交易,而且这是基于现实世界的交易。这种交易的存在也让我们开始思考这样一个问题:假如你可以获得一个实际的客户,你为什么要为用户的一次点击行为付费呢？这是移动端为广告商、品牌以及商家带来的新机会,而互联网原先按照点击付费的广告模式,也必须所有改进。

例如,Waze这家公司为用户提供社交地图和GPS服务。它可以提供实时的交通信息和路由导航服务,用户数已经超过2000万。而随着用户越来越依赖Waze找出最快、最顺畅的路线,Waze现在也会为用户提供沿路天然气的最低价和加油站信息。可以说,Waze为用户带来的实实在在的价值为它们的商家带来了实实在在的交易量。Shopkick则是一款将用户在零售店中的购物行为游戏化的应用。用户通过完成不同的任务或请求可以获得奖励。Shopkick为那些零售店的商家展示的是这样一个事实:那些Shopkick用户与其他用户相比,在店内的消费额度更大——Shopkick在用户购买之时,通过各种交互和增加其参与度的手段做到了这一点。同样地,Shopkick为用户带来的实实在在的价值为它们的商家带来了实实在在的交易量。

可以说,Web 3.0展示了新的可能性,但是在Web 3.0时代,通过为用户带来实际价值来获得实际利润也并非那么简单。对那些PC为先的公司来说,将他们在PC端的广告平台照搬到移动端,这并非问题的答案。通过移动广告盈利的关键还在于,缩短整个用户与商家实际交易的环路,能够真正解决这一需求的公司,将成为Web3.0时代的大赢家。

本章关键概念

新媒体技术（new media technology）
交互式网络（interactive network）
数字数据化（digital digital）
网络技术智能化（intelligent network technology）

本章思考题

1. 新媒体时代的媒体生态格局是怎么样的？与传统媒体时代有何不同？
2. 新媒体在哪些方面影响了媒体种群格局？请举例说明。
3. 有人认为,以后传统媒体将逐步演化为提供各种新闻信息的内容服务商,你怎么看这一观点？
4. 有人认为,人类对纸质媒体的线性阅读习惯不可能在短时期内改变,你怎么看这一观点？

本章推荐阅读书目

1. 熊澄宇.新媒体研究前沿[M].北京:清华大学出版社,2012.
2. 胡泳.众声喧哗:网络时代的个人表达与公共讨论[M].桂林:广西师范大学出版社,2008.
3. 邱林川,陈韬文.新媒体事件研究[M].北京:中国人民大学出版社,2011.
4. 宫承波.新媒体概论[M].3版.北京:中国广播电视出版社,2012.
5. 彭兰.中国新媒体传播学研究前沿[M].北京:中国人民大学出版社,2010.
6. 陈先红.新媒体与公共关系研究[M].武汉:武汉大学出版社,2009.
7. 安德鲁·查德威克.互联网政治学:国家、公民与新传播技术[M].北京:华夏出版社,2010.
8. 保罗·莱文森.新新媒介[M].上海:复旦大学出版社,2011.

教学支持说明

"融媒时代普通高等院校新闻传播学类核心课程'十三五'规划精品教材"系华中科技大学出版社重点教材。

为了改善教学效果,提高教材的使用效率,满足高校授课教师的教学需求,本套教材备有与纸质教材配套的教学课件(PPT电子教案)。

为保证本教学课件及相关教学资料仅为教材使用者所得,我们将向使用本套教材的高校授课教师和学生免费赠送教学课件或者相关教学资料,烦请授课教师和学生通过电话、邮件或加入华中新闻传播QQ群等方式与我们联系,获取"教学课件资源申请表"文档并认真准确填写后发给我们,我们的联系方式说明如下:

地址:湖北省武汉市东湖新技术开发区华工科技园华工园六路华中科技大学出版社有限责任公司营销中心

邮编:430223

电话:027-81321902

传真:027-81321917

E-mail:yingxiaoke2007@163.com

华中新闻传播QQ群号:376170040

教学课件资源申请表

填表时间：_____年___月___日

1. 以下内容请教师按实际情况写，★为必填项。
2. 学生根据个人情况如实填写，相关内容可以酌情调整提交。

★姓名		★性别	□男 □女	出生 年月		★职务	
						★职称	□教授 □副教授 □讲师 □助教

★学校		★院/系	
★教研室		★专业	
★办公电话		家庭电话		★移动电话	
★E-mail （请清晰填写）				★QQ号/ 微信号	
★联系地址				★邮编	

★现在主授课程情况	学生人数	教材所属出版社	教材满意度
课程一			□满意 □一般 □不满意
课程二			□满意 □一般 □不满意
课程三			□满意 □一般 □不满意
其 他			□满意 □一般 □不满意

教 材 出 版 信 息					
方向一	□准备写	□写作中	□已成稿	□已出版待修订	□有讲义
方向二	□准备写	□写作中	□已成稿	□已出版待修订	□有讲义
方向三	□准备写	□写作中	□已成稿	□已出版待修订	□有讲义

　　请教师认真填写表格下列内容，提供索取课件配套教材的相关信息，我社根据每位教师/学生填表信息的完整性、授课情况与索取课件的相关性，以及教材使用的情况赠送教材的配套课件及相关教学资源。

ISBN(书号)	书名	作者	索取课件简要说明	学生人数 （如选作教材）
			□教学 □参考	
			□教学 □参考	

★您对与课件配套的纸质教材的意见和建议，希望提供哪些配套教学资源：